테니스
5세트
클래식

## 일러두기

- 인명 표기는 국립국어원의 외래어 표기 용례를 따르되 한국의 테니스 팬들에게 그리고 언론에서 통용되는 현실을 최대한 반영했다(노박 조코비치 등).

- 게임 안에서 스코어링은 서브권을 가진 선수의 포인트를 먼저 적었다. 그 외 게임 스코어나 세트 스코어, 상대와의 전적 등을 표시할 때는 주어부로 파악된 선수를 중심으로 그의 기록을 앞세웠다.

# TENNIS
# FIVE-SET
# CLASSIC

무승부 없는 코트에서 내밀한 승부 읽기

# 테니스
# 5세트
# 클래식

김기범 지음

북콤마

# 테니스의 진면목, 진짜 매력

1997년 봄으로 기억합니다. 재학 중이던 대학교의 테니스 동아리 방에는 지금은 골동품이 된 VHS 테이프를 재생할 수 있는 비디오 플레이어가 한 대 있었습니다. 1년 후배였던 친구가 테이프를 집어넣으며 하는 말. "형, 이 장면은 꼭 봐야 한다니까!"

1990년대 남자 테니스를 주름잡은 피트 샘프러스와 보리스 베커가 24번 샷을 교환한 끝에 승패가 갈린 마지막 매치포인트 장면. 이 책의 '지상 최고의 서비스'라는 장에 실린, 1996년 독일 하노버에서 열린 왕중왕전 결승이었습니다. 당대 최고 테니스 선수들이 펼친 너무도 압도적이고 스펙터클한 스트로크 향연에 입을 다물지 못했던 기억이 생생합니다.

그렇게 운명처럼 빠져들기 시작한 테니스의 세계는 보면 볼수록 무궁무진했습니다. 대학을 졸업하고 첫 직장을 잡은 2003년 겨울, 우연히 TV를 켜다가 한국 테니스의 간판스타 이형택이 호주 시드니에서 ATP 투어 첫 우승의 쾌거를 달성한 장면을 봤습니다. 2018년 1월에는 대한민국의 스무 살 갓 넘은 청년이 세계 최고 중의 최고라는 노박 조코비치를 호주 오픈에서 물리치는 '한국판 멜버른의 기적'을 목격했습니다.

이형택과 정현이 만들어낸 명승부는 테니스 역사의 작은 부분일 뿐입니다. 1877년 1회 윔블던 대회 개최 이후 테니스는 근 150년 역사를 자랑합니다. 위대한 테니스의 역사가 쌓이고 쌓여 수많은 영웅과 전설을 만들어냈습니다.

이 책은 역사적 명승부를 통해 테니스의 매력을 한 차원 깊게 들여다봅니다. 우리가 명승부에 열광하고 감동하는 이유는 무엇일까요. 단순히 테니스를 멋지게 치기 때문일까요. 그보다는 역경과 고난을 극복하고 어떤 경우에도 포기하지 않는 선수들의 끈기와 정신력에 진심 어린 박수를 보냅니다. 책은 위대한 테니스 챔피언들이 4시간 넘나드는 혹독한 전투에서 가장 중요한 자기 자신과의 싸움을 어떻게 이겨냈는지를 질문하고 답을 찾아갑니다.

사실 처음 테니스 책 집필을 제안받았을 때 가벼운 개론서로 출발했습니다. 왜 테니스는 15점부터 셈하는지, 하필 '0'을 왜 러브라고 부르는지, 또 어째서 백핸드는 포핸드보다 배우기 어려운지 등등. 제가 처음 라켓을 잡았을 때 늘 머릿속에 맴돌았던 궁금증을 풀어주는 친절한 가이드북 정도면 되지 않을까 싶었습니다. 하지만 이것만으로는 테니스의 진면목, 진짜 매력이 뭔지를 속 시원히 설명하기에는 아쉬움이 너무 컸습니다.

테니스 역사에 빛나는 23개 명승부 열전이지만 테니스와 친숙하지 않은 독자들도 쉽게 읽고 이해하게 기본 기술과 규정 등을 최대한 쉽게 풀어 쓰려 노력했습니다. 이 책을 읽고 나면 방대한 역사적 지식과 더불어 테니스에 꼭 필요한 상식까지 담아 갈 수 있을 겁니다.

2022년 7월 대한민국에는 이른바 '테린이 열풍'이 불어닥쳤습니다. 코로나19 팬데믹 속에서 테니스는 골프와 함께 2030 젊은 세대에게 가장 매력적인 스포츠로 거듭났습니다. 짧은 유행에 그칠 수도 있겠지만 테니스는 오랜 역사와 전통을 간직한, 저력이 만만치 않은 스포츠입니다. 저변과 인구가 크게 늘고 있는 지금, 그에 걸맞은 양서의 출판은 테니스의 새로운 문화 조성에 조금이나마 기여할 것이라고 감히 생각합니다.

끝으로 국내 스포츠 출판업계가 그동안 전혀 상상하지도 못했던 참신한 기획을 제안하고 꼼꼼한 팩트 체크를 통해 책의 완성도를 높여준 북콤마 출판사에 깊은 감사를 드립니다. 또 수십 년 전에 벌어진 테니스의 대소사를 정확히 기억하고 조언해주신 주원홍 전 대한테니스협회장과 성기춘 한국동호인테니스협회장, 늘 친절하게 테니스 기술에 대한 자문을 아끼지 않은 박용국 전 농협스포츠 단장과 임규태 코치에게도 감사의 뜻을 전합니다.

2022년 7월 무더운 여름날

서울에서

## 차례

## II 역사

## III 전술과 테크닉

프롤로그

# 체스와 마라톤

넷플릭스가 2021년 야심차게 내놓은 드라마 '퀸스 갬빗'은 미국의
무명 선수가 세계 체스 정상에 오르는 과정을 그린 작품이다. 한국의
'오징어 게임'이 글로벌 시장을 강타하기 전까지 넷플릭스 최고의 히
트 상품이었다.

시즌 최종회에서 주인공 엘리자베스 하먼은 러시아 출신 세계 챔피
언 보르고프와 최후의 일대일 대결을 벌인다. 경기 하루 전 하먼의 팀
동료들이 국제전화를 걸어 와 작전 상의를 하는 장면이 눈길을 끈다.

"보르고프가 나이트를 룩열 4행에 두면 우리는 킹측 나이트열 폰
을 전진시켜."

"이제 가능한 수는 3가지야."

"보르고프가 룩을 룩열 5행에 두면 넌 폰을 킹열 3행에 두는 거지."

하지만 보르고프가 예측한 대로 움직이지 않으면서 국제전화 훈수는 보기 좋게 빗나간다. 절체절명의 위기에 처한 하먼은 체념한 듯 고개를 들어 천장을 바라본다. 그런데 천장에 하먼의 머릿속에 있는 수십, 수백 가지 경우의 수들이 펼쳐지고 있었다. 절묘한 수를 찾아내 반격에 성공한 하먼은 인류 역사상 최초의 여성 체스 세계 챔피언에 오른다.

서양의 대표적 두뇌 게임인 체스는 '경우의 수' 싸움이다. 첫 번째 말을 움직이면 20가지 경우의 수가 발생한다. 세 번째 수에선 400가지, 네 번째 말을 움직일 무렵에는 무려 3150만 개 넘는 경우의 수로 확대된다.


## 테니스는 피지컬 체스

테니스는 체스와 비슷한 속성을 가진 스포츠다. 프로테니스 선수들은 기자회견장에서 종종 테니스를 체스 매치에 비교해 설명한다. 직사각형 모양의 코트에서 단조롭게 공을 주고받는 테니스가 어떻게 해서 체스에 비교될까. 바로 체스의 본질인 경우의 수 싸움 때문이다. 수많은 경우의 수에 기초해 상대와 치열한 수 싸움을 벌인다는 점에서 테니스는 '피지컬 체스'로 불린다.

체스와 테니스의 가장 큰 공통분모는 공간 찾기라고 할 수 있다. 4면으로 이뤄진 사각 공간에서 이길 수 있는 위치를 점하는 게임이다. 체스의 말들을 하나하나 옮겨 최종적으로 상대 킹에게 '체크메이트'를 외치는 과정은 테니스에서 마지막 위닝 샷을 날리기 전까지 정교하게 스트로크를 쌓아가는 것과 비슷하다. 체스의 나이트와 비숍 같은 다양한 말들의 기능과 역할을 수행하는 것이 바로 포핸드와 백핸드, 발리인 셈이다.

첫 말을 움직였다. 상대가 대응 수를 놓는다. 그에 따라 선수는 두 번째 말을 어떻게 움직일지 결정한다. 여기서 핵심은 상대가 어떤 수를 둘지 예측하는 것이다. 그래야 상대를 압도할 수 있다.

테니스 코트에 대입해보자. 첫 서브를 넣는다. 상대가 리턴한다. 그에 따라 선수는 3구를 결정해야 하는데 여기서 중요한 건 미리 머릿속에 그리는 것이다. 체스와 마찬가지로 상대의 대응을 예측할 때 이길 가능성이 높아진다.

이것이 바로 테니스가 피지컬 체스로 불리는 이유다. 테니스에서 샷 선택은 치밀한 계산의 결과다. 그 선택은 네트 건너편 상대의 대응에 따라 시시각각 바뀌는, 꽤나 복잡한 두뇌 싸움의 결과물이다. 그리고 복잡한 수 싸움을 누가 더 잘, 체계적으로 구현하냐가 승패를 가른다.

메이저 대회 단식과 복식을 합해 59개(단식 18회, 여자 복식 31회, 혼합 복식 10회) 타이틀을 보유하고 있는 마르티나 나브라틸로바 Martina Navratilova는 체스 마니아로 유명하다. 왼손잡이인 그녀의 득점 공식은 백핸드 슬라이스를 치고 난 뒤 네트로 전진해 발리로 끝내는 것이다. 슬라이스는 테니스공의 뒷면에 역회전을 걸어 깎아 치는 기술인데, 공의 속도는 느리지만 바닥에 닿았을 때 낮게 깔려 상대가 받아치기 어렵게 만드는 효과가 있다. 나브라틸로바는 '슬라이스-네트 전진-발리'의 공격 전개 방식을 게임 플랜으로 완벽히 정립한 선수로 꼽힌다.

실제로 나브라틸로바의 필승 전략은 체스식 사고방식과 닮았다고 한다. 체스 게임에 임할 때처럼 다음 번과 다다음 번의 움직임을 미리 계산해 플레이한다. 나브라틸로바가 '테니스닷컴'과 한 인터뷰를 보자.

"체스와 테니스, 둘 모두 분석적이고 감정에 휩쓸리기도 하고 본능적이기도 합니다. 여기에 개인의 성향이 반영되기도 하죠. 다음 샷까지 염두에 두고 플레이해야 합니다."

"위대한 테니스 선수들을 볼 때면 체스의 말들이 떠오릅니다. 로저 페더러Roger Federer는 퀸이죠. 늘 원하는 곳으로 자유롭게 움직일 수 있어요. 또 한 템포 빠르게, 대각선 공격을 날카로운 각도로 구사하는 모니카 셀레스Monica Seles는 비숍의 움직임과 닮았고 전략적 사고가 풍부한 파브리스 산토로Fabrice Santoro는 나이트 같아요. 절묘한 수로 상대방을 찔러 넘어뜨리곤 하죠."

### 오픈 코트 창출

테니스 경기에선 하나의 포인트에 다양한 전략적 사고가 내재돼 있다. 체스와 마찬가지로 전략적 사고의 핵심은 공간을 점유하는 것이다. 테니스 표현으로 바꾸면 '오픈 코트'를 창출하는 것이다.

테니스에서 득점 방법은 크게 두 가지로 나뉜다. 먼저 공격해 상대가 공을 건드리지 못하게 만드는 식으로 점수를 따내는 위너와 범실 유도다. 오픈 코트 창출은 위너를 만들어내는 작전과 상통한다. 위너를 만들어내려면 어떻게든 오픈 코트를 찾아야 해서다. 현대 테니스 선수들은 피트니스 능력이 뛰어나서 단지 강하고 빠르게 치는 것만으로 이기기 어렵다. 상대를 어느 한쪽 구석으로 몰아붙여 미처 제자리로 돌아올 수 없게 만드는 식으로 빈 공간을 공략해야 한다.

이렇게 오픈 코트를 창출하기 위해 선수들은 다양한 수읽기 전략을 세운다. 보통 랠리의 시작점인 첫 서브부터 적용된다. 서브를 상대의 백핸드 쪽인 티 존(코트 중앙)으로 강하게 넣을까, 아니면 반대편인 와이드(코트 양쪽 사이드)로 찌를까. 여기서부터 선택의 기로에 선다.

윔블던 남자 단식을 8차례 제패한 페더러는 종종 후자를 택한다. 오른손잡이 상대의 바깥쪽으로 휘어져 빠져나가는 슬라이스 서브를 구사한 뒤 미리 자신의 왼쪽으로 움직여 포핸드로 3구를 받아칠 준비를 마친다. 그러고 나서 상대의 텅 빈 공간, 즉 오픈 코트를 향해 전광석화 같은 포핸드 스트로크를 찔러 넣는다.

나브라틸로바와 마찬가지로 페더러 역시 서브를 넣은 뒤 이어 포핸드로 득점을 내는 자신만의 방정식을 확립했다. 페더러가 구사하는 '서브+1포핸드'는 21세기 남자 테니스의 지배적인 득점 루트가 됐다. 그러면서 서브에 이어지는 포핸드 콤비네이션 플레이는 메이저 대회 우승자와 세계 넘버원 선수의 공통분모가 됐다.

오픈 코트를 창출하는 또 하나의 방법이 있다. 바로 대각이 아니라 직선을 활용하는 공격 방식이다. 테니스의 기본적인 동선은 대각이다. 라켓으로 공을 힘껏 때려 상대에게 넘기는 궤적은 일직선이 아니라 크로스코트, 대각선을 기본으로 한다. 여기에는 기하학적, 생체학적 이유가 있는데 꽤 흥미롭다.

선수들이 대각선으로 치는 이유는 대각이 직선보다 이동 경로가 더 길기 때문이다. 그만큼 샷을 쳤을 때 베이스라인 밖으로 아웃될 가능성이 적어진다. 또 네트의 높이도 고려된다. 가장 낮은 가운데가 0.914미터이고 양끝으로 갈수록 높아져 1.07미터에 이른다. 즉 크로스 궤적을 그릴 때 네트 가운데를 통과하게 되므로 네트에 걸릴 위험이 낮아진다. 범실을 줄일 수 있는 최적의 선택이 바로 크로스코트 랠리인 셈이다.

생체학적 요인도 있다. 크로스코트 샷이 직선타보다 보통 더 치기 쉽고 강한 편이다. 크로스로 공을 때리면 골반 회전이 용이해 스윙이 호쾌해지고 강한 회전을 실을 수 있다. 이렇게 기하학적, 생체학적 요인들에 따라 테니스의 기본 샷 교환은 '크로스 vs 크로스'로 구성된다.

그런데 이런 기본 원칙을 따르는 평범한 랠리 상황에서 크로스코트로는 상대의 빈 공간이 나오지 않고 따라서 득점하기 어렵게 된다. 물론 스핀과 속도를 높여 상대를 몰아붙일 수도 있지만 최고수들은 다른 복안을 갖고 있다. 그것이 바로 궁극의 기술인 '다운 더 라인'(직선 공격)이다.

테니스에서 다운 더 라인 기술은 '공격'의 동의어가 된다. 무엇보다 방향을 바꾸는 공격적 샷이어서다. 보통 단식 선수들은 서로의 대각선 방향에서 포인트를 시작한다. 서브 역시 상대의 대각선 서브 박스 쪽으로 넣고 이어지는 랠리도 대각으로 진행한다. 이때 상대의 대각선 쪽에 위치해 기회를 엿보다 먼저 상대의 빈 공간 쪽으로 다운 더라인 샷을 치는 선수가 랠리의 주도권을 쥐게 되고 결국 포인트의 최종 승자가 될 확률이 높아진다.

이 기술의 장인이 바로 현재 최고의 선수로 꼽히는 세르비아 출신 노박 조코비치Novak Djokovic다. 조코비치는 포핸드와 백핸드 양쪽 모두에서 다운 더 라인을 자유자재로 구사해 각종 기록을 갈아치운 살아 있는 전설이다. 상대의 허를 찌르는 선공을, 그것도 실수 없이 안정적으로 구사하는 그는 체스로 치면 그랜드 마스터 중에서도 최고수인 셈이다.


### 네트 앞으로

상대에게 체크메이트를 외칠 수 있는 다른 방법이 있다. 이 역시 공간 찾기와 연결된다. 바로 네트 앞을 점령하는 것이다. 요즘이야 네트 플레이가 다소 시들해졌지만 20~30년 전만 해도 남녀 단식에서 승리하는 최적의 방법은 네트 앞으로 달려가 발리로 끝내는 것이었다.

몸의 밸런스가 잡혀 있고 상대가 패싱샷(상대 선수가 네트 앞으로 나왔을 때 미치지 못하는 빈 공간을 찾아내 넘기는 샷)으로 반격할 여유가 없다면 네트 앞에서 포인트를 가져갈 확률은 70퍼센트 이상이다. 남자프로테니스(ATP) 투어에 출전하는 선수들이 베이스라인 랠리 대결에서 이길 확률은 50퍼센트가 채 되지 않는 반면 네트 앞에서 득점할 확률은 거의 70퍼센트로 치솟는다. 그만큼 네트 앞에서 자리를 잘 잡고 있으면 절대 유리하다는 뜻이다.

그렇다면 어떻게 체스의 말을 빠르고 정교하게 움직여 이 '금광을 캘' 위치를 점할 수 있을까. 랠리 포인트의 두세 개 앞선 지점까지 예측하는 패턴 플레이가 필수다. 나브라틸로바처럼 회전이 듬뿍 담긴 슬라이스 백핸드를 쳐 공을 낮게 깔리게 해놓고 네트 앞으로 신속히 전진해 발리를 하는 '칩 앤 차지', 아예 서브를 넣은 뒤 곧바로 네트로 진격해 발리를 시도하는 고전적인 '서브 앤 발리' 기술이 이에 해당한다.

최근 남자 테니스계에서 신체 조건이 2미터에 달하는 선수들이 많아졌는데 이 선수들조차 네트 앞을 어떻게 점령할지를 고민하고 있다. 대부분 선수들이 서브를 넣는 위치인 베이스라인에서 스트로크를 주고받으며 랠리를 펼치지만 최근 들어 이런 랠리에 익숙해지면서 포인트를 먼저 확실히 끊어낼 네트 대시의 중요성이 커지는 추세다. 체스에서 견고한 방어벽을 형성했다고 안심하고 있는 적에게 갑작스럽게 퀸이 치고 들어와 체크메이트를 외친다고 상상해보자. 위험을 무릅쓴 만큼 결과가 보장되는 '하이 리스크 하이 리턴'의 전략이다.

체스와 테니스는 진화 과정상의 공통점도 있다. 18세기까지 체스는 이른바 낭만주의 시대였다. 공격을 앞세워 시원시원히 이기는 경기가 대세여서, 단순히 이기는 게 전부가 아니라 멋스럽게 승리를 거둬야 진정한 그랜드 마스터로 인정받았다. 현대로 접어들면서 체스는 좀 더 과학의 성격을 갖춰갔다. 독일의 전설적 그랜드 마스터 빌헬

름 슈타이니츠Wilhelm Steinitz로 대표되는 이른바 '과학 체스'가 득세하면서 좀 더 현실적이고 정밀한 기본 원칙들이 확고히 정립됐다. 이를테면 초반 두 수에서 '중앙을 통제하라' '최대한 빨리 공격성을 갖춘 말을 투입하라'라는 대원칙이 손자병법처럼 자리 잡게 된 것이다.

테니스 역시 마찬가지다. 근대 초 나무라켓과 플란넬 바지를 입고 테니스공을 주고받는 낭만적 모습은 흔적도 없이 사라지고 현대에 들어 힘과 스핀을 앞세운 파워 테니스가 득세한다. 또 컴퓨터 분석 자료에 기초한 절대 승리 방정식, 예컨대 '서브 뒤 포핸드 3구 공격 찾기' '첫 서브 성공률을 70퍼센트 이상으로 유지하기' 등의 다양한 원칙이 자리를 잡아가고 있다.


## 스프린터의 순발력과 마라토너의 지구력

이처럼 테니스는 상당한 두뇌 회전이 요구되는 스포츠다. 그와 동시에 육체적인 특성으로 점철된 혹독한 운동이기도 하다. 초기에 귀족들의 소일거리로 만들어진 이 종목은 진화에 진화를 거듭해 이제 스프린터의 순발력과 마라토너의 지구력 같은 양립 불가능해 보이는 두 자질을 동시에 요구한다.

남자 테니스에서 마라톤맨으로 불리는 선수가 있다. 미국 출신의 2미터 7센티미터 거구 존 이스너John Isner. 프로 선수들의 평균 신장이 185센티미터 정도라는 걸 감안하면 그의 별명은 꺽다리나 거인, 골리앗이 더 어울린다. 이스너는 2010년 6월 윔블던 1회전 경기를 통해 기네스북에 이름을 올리면서 마라톤맨으로 불리게 됐다. 프랑스 출신인 니콜라 마위Nicholas Mahut와 2박 3일에 걸쳐 대결하면서 11시간 6분의 역대 최장 경기 시간을 기록한 것이다.

두 선수 모두 강력한 서브를 넣었다. 윔블던의 잔디는 공이 바운드된 뒤 속도가 빨라지는 특성이 있어 선수들은 자신의 서브를 더 잘 지킬 수 있다. 그러다 보니 이스너와 마위는 계속해 서브권을 지켜나갈 수 있었고 해가 뉘엿뉘엿 질 때까지 서브 게임을 반복하는 일이 벌어졌다.

밤 9시가 넘어 일몰이 되자 윔블던 조직위원회는 세트 스코어 2-2에서 어쩔 수 없이 경기를 다음 날로 순연했다. 그런데 진짜 문제는 다음 날 벌어진 5세트에서 불거졌다. 이스너와 마위는 거짓말처럼 서브권을 한 번도 빼앗기지 않고 서브 게임을 반복했다. 테니스는 한 세트에서 먼저 6게임을 따내면 이기는 방식이다. 게임 스코어가 6-6이 될 경우 타이브레이크에 돌입해 7포인트를 먼저 득점하는 선수에게 승리가 돌아간다. 듀스가 반복돼 승부가 길어지는 것을 방지하기 위해서다. 하지만 2010년 당시 윔블던은 마지막 5세트의 경우 타이브레이크를 적용하지 않고 어느 한쪽이 내리 2게임을 따내야 이기는 듀스 게임 방식을 적용했다. 즉 어느 한쪽이 먼저 상대의 서브권을 빼앗아 오지 못하면 영원히 경기를 계속해야 하는 것이다.

이튿날 7시간 넘는 공방에도 승부를 내지 못하고 밤 9시가 넘어 경기는 다시 일몰로 순연됐다. 결국 셋째 날에 이르러서야 이스너가 기적적으로 마위의 서브권을 먼저 가져와 3-2(6-4, 3-6, 6-7, 7-6, 70-68)

존 이스너(왼쪽)와 니콜라 마위가 기네스북에 오른 자신들의 경기를
기념하기 위해 전광판 앞에서 포즈를 취하고 있다. 사진 Voo de Mar

로 승자가 됐다. 2박 3일, 순수 경기 시간만 11시간 6분, 역사상 가장
오랜 시간 테니스 경기를 치른 이스너는 이때부터 '테니스의 마라톤
맨'으로 불렸다.

또 하나의 마라톤 매치도 유명하다. 2012년 호주 오픈 남자 단식
결승전에서 조코비치와 라파엘 나달Rafael Nadal이 맞붙었을 때다. 저녁
7시에 시작한 경기는 자정을 넘어 다음 날 오전 1시가 다 돼서야 끝났
다. 5시간 57분, 메이저 대회 역사상 가장 긴 결승전이었다. 두 선수
는 경기 뒤 제대로 서 있을 수조차 없어 간이 의자에 앉아서 시상식을
지켜봐야 했다. 이 치열한 전투에서 간발의 차로 우승컵을 놓친 나달
이 준우승자 인터뷰를 하던 중 오전 1시가 훌쩍 넘은 시계를 바라보며
재치 있게 "굿모닝"이라고 외친 일화도 팬들의 기억에 생생하다.

이처럼 테니스는 수많은 스포츠 가운데서도 손꼽힐 만큼 엄청난 운동량이 요구되는 종목이다. 고대 로마 시대 검투사 간 맞대결이라고 해야 할까. 무승부는 없다. 한 명이 쓰러질 때까지 전투는 끝나지 않는다.

순발력과 지구력의 결합이라는 측면에서 테니스는 독보적이다. 한 포인트가 이뤄지는 방식을 관찰해보자. 먼저 호흡을 가다듬고 서브를 넣는다. 순간적인 반사 신경으로 시속 200킬로미터가 넘는 강서브를 리턴한다. 그리고 숨 막히는 그라운드 스트로크 랠리가 이어진다. 얼마나 오래갈지 아무도 알 수 없다. 짧게는 서브 한 방에 끝날 수도, 길게는 도합 50회가 넘는 초장기 랠리로 접어들 수도 있다. 모든 것이 열려 있는 결말이다.

프로 선수들의 그라운드 스트로크 랠리는 보통 0.5초 정도의 반응 속도를 요구한다. 0.1초대에 접어드는 탁구나 배드민턴과 동일한 수준은 아니나 그런 속도의 테니스공을 4시간 이상 쳐야 하는 선수들의 운명은 고단하다. 네댓 시간 내내 뛰고 달리지는 않지만 30~40초의 격렬한 랠리 뒤 15초가량의 짧은 휴식이 이어지는 패턴이 무한 반복되는 잔인한 인터벌 트레이닝이다. 이를 견뎌내려면 상상을 초월하는 훈련을 통과해야 한다.

어쩌면 테니스야말로 '완전 스포츠'에 가장 가까운 운동이 아닐까. 운동이 갖춰야 할 모든 요소를 골고루 갖췄다는 뜻이다. 섭취하면 온갖 영양소를 다 충족할 수 있는 완전식품이다. 테니스처럼 지구력과 순발력, 민첩성, 유연성, 코어 안정성 등 운동의 모든 요소가 집약돼 있는 스포츠, 각각의 요소가 균형 있게 분포돼야 잘할 수 있는 스포츠도 드물다.

은퇴한 미국의 테니스 스타 제임스 블레이크James Blake는 현재 매년 3월 열리는 마이애미 오픈의 토너먼트 디렉터로 활동하고 있는데 현역 시절 그는 동시대를 지배하던 페더러를 다음과 같이 평가했다.

"페더러는 세계 최고의 운동선수입니다. 단순히 최고의 테니스 선수가 아니에요. 그의 운동 능력은 전 세계 스포츠 선수들 가운데서 으뜸입니다."

여러분이 메시나 호날두의 팬이거나 미국 메이저리그나 NBA의 오랜 시청자라면 블레이크의 의견이 불편할 수도 있다. 하지만 그의 주장은 실제로 사실에 가깝다. 테니스는 그 어떤 종목보다 완결성을 갖춘 스포츠맨을 요구한다. 바로 이러한 완결성 때문일까, 단체 구기 종목을 제외한 개인 스포츠에서 남녀 모두 가장 압도적인 소득을 기록하고 있는 글로벌 스포츠 스타들은 거의 대부분 테니스 라켓을 휘두르고 있다.

이처럼 테니스는 체스인 동시에 마라톤이다. 19세기 말 영국에서 귀족들의 레저 스포츠로 출발한 테니스는 정신력과 체력을 모두 요구하는 종합 예술 스포츠로 진화했다. 위기를 돌파하는 강인한 내면과 명석한 상황 판단이 요구되는 한편 네댓 시간 끄떡없이 버틸 수 있는 강철 같은 피지컬과 육상 선수 뺨치는 놀라운 운동신경을 갖춰야 한다.

우리가 지금부터 살펴볼 테니스 역사에 빛나는 기념비적인 명승부들은 체스와 마라톤에 두루 능통한 최고 장인들의 경연장이다. 페더러와 나달, 조코비치 등 현재 글로벌 코트를 뜨겁게 달구는 현역 스타들부터 이들의 선배로서 한 시대를 풍미했던 로드 레이버Rod Laver와 지미 코너스Jimmy Connors, 존 매켄로John McEnroe, 슈테피 그라프Steffi Graf, 피트 샘프러스Pete Sampras까지 이름만 들어도 팬들의 심장을 두근거리게 하는 전설들이 어떻게 온갖 어려움을 극복하고 챔피언에 올랐는지 소개할 것이다. 거장들의 명승부에서 우리가 확인하는 불변의 진리는 바로 진정한 챔피언은 정신과 육체 양쪽에서 치열한 승부를 펼쳐 이겨냈다는 점이다.

# I

## 심리

**T E N N I S**
**FIVE-SET CLASSIC**

# 1
# 천적

## 2008년 7월 윔블던 남자 단식 결승
## 로저 페더러 vs 라파엘 나달

소문난 잔치에 먹을 게 없다는 옛말이 때로는 틀릴 때도 있다.

2008년 7월 6일 윔블던 센터 코트에서 열린 로저 페더러와 라파엘 나달의 남자 단식 결승전은 테니스의 모든 것을 보여준 클래식 중의 클래식이었다. 이후 이 경기를 전후해 테니스 역사를 논할 만큼 지대한 영향을 끼쳤다. 당시 나란히 전성기를 구가하던 두 선수는 과거에 찾아볼 수 없던 수준 높은 기술의 향연을 펼쳤다. 4시간 48분의 긴 상영 시간 동안 두 차례나 우천으로 경기가 중단되면서 흐름이 극적으로 바뀌는 등 각본 없는 드라마가 연출됐다. 이 경기를 기점으로 늘 만년 이인자로 불리던 나달은 페더러를 제치고 마침내 일인자의 자리에 올라서게 된다. 1877년 제1회 윔블던 대회가 개최된 이래 150년을 통틀어 이 경기는 수많은 전문가와 역사가들에 의해 가장 위대한 경기 1위로 꼽히고 있다.


## 왜 역대 최고 클래식인가

14년이라는 시간이 흘렀지만 여전히 이 경기보다 더 기술적으로
뛰어난 승부는 없다. 각기 다른 기술적 강점을 가진 천재들의 대결이
었기에 더욱 그렇다. 나달의 황소 같은 힘과 페더러의 백조처럼 우아
한 테크닉의 맞대결, 오른손잡이 역대 최고 선수와 왼손잡이 천재 간
의 진검 승부, 파워풀한 베이스라인 플레이와 감각적인 네트 대결의
조화가 어우러진 한편의 근사한 명화였다.

2008년 윔블던 파이널에서 주목할 점이 하나 더 있다. 바로 테니스
라는 스포츠의 심리적 부분이다. 클래식 대결은 기술도 기술이지만
마인드 게임의 측면을 들여다봐야 비로소 결과를 정확히 이해할 수
있다. 두 사람의 대결만큼 일대일 스포츠인 테니스의 본질적 특성이
잘 드러나는 경기는 없다. 바로 상대성이다.

페더러는 팬들 사이에서 이른바 테니스 황제로 통하는 최고 선수
다. 그의 플레이를 잠시라도 지켜본 팬들은 황홀경에 빠진다. 고대 그
리스 철학자 플라톤이 말한 이데아의 경지가 그런 것일지도 모른다.
우리가 라켓을 휘두르는 누군가의 모습을 상상할 때 딱 떨어지는 전
형적인 폼과 움직임을 갖고 있는 존재. 테니스로 표현할 수 있는 궁극
의 자태. 테니스의 교과서. 그것이 바로 페더러라는 이름이 상징하는
것이다.

2008년 윔블던 남자 단식 결승전이 열린 센터 코트. 역대 최고로 꼽히는 두 스타의 최전성기 기량을 확인할 수 있었다. 3세트에서 로저 페더러가 서브를 넣고 있다. 사진 David Underdown

　페더러는 한때 지지 않는 선수로 유명했다. 2003년 처음 윔블던에서 우승하고 얼마 안 가 세계 1위에 오른 뒤 5년 정도 그는 최상위 절대 포식자로 군림했다. 페더러는 테니스를 아름답게 치는 선수이기도 해서 실력과 인기에서 이토록 압도적인 이는 과거에 찾아보기 어려웠다. 페더러가 한참 잘나가던 2006년 미국의 소설가 데이비드 포스터 월리스는 뉴욕 타임스에 '로저 페더러 그 종교적 경험(Roger Federer as religious experience)'이라는 장문의 글을 기고하기도 했다. 페더러의 플레이가 워낙 강할 뿐 아니라 미학적 완성도까지 갖추고 있어 일종의 종교적 영성 체험에 가깝다는 내용이었다.

　숫자로 살펴본 페더러는 다른 선수들과는 차원이 달랐다. 2004년 2월부터 2008년 8월까지 237주 연속으로 세계 랭킹 1위를 유지했는데 이는 아직도 깨지지 않고 있는 남녀 통틀어 최고 기록이다. 또 1년에 4대 메이저 대회 가운데 3개를 휩쓰는 일을 한 번도 아니고 세 번이나 해냈다. 2004년과 2006년, 2007년 전성기 때의 일이다. 2005년 윔블던부터 2007년 US 오픈까지 10차례 연속으로 메이저 대회 결승에 진출한 기록도 있다.

이보다 더 대단한 기록은 23회 연속으로 메이저 대회 4강 이상에 진출한 것이다. 2004년 7월 윔블던부터 2010년 호주 오픈까지 7년 동안 열린 23차례 메이저 대회에서 4강 혹은 그 이상의 성적을 거뒀다. 일찍이 전례를 찾아볼 수 없는 압도적 성공이었다. 이 시기 페더러 같은 성공 사례는 같은 종목에선 찾을 수 없고 당시 골프계를 군림하던 타이거 우즈와 비교할 수 있을 정도였다.

그런데 페더러에게 해결하지 못한 숙제가 하나 있었으니 바로 나달이다. 페더러는 나달만 만나면 작아졌다. 첫 만남부터 충격과 공포가 뒤따랐다. 2004년 3월 마이애미 오픈 32강전에서 당시 새로운 넘버원으로 승승장구하던 페더러가 0-2로 완패를 당했다. 아무도 예상하지 못한 결과였다. 17세 왼손잡이 신예 나달은 그렇게 대형 사고를 치며 온 세상에 자신의 존재를 알렸다.

이게 단 한 번으로 끝나는 우발적 사고가 아니었다. 둘은 1년 만에 다시 같은 장소에서, 이번에는 결승전에서 맞붙었는데 페더러가 0-2로 혼쭐이 나며 끌려가다 가까스로 3-2 역전승을 거뒀다. 승자보다 주목받은 이는 무적의 페더러를 만나 전혀 주눅 들지 않고 패배 직전까지 몰아붙이는 도전자 나달이었다. 챔피언의 독주에 제동을 걸

라이벌이 등장하는 순간이다.

　나달은 특히 클레이 코트에서 페더러를 괴롭혔다. 19세기 말 태동한 현대 테니스는 영국식 잔디 코트에서 출발했지만 스페인과 프랑스처럼 햇살이 뜨거운 지역에선 흙으로 만든 클레이 코트가 다수를 이뤘다. 클레이 코트는 잔디와 하드 코트와는 정반대의 속성을 갖고 있다. 부드러운 흙으로 조성된 코트여서 테니스공이 코트 바닥에 닿은 뒤 느리고 높게 튀어 올랐다. 누구보다 발이 빠르고 수비에 능한 나달이 클레이 코트에서 강한 면모를 보인 건 너무나 당연했다.

　그런데 나달의 등장 시기가 묘했다. 페더러는 프랑스 오픈만 빼고 다른 메이저 대회에서 모두 우승한 상태였다. 클레이 코트에서 열리는 프랑스 오픈만 제패하면 4대 메이저 대회 정복을 달성할 수 있었다. 2004년 혜성처럼 등장한 나달은 이듬해부터 페더러의 발목을 제대로 잡기 시작했다. 프랑스 오픈에서 페더러를 만날 때마다 물리쳐 그의 야망을 꺾어버렸다.

　2008년 윔블던 결승전 이전까지 페더러는 나달을 상대로 6승 11패 열세에 몰려 있었다. 패배가 두 배에 가깝다. 물론 대부분 클레이 코트에서 열린 경기였다. 나달을 천적이라 부르기에 모자람이 없는 상대 전적이다. 세계 1위이자 역대 최고 선수라는 찬사를 받는 페더러가 받아들이기 어려운 숫자였다.

　그해 윔블던을 앞두고 천적 나달과의 격차는 더욱 벌어지는 추세였다. 2008년 4월 몬테카를로 마스터스 시리즈부터 5월 프랑스 오픈까지 내리 3연패를 당했다. 그 세 번의 경기 모두 클레이 코트에서 열렸다. 프랑스 오픈은 더욱 참담했다. 0-3(1-6, 3-6, 0-6)으로 참패했다. 특히 마지막 3세트에서 페더러는 모든 것을 포기한 듯 무기력한 경기로 일관하면서 '베이글 스코어'를 얻어맞아야 했다(테니스에서 베이글이란 한 게임도 이기지 못하고 빵 모양처럼 '0'으로 지는 것을 뜻한다. 동시에 그렇게 패한 선수의 치욕감을 드러낸다). 그의 일생에서 가장 치욕적인 메이저 대회 결승전이었다.

윔블던 대결을 앞두고 페더러의 심리 상태는 심각했다. 자신감과 자존감이 바닥까지 떨어져 있었다. 반면에 나달의 기세는 하늘을 찌를 듯했다. 프랑스 오픈 우승에 이어 윔블던의 워밍업 대회 격인 퀸스 클럽에서도 결승에 진출해 노박 조코비치를 물리치고 우승컵을 들어올렸다. 나달의 잔디 코트 첫 우승이었다. 클레이 코트 시즌에 이어 잔디 코트에서도 계속된 나달의 승리 행진은 17연승까지 내달리는 중이었다. 페더러와 나달의 세기의 대결은 이렇게 신예의 가파른 상승세와 일인자의 뚜렷한 하강 국면이 맞닿은 지점에서 일어난 충돌이었다.


### The Game

2008년 윔블던 남자 단식 결승은 묘하게도 시작 전부터 클래식의 분위기가 감돌았다. 페더러의 패션부터 범상치 않았다. 후원사인 나이키가 직접 제작한 고급 카디건을 걸치고 코트에 등장할 때 교향악단의 지휘자 같은 기품과 위엄, 카리스마가 물씬 풍겨 나왔다.

2008년 윔블던 결승에서 경기를 시작하기에 앞서 카메라 앞에서 포즈를 취하는 두 선수.
고풍스러운 카디건을 입은 페더러와 민소매 상의를 입은 나달의 모습이 대조적이다.
**사진 윔블던 유튜브 영상**

나달은 정반대였다. 여전히 20대 초반 혈기왕성한 투우사 같은 이미지는 윔블던의 흰색 유니폼에도 가려지지 않았다. 민소매 차림으로 등장한 팔뚝은 아널드 슈워제네거를 빰칠 정도의 근육질을 자랑했다. 늘 그렇듯 녹색 코트에 도착하자마자 동서남북 활기차게 뛰어다니며 몸 안의 에너지를 발산할 준비를 마쳤다. 지휘자와 투우사. 완벽한 대척점을 이룬 현역 최고 선수들의 맞대결은 이렇게 시작부터 클래식을 예고했다.

뚜껑을 열고 보니 예상과 다르지 않았다. 경기가 시작되고 첫 번째 포인트부터 나달은 자신감 넘치는 포핸드 득점으로 문을 열었다. 페더러는 불안해 보였다. 자신의 두 번째 서브 게임에서 브레이크를 허용했다. 심지어 브레이크 포인트에 몰린 중요한 순간 헛스윙해 점수를 내주는 굴욕을 맛봤다. 공의 속도가 빠른 윔블던에서 자신의 서브 권을 잃으면 치명적이다. 그렇게 초반에 기선을 제압당한 페더러는 1세트를 4-6으로 내줬다.

페더러의 움직임에는 긴장한 기색이 역력했다. 불과 한 달 전 프랑스 오픈에서 겪은 베이글 스코어의 악몽이 채 가시지 않은 듯했다. 나달은 전혀 달랐다. 페더러가 대체로 강한 면모를 보이는 잔디 코트에서의 맞대결은 늘 부담되지만 이날은 새털처럼 가벼운 몸놀림을 보였다. 강하게 압박하는 모습이 마치 '이제 황제 자리를 내놓으시지'라고 외치는 듯했다.

그래도 페더러는 잔디 코트에서 62연승을 달리고 있던 명실상부 윔블던의 황제였다. 2세트에서 바로 흐름을 바꿨다. 심기일전해 먼저 나달의 서브 게임을 이겨 브레이크에 성공했다. 하지만 그것도 잠시, 여전히 그의 테니스는 확신이 부족해 보였다. 채찍처럼 휘두르는 나달의 포핸드에 이리저리 끌려다니다 또다시 4-6으로 2세트를 내주며 벼랑 끝에 몰렸다.

총 다섯 세트로 진행되는 메이저 대회에서 먼저 두 세트를 내주고 내리 세 세트를 가져오는 리버스 스윕은 그야말로 하늘의 별 따기다. 물론 페더러의 머릿속에 한줄기 희망은 있었다. 가장 최근 리버스 스윕을 해냈을 때 상대가 바로 지금 네트 건너편에 있는 나달이었기 때문이다. 2005년 마이애미 오픈 결승전에서 페더러는 먼저 두 세트를 내준 다음 승부를 3-2로 뒤집은 적이 있다. 그때의 경험을 되살려낼 수 있을까. 하지만 눈앞에 있는 나달은 3년 전과는 차원이 다른 막강한 상대였다.

여기서 작은 반전이 일어난다. 어찌 보면 하늘이 도운 셈이었다. 경기의 흐름이 일방적으로 나달 쪽으로 기우는가 싶더니 때마침 비가 내려 승부가 중단됐다. 당시는 윔블던 센터 코트에 아직 이동식 지붕이 설치되기 전이었다. 비가 오면 바닥이 미끄러워져 부상 위험이 커지므로 잔디 코트에서 경기를 속행할 수 없었다. 페더러에게는 천재일우의 기회였다. 경기 내용은 물론이고 심리에서 크게 밀리다가 재충전할 시간을 갖게 됐으니 가뭄에 단비가 내리는 격이었다.

윔블던 역사를 살펴보면 하늘, 즉 비가 꺼져가는 희망의 불씨를 살린 경우가 심심치 않게 있다. 영국의 짓궂은 날씨 탓에 윔블던은 4대 메이저 대회 가운데 가장 우천 중단이 많은 대회가 돼왔다. 비가 종종 다 죽어가는 선수를 살려놓는 사정은 경기 도중 코칭이 금지되어 있는 규칙과 관련 있다. 전담 코치는 코칭 박스에서 멀찍이 떨어져 있어야 하는데 심지어 먼 곳에서조차 눈빛이나 손짓으로도 선수를 지도할 수 없다. 이런 규칙은 스포츠 종목 가운데 테니스가 거의 유일하다. 하지만 비가 내려 경기가 중단되면 선수는 라커룸으로 일시 퇴장할 수 있고 여기서 코치와 조우하게 된다.

잠시 재충전의 시간을 가진 페더러는 전혀 다른 모습이 돼 나타났다. 다시 황제의 위용을 되찾은 그는 시소게임 끝에 3세트를 타이브레이크까지 몰고 갔다. 여기서 우열이 뚜렷이 갈렸다. 7포인트를 누가 먼저 내냐의 싸움인 타이브레이크에서 가장 중요한 변수는 역시 서브였고 윔블던의 잔디에서 더욱 빨라지는 페더러의 총알 서브는

페더러가 '테니스 황제'로 불리는
까닭은 가장 교과서적인 테니스
기술 때문이기도 하다.
2009년 윔블던에 출전해
서브를 넣고 있는 페더러의 모습.
사진 Squeaky Knees

나달을 근소한 차로 따돌렸다. 승부는 4세트로 넘어갔다.

4세트 역시 팽팽한 접전이 이어졌다. 평정심을 되찾은 페더러는 쉽게 자신의 서브권을 나달에게 내주지 않았고 나달 역시 생애 첫 윔블던 우승을 향한 열망에 불타올라 서브권을 잘 지켜냈다. 그리고 역사에 빛날 타이브레이크가 또 한 차례 시작됐다. 4세트 타이브레이크는 두 거장이 모든 것을 쏟아 부은 최고 작품이었다. 이때 두 사람이 주고받은 기상천외한 랠리와 환상적인 샷들은 앞으로도 보기 힘든 놀라움의 연속이었다.

특히 두 선수가 서로 번갈아 세트 포인트와 챔피언십 포인트를 지우는 패싱샷이 백미였다. 7-7로 맞선 상황에서 페더러가 서브권을 갖고 있었다. 강력한 첫 서브에 이어 포핸드로 공격할 결정적 기회를 잡았다. 회심의 강타를 나달의 왼쪽 구석으로 날렸다. 거의 의심할 바 없는 위너 득점인데 여기서 나달의 초인적인 반격이 나왔다. 전광석화처럼 왼쪽으로 달려가더니 그대로 왼손 포핸드 직선타로 역공에 성공했다. 8-7, 나달이 드디어 대망의 챔피언십 포인트를 잡았다. 한 포인트만 더 추가하면 꿈에 그리던 윔블던 우승 트로피를 쥘 수 있었다.

하지만 절체절명의 순간 페더러의 반격이 매서웠다. 나달이 왼손 서브를 넣어 페더러의 약점인 백핸드 쪽으로 깊은 각도를 만들어냈다. 페더러는 간신히 손을 뻗어 받아냈지만 공이 서비스라인 앞쪽에 짧게 떨어졌다. 나달이 경기를 끝낼 수 있는 찬스였다. 성큼성큼 전진 스텝을 밟으며 다시 한 번 강력한 왼손 포핸드를 페더러의 백핸드 쪽으로 강타했다. 외나무다리에 몰린 페더러. 그런데 여기서 페더러는 믿을 수 없는 백핸드 직선 패싱샷을 성공시키며 승부를 다시 원점으로 돌렸다.

4세트 타이브레이크 막판에 번갈아 나온 둘의 패싱샷은 윔블던 역사에 두고두고 남을 명장면이다. 당시 BBC에서 경기를 중계하던 영국의 테니스 전설 팀 헨먼Tim Henman은 "의심할 바 없이 이번 윔블던 대회에서 나온 가장 뛰어난 두 개의 패싱샷이라고 할 수 있습니다"고 외쳤다. 엄청난 랠리의 향연 끝에 챔피언십 포인트를 놓친 나달은 마지막 순간 긴장감을 이겨내지 못하고 끝내 4세트를 내주고 말았다.

승부는 5세트까지 왔다. 여기서 또 한 번 승리의 여신이 장난을 치는데 비가 다시 내려 이번에는 페더러의 상승세에 찬물을 끼얹은 것

이다. 내리 3세트와 4세트를 내주고 역전패할 위기에 몰린 나달에게
는 자신을 추스를 호재가 됐다. 마음을 다스리고 나온 나달은 다시 초
반의 터프함을 되찾았다. 승부는 팽팽히 진행됐고 결국 5-5 상황에서
도 승부를 가리지 못해 6-6, 7-7로 이어졌다. 마지막 세트에는 타이
브레이크가 적용되지 않아 영원히 반복되는 뫼비우스의 띠처럼 무한
승부가 반복될 수밖에 없었다.

　문제는 이 무렵 윔블던 센터 코트에 조명 시설이 없었다는 것이
다. 해가 지고 공을 식별할 수 없으면 다음 날로 순연돼 경기가 열렸
다. 그런데 이번 경기는 결승전이었다. 일요일 경기를 중간에 끊고 월
요일 오후에 다시 모이라는 건 선수뿐 아니라 관중들에게도 쉽지 않
은 결정이었다. 경기는 그대로 강행됐다. 페더러가 도중에 공을 식별
할 수 없다며 노골적인 불만을 터뜨리기도 했지만 어쩔 수 없었다. 그
러다가 7-7 상황에서 결국 범실이 쌓여 자신의 서브권을 먼저 내주고
말았다.

　나달의 마지막 서브가 시작됐다. 이 서브를 지키면 그대로 경기가
끝난다. 나달은 필사적으로 페더러의 리턴을 막아냈다. 결국 마지막
순간 페더러의 포핸드 공격이 네트에 걸리면서 4시간 48분에 걸친 장
대한 서사시는 나달의 윔블던 왕좌 등극이라는 새로운 역사로 마무
리됐다. 챔피언십 포인트를 획득한 뒤 윔블던 바닥에 벌러덩 누워 환
호하는 나달의 모습은 그 자체로 윔블던의 '정권 교체'를 상징하는 장
면이 됐다.

　페더러에게도 어찌 보면 자신의 모든 것을 쏟아낸 후회 없는 승부

였다. 시상식장에서 페더러는 "나는 할 수 있는 모든 걸 다 보여줬습니다. 관중 여러분, 나달을 보십시오. 그는 정말 위대한 챔피언입니다"며 깨끗이 패배를 인정했다. 하지만 장내 시상식을 마치고 인터뷰룸에 들어간 그의 모습은 조금 달랐다. 당시 BBC 해설위원이던 존 매켄로와 인터뷰를 하는 중간에 쏟아지는 눈물을 주체하지 못하고 애잔한 포옹을 나눠 많은 팬의 심금을 울렸다.

## 천적과 상대성

페더러와 나달이 남긴 명승부의 이면을 보면 테니스가 얼마나 심리에 좌우되는지 실감할 수 있다. 페더러는 윔블던 5회 연속 우승에 빛나는 압도적 챔피언이었다. 하지만 자신감을 잃은 챔피언은 더 이상 챔피언이 아니었다. 1세트와 2세트에서 페더러는 나달을 의식한 나머지 자신의 실력을 백 퍼센트 발휘하지 못했다. 네트 건너편에 버티고 있는 나달은 자기 밑에서 최장 기간 세계 2위에 머문 만년 이인자가 아니라 불과 한 달 전 치욕적인 0-6 베이글 스코어를 안긴 저승사자였다.

물론 3세트 직전 장대비가 내린 뒤 페더러의 테니스는 다시 정상을 회복했다. 이 승부가 윔블던은 물론 테니스 150년 역사상 최고의 경기로 꼽히는 이유는 5세트까지 이어지는 동안 두 선수의 한 차원 높은 기량이 불을 뿜었기 때문이다. 하지만 페더러가 이미 절반쯤 지고 들어간 경기였다고 해도 과언이 아니었다. 역시 패배가 쌓이면서 자신감을 잃은 것이 결정적 패인이었다.

나달은 페더러에게 천적이다. 처음 만났을 때부터 페더러에게 유독 강했다. 10대 시절 아직 제대로 자신의 테니스를 갖추기 전부터 나달은 페더러를 만나면 자신감이 넘쳤다. 여기에 대해 여러 측면에서 살펴볼 수 있다.

우선 나달이 보기 드문 왼손잡이라는 점이다. 그런데 페더러는 하필 원 핸드 백핸드의 소유자다. 대다수 선수들이 두 손을 라켓 손잡이에 덧대는 투 핸드 백핸드를 사용하지만 페더러는 한 손만 쓰는 원 핸드 백핸드를 사용한다. 나달의 왼손과 페더러의 원 핸드 백핸드가 만들어내는 상성은 치명적이었다. 나달이 구사하는 왼손 포핸드는 엄청난 회전이 실리면서 페더러의 백핸드 쪽 어깨 높이까지 오는 바운드를 형성하는데, 원 핸드 백핸드의 약점 중 약점이 바로 하이 바운스 볼에 대한 처리다.

이런 치명적 상성은 서브에도 적용됐다. 왼손잡이 나달의 서브는 커다란 각도를 형성하면서 페더러의 백핸드 쪽으로 휘어져 나가게 된다. 이 역시 원 핸드 백핸드를 가진 선수에게 리턴으로 받아내기 불리한 조건이 된다.

게다가 페더러는 공격의 화신, 나달은 수비의 화신이었다. 페더러가 치는 포핸드의 속도와 파워는 당대 최고여서 마음먹고 때리면 네트 건너편 상대는 받지 못했다. 그러나 나달은 예외였다. 워낙 강력한 체력과 빠른 발을 갖춰 '우주 방어' 수비로 페더러의 맹공을 잘 받아냈다. 페더러라는 날카로운 창이 유일하게 뚫지 못하는 방패가 나달이었다.

이런 지독한 테크닉 상성에 따라 페더러는 잦은 패배를 당하게 됐고 패배 횟수가 많아지면서 또 하나의 상성, 심리에서도 구멍이 생겼다. 무엇보다 나달의 포핸드 공격을 백핸드 쪽에서 해결해야 하는 숙제를 안고 있었기에 페더러는 늘 이 생각을 머릿속에서 지울 수 없었다.

테니스는 고도의 심리 게임이다. 상대를 이길 수 있다는 자신감이 확고할 때 과감한 샷을 구사하게 되고 핀치에 몰리더라도 곧 회복해 승부를 뒤집을 힘이 생긴다. 이런 점에서 페더러는 상당 부분 지고 시작한 반면 나달은 백중세로 맞선 승부를 버텨내고 승자가 됐다. 이처럼 2008년 윔블던 클래식에는 단순히 라켓을 휘두르는 힘과 기술의 경쟁을 넘어 두 선수가 녹색 잔디 코트 위에서 주고받은 치열한 심리전의 결과가 반영돼 있다.

이후 두 선수의 희비는 엇갈렸다. 나달은 이듬해 열린 호주 오픈에서도 결승전에서 페더러를 물리치고 명실상부 일인자의 자리를 굳혔다. 호주 오픈은 하드 코트에서 열리는 대회인지라 페더러가 받은 충격은 윔블던 못지않았다. 그동안 나달에게 여러 차례 패하긴 했지만 코트 표면의 공이 바운드되는 속도가 빠른 하드 코트에서만큼은 상대적 우위를 지켜왔기 때문이다. 윔블던 잔디에 이어 호주 오픈의 하드 코트에서마저 나달에게 무릎을 꿇으면서 페더러의 위상은 급속도로 추락했다.

2008년 윔블던 결승전을 기점으로 사실상 페더러의 시대는 끝난 것이나 마찬가지였다. 나달이 그 바통을 이어받았다. 2008년 나달은 윔블던에서 우승한 직후 얼마 안 가 세계 랭킹 1위에 등극했다. 페더러는 이제 나달 외에도 꽤 많은 투어에서 경쟁자들에게 종종 패하기 시작했다. 노박 조코비치에 이어 영국의 앤디 머리Andy Murray에게도 연패를 당했고 종전까지 결코 지지 않았던 기존 라이벌들에게도 절대 우위를 유지하지 못하게 됐다.

　하지만 페더러는 그대로 주저앉지 않았다. 천적 나달이라는 딜레마를 해결하기 위해 남모르는 노력을 기울였다. 마침내 그 곤경을 벗어날 실마리를 찾게 되는 것은 2008년 윔블던 대결로부터 무려 10년이 더 흐른 뒤였다.

# 2
# 징크스

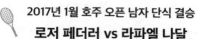

2017년 1월 호주 오픈 남자 단식 결승
## 로저 페더러 vs 라파엘 나달

　은퇴한 미국의 테니스 전설 앤디 로딕Andy Roddick은 2017년 호주 오픈 결승전이 성사됐을 때 "역사상 가장 무게감 있는 그랜드슬램 결승전"이라고 묘사했다. 메이저 대회 17회 우승에 빛나는 로저 페더러와 14회 우승을 기록한 라파엘 나달의 대결은 피할 수 없는 한 판 승부였다. 들뜬 기대감을 감추지 않는 가운데 전문가들의 예상은 이번에도 나달 쪽으로 기울고 있었다. 페더러는 지난 10년 동안 천적의 벽을 적어도 메이저 대회에서는 넘지 못하고 있었다. 이번에도 넘지 못할 가능성이 더 커 보였다. 오직 한 사람만 다른 생각을 갖고 있었다. 페더러 자신이었다.

## 2008년 윔블던 그 후

2008년 윔블던 대결 이후 두 사람의 희비는 뚜렷이 갈렸다. 2004년 세계 1위에 올라 5년 가까이 남자 테니스를 평정한 페더러의 시대는 저물고 나달이 대권을 이어받아 천하를 호령했다. 여기에 제삼 세력까지 등장했다. 노박 조코비치였다. 나달보다도 한 살 어린 조코비치는 2011년부터 페더러와 나달을 제치고 일인자로 부상했다. 이 시기 페더러는 철저히 삼등으로 밀려나 있었다.

2010년 이후 페더러가 메이저 대회에서 우승을 차지한 건 딱 한 번 뿐이었다. 2012년 윔블던 결승전에서 영국의 앤디 머리를 3-1로 물리치고 17번째 메이저 대회 트로피를 들어 올린 게 전부였다. 번번이 나달과 조코비치에게 발목을 잡혔다.

늘 일인자로 만인의 칭송을 받던 자가 3등으로 전락한 심정은 어땠을까. 페더러에게는 견디기 힘든 시련이었다. 여전히 메이저 대회에 출전했다 하면 4강 이상의 성적을 거두고 인기에서 다른 두 선수를 압도하는 스타플레이어였지만 그의 자존심은 이를 허락하지 않았다.

페더러는 2014년 한 가지 유의미한 변화를 택한다. 라켓의 사이즈를 바꾼 것이다. 라켓 면 크기를 기존 98제곱미터에서 100제곱미터로 늘렸다. 이 변화가 목적하는 바는 크게 두 가지였다. 첫째 서브를 좀 더 빠르고 강하게, 그러면서도 힘을 좀 덜 들여 편안히 넣을 수 있었다. 나이가 들고 서브 게임의 중요성이 강조되는 현실을 고려한 선택이었다.

둘째 백핸드의 안정성을 높이기 위해서였는데 사실 이야말로 변화를 준 진짜 이유였다. 그동안 페더러는 나달과 조코비치, 앤디 머리 같은 베이스라인 랠리의 최고수들을 상대하면서 백핸드의 불안정성 때문에 적잖이 고전해왔다. 특히 백핸드 쪽으로 들어오는 연타에 조급함을 참지 못하고 성급히 반격하다 무수한 범실을 쏟아내고 스스로 무너지는 일이 많았다.

라켓 사이즈를 크게 늘리는 건 프로 선수에게도 상당한 결단이 필요한 일이다. 잠시 눈을 동네 테니스 레슨장으로 돌려보자. 대부분 초보자나 나이 든 어르신들은 라켓 면 사이즈를 콤팩트한 것보다 넉넉한 것을 선호한다. 큰 라켓으로 치면 라켓 면의 정중앙인 스위트스폿이 넓어져 공을 조금이라도 더 쉽게 맞힐 수 있어서다. 또 면이 크면 치는 힘을 덜 들여도 공이 쭉쭉 뻗어나간다. 다만 라켓 면이 지나치게 크면 코스를 정교하게 공략하기 어려워 컨트롤이 떨어지는 단점이 생긴다. 페더러는 나이 듦에 따라 컨트롤을 버리고 힘을 보완하는 선택을 했다고 볼 수 있다.

바로 효과가 나타났다. 2014년 페더러는 몰라보게 달라진 모습으로 2년 만에 다시 윔블던 결승에 올랐다. 조코비치와 5세트까지 가는 접전을 펼친 끝에 2-3으로 패했지만 오랜만에 메이저 대회 시상식에서 소감을 밝히며 삼십 줄에 접어든 제2의 테니스 인생에 대해 자신감을 표했다. 이듬해 페더러는 바꾼 라켓에 대한 적응도를 더욱 높였다. 윔블던과 US 오픈 결승전에 연이어 오르면서 당시 세계 최강이던 조코비치를 턱밑까지 따라붙었다. 하지만 그 무렵 전성기 한복판에 있던 조코비치보다 2퍼센트 모자라는 경기력을 보이며 아쉽게 각각 준우승에 그치고 말았다.

늘 마지막 고비를 넘지 못하는 페더러의 모습에 그를 좋아하는 팬들은 매번 안타까워했다. 게다가 삼십대 중반이 된 그에게 시간은 결코 우호적이지 않았다. 강력한 경쟁자가 된 후배들은 이십대 후반의 전성기에 우승 횟수를 쌓아가며 그가 보유한 온갖 기록을 하나씩 깨나가고 있었다.

2012년 윔블던 우승 이후 5년 동안 아무런 타이틀도 얻지 못하면서 어느덧 페더러에게 무관의 제왕이라는 달갑지 않은 별칭이 붙었다. 2017년 1월 호주 오픈에 참가한 페더러는 그의 인생에서 '가장 우승할 것 같지 않은' 위치에 서 있었다. 1년 전 무릎 수술을 받고 반년 넘게 투어를 뛰지 못해 세계 랭킹이 17위까지 떨어진 상태였다. 그러면서 시드 배정에서 어드밴티지를 받지 못한 채 정글 같은 남자 단식 대진표를 뚫어야 했다.

### The Game

그런데 페더러와 마찬가지로 나달 역시 지난 2년간 극심한 슬럼프에 빠져 있었다. 고질적인 부상 탓이었다. 2014년 프랑스 오픈 우승을 마지막으로 그도 무릎이 좋지 않았다. 2015년 1월 호주 오픈에 돌아왔지만 8강에서 체코의 토마시 베르디흐Tomáš Berdych를 만나 좀처럼 지지 않던 예전과 달리 0-3 완패를 당했다. 여기까지는 견딜 수 있었다. 하지만 그해 6월 프랑스 오픈 8강에서 숙적 조코비치에게 0-3으로 패해 대회 6연속 우승(통산 10회 우승)이 좌절되면서 큰 충격에 빠졌다. 게다가 그해 8월 US 오픈 32강에서 파비오 포니니Fabio Fognini라는 이탈리아 복병에게 먼저 두 세트를 앞서다 2-3으로 역전패하는 충격까지 경험했다.

2016년 들어서도 나달의 항로는 좀처럼 안정을 찾지 못했다. 호주 오픈 1회전에서 스페인 동료 페르난도 베르다스코Fernando Verdasco에게 2-3으로 패해 탈락의 고배를 마셨고, 프랑스 오픈에서는 2회전을 마치고 손목 부상을 이유로 기권해버렸다. 모두가 나달의 시대는 끝났다고 생각했다. 이어진 US 오픈에서도 프랑스의 뤼카 푸유Lucas Pouille를 16강전에서 만나 풀세트 접전을 펼친 끝에 세트 스코어 2-3으로 졌다. 이후 나달은 투어 출전을 접고 오직 훈련에만 매진했다.

그렇게 다시 돌아온 대회가 2017년 1월 호주 오픈이었다. 페더러와 나달 둘 모두 나란히 반년의 공백기를 딛고 다시 모습을 드러낸 것이다.

악전고투가 펼쳐졌다. 페더러는 결승까지 진출하는 과정에서 톱 10 플레이어를 3명이나 만나는 험난한 대진을 뚫고 풀세트 접전을 두 차례나 치러야 했다. 나달 역시 마찬가지였다. 32강전에서 독일의 신예 알렉산더 즈베레프Alexander Zverev를 만나 4시간 넘는 풀세트 접전 끝에 간신히 승리한 데 이어 4강전에서 불가리아의 그리고르 디미트로프Grigor Dimitrov와 무려 5시간 넘는 사투를 벌여야 했다.

당시 세계 1위와 2위를 달리던 앤디 머리와 조코비치가 나란히 도중에 탈락하는 행운이 겹치면서 천신만고 끝에 페더러와 나달의 빅 매치가 성사됐다. 이번 대결 자체를 모두가 기적이라 부를 정도였다. 한물갔다고 생각한 올드 스타들이 부활하자 전 세계 팬들이 기뻐했다. 흡사 2008년 윔블던 결승전 때와 같은 뜨거운 분위기가 호주 멜버른을 강타했다.

이 무렵 페더러와 나달 간의 상대 전적을 살펴보면 여전히 천적 관계 그대로였다. 페더러가 11승 23패로 절대 열세에 놓여 있었다. 패가 승보다 두 배 이상 많아 라이벌이라고 부르기도 민망한 수준이었다. 상대 전적을 메이저 대회로 한정하면 격차는 더 벌어졌다. 강산도 변한다는 10년 세월 동안 페더러는 나달을 한 번도 이기지 못했다.

| 2008년 | 프랑스 오픈 결승 (나달 승) |
|--------|---------------------------|
| 2008년 | 윔블던 결승 (나달 승) |
| 2009년 | 호주 오픈 결승 (나달 승) |
| 2011년 | 프랑스 오픈 결승 (나달 승) |
| 2012년 | 호주 오픈 준결승 (나달 승) |
| 2014년 | 호주 오픈 준결승 (나달 승) |

메이저 대회에서 6차례 연속으로 페더러는 나달의 벽을 넘지 못했다. 다만 한 가지, 페더러가 희망을 가져볼 여지는 있었다. 마지막 대결 이후 상당히 긴 시간이 흘렀다는 것이다. 2014년 호주 오픈 준결승전 이후 3년 가까이 둘은 메이저 대회에서 만나지 않았다. 이런 점에서 어느 정도 자신감을 회복했으리라는 기대를 걸어볼 만했다. 실

제로 페더러는 결승전을 앞두고 기자회견에서 다음과 같이 말했다.

"왜 나달이 우위에 있습니까? 그동안 충분히 말씀드렸습니다만 2008년 윔블던에서 패한 건 그 전에 너무 많은 시합을 클레이 코트에서 했기 때문입니다. 특히 직전 프랑스 오픈에서 나달에게 박살 난 것이 컸죠. 2008년 윔블던 1세트와 2세트는 직전 프랑스 오픈 패배의 영향을 받았다고 생각합니다."

"나달도 그때 윔블던 결승전에서 대단히 잘 쳤죠. 나 역시 마지막에는 좋았습니다. 마치 오늘 경기(2017년 호주 오픈 준결승전)처럼 끝까지 경기를 이어가기는 했습니다만 전체적으로 볼 때 제대로 풀어가지 못했습니다."

"그러니까 나와 나달의 라이벌 구도는 정신적 측면이 크다고 생각합니다. 하지만 지금은 달라졌어요. 2008년 이후 많은 시간이 흘렀고 호주 오픈의 코트는 프랑스 오픈의 센터 코트와 달리 나달을 상대로 내가 원하는 특정 스타일의 경기를 가능하게 할 겁니다."

이처럼 페더러는 큰 경기를 앞두고 나달과 자주 만나는 것을 '나달 징크스'의 한 원인으로 파악했다. 나달이 특히 좋아하는 클레이 코트에서 페더러는 자주 패배를 헌납했는데 결과적으로 그 경험이 다른 종류의 코트에까지 이어져 경기력과 자신감에 영향을 미쳤다고 본 것이다. 그래서 페더러는 지난 3년간 나달과 메이저 대회에서 대결하지 않았다는 점에서 기대를 품고 있었다.

경기 초반 페더러의 장담은 어느 정도 현실로 나타났다. 페더러는 자신감 넘치는 플레이로 공격에 집중했다. 중점을 둔 건 일단 한 가지였다. 랠리의 주도권을 내주지 않겠다는 것. 늘 먼저 공격을 시도했고 점수를 주더라도 주도적 공격에 따른 범실로 점수를 내줬다. 무엇보다 서브권을 가졌을 때 상대를 강하게 압박하는 데 모든 역량을 집중했다.

1세트 흐름에서 관중과 현장 전문가들의 눈길을 특히 사로잡은 건 페더러의 백핸드 리턴이었다. 왼손잡이 나달의 날카로운 서브는 역시 페더러의 그간 약점으로 꼽혀온 백핸드 쪽에 집중됐는데 페더러는 이를 매우 공격적으로 받아 넘겼다. 과거와 달리 앞으로 좀 더 나가 베이스라인에 바짝 붙어 리턴했고 나달이 세컨드서브를 넣을 경우 아예 한 걸음 더 들어가 받았다.

이것이 주는 효과는 두 가지였다. 속도보다 각도가 생명인 나달의 서브에 대해 각도가 휘어지는 걸 미연에 차단하고, 서브를 한 템포 먼저 받아내 상대가 3구 공격을 준비할 시간적 여유를 빼앗을 수 있었다. 결국 1세트에서 페더러는 변화된 리턴 전략을 앞세워 나달의 서브 게임을 먼저 가져오며 기선 제압에 성공했다. 페더러의 6-4 승.

그렇다고 천적 나달이 가만히 당하고 있지는 않았다. 이내 파상 공세를 퍼부으며 페더러를 압박했다. 페더러를 상대로 늘 좋은 효과를 얻어낸 바로 그 공식, 페더러의 백핸드 쪽으로 강한 회전이 담긴 톱스핀 포핸드를 보내는 랠리 방식으로 점수를 차곡차곡 쌓아나갔다.

2세트에서 페더러는 허무하게 두 차례 연속으로 자신의 서브권을 내주며 팬들을 잔뜩 긴장하게 만들었다. 다만 여기에는 해석의 여지가 있다. 페더러는 자신의 서브권을 내주는 과정에서도 결코 나달에게 공격의 주도권을 내주지 않으려 했다. 실수해 점수를 내주더라도 자신의 라켓으로 득점과 실점을 만들려는 의도가 엿보였다. 나달의 6-3 승.

3세트에서 집중력을 되찾은 페더러는 나달을 압도해갔다. 이번에는 정반대 양상으로 전개됐다. 페더러가 한꺼번에 나달의 서브권을 두 차례 연속으로 무너뜨리며 일방적으로 앞서나갔다. 페더러가 6-1로 3세트를 취하자 관중들은 열광했다. 그토록 애타게 기다려온 메이저 대회 우승의 순간이 5년 만에 눈앞에 다가온 것처럼 보였다.

그러나 나달은 역시 나달이었다. 그동안 나달은 페더러와 다섯 세트 긴 경기를 치를 때마다 후반부에 우월한 체력과 파이팅을 기반으로 역전승을 거두곤 했는데 이번에도 그 양상이 반복됐다. 4세트에 들어 집요하게 물고 늘어지는 나달에 맞서 페더러는 체력적으로 고전했다. 그렇다고 물러설 수 없는 노릇이었다. 4세트를 잃고 마지막 5세트까지 간다면 자신보다 다섯 살이나 어린 나달을 상대로 승리를 장담할 수 없다는 걸 누구보다 잘 알고 있었다.

4세트에서 나달이 3-1로 앞선 상황이 압권이었다. 페더러는 반드시 나달의 서브 게임을 이겨야겠다는 일념으로 계속 듀스와 어드밴티지를 오가는 혈전을 벌였다. 마지막 순간 페더러의 멋진 백핸드 샷이 성공하는가 싶었는데 나달이 스쿼시에서나 볼 수 있는 절묘한 포핸드 슬라이스로 득점하면서 상대의 집요한 노력을 수포로 만들었다. 나달의 6-3 승. 승부는 운명의 5세트로 넘어갔다.

이 시점에서 나달의 승리를 의심하는 이들은 별로 없었다. 모두 페더러가 이기는 유일한 시나리오는 4세트에서 승부를 보는 것이라고 생각하다가 결승전이 또 한 번 극한의 피지컬 싸움으로 흘러가자 나달의 우세를 점칠 수밖에 없었다. 페더러는 메디컬 타임을 불렀다. 트레이너가 벤치로 와 한참 동안 그의 다리를 주물러야 했는데 표정이 썩 좋지 않았다. 10년 동안 풀지 못한 나달 징크스, 즉 패배가 엄습하고 있었다.

예상대로 나달의 시작은 강렬했다. 36세 선배의 노쇠한 다리를 십분 공략해 무난히 그의 첫 서브권을 빼앗아버렸다. 나달이 5세트에서 먼저 리드를 잡은 이상 질 가능성은 거의 없어 보였다. 바야흐로 나달의 메이저 대회 15회 우승이 지척에서 손에 잡히는 듯했다.

그때 승부에 묘한 균열이 일어났다. 나달이 3-2로 앞선 상황에서 서브권을 갖고 있을 때였다. 중요한 순간이니만큼 나달은 페더러를 이기는 승리 방정식을 첫 포인트부터 곧바로 적용시켰다. 왼손 포핸드 강타를 연속으로 페더러의 백핸드 쪽으로 날린 것이다. 여기서 작은 반전이 일어났다. 페더러가 나달의 두 번째 포핸드 공격을 냅다 백핸드로 후려 갈겨 위너 득점을 만들어버린 것이다.

나달의 심리 상태에 미세한 영향을 주었을까. 30-30의 상황에서 나달은 평소 그답지 않은 선택을 해 위기에 몰리게 되는데 심리적 측면에서 흥미로운 현상이었다. 포핸드로 공격 주도권을 잡은 상황에서 공을 페더러의 백핸드 쪽으로 주지 않고 포핸드로 준 것이다. 이는 범실로 기록되며 30-40 브레이크 포인트 위기에 몰렸다. 이 게임의 첫 번째 포인트에서 페더러가 과감한 백핸드 위너를 터뜨리지 못했다면

나달의 포핸드는 페더러에게 오랜 기간 풀지 못한 숙제였다. 나달이 왼손잡이였기 때문에 더욱 풀기 어려웠다. 2017년 호주 오픈 결승전 5세트 5-3에서 '서빙 포 더 챔피언십'을 맞이한 페더러. **사진 호주 오픈 유튜브 영상**

나달이 과연 이런 선택을 했을까 하는 의문이 드는 순간이다.

다시 공방이 이어져 40-40 듀스 상황에 이르렀다. 나달은 첫 서브를 페더러의 백핸드 쪽으로 넣은 뒤 이번에는 주저 없이 자신의 포핸드를 다시 페더러의 백핸드 쪽으로 던졌다. 과거 작전으로 회귀한 것이다. 그런데 여기서 또 한 번 페더러의 서프라이즈 작전이 펼쳐진다. 백핸드 대각선으로 강타를 날려 그대로 위너를 작렬한 것이다. 페더러는 이어진 브레이크 포인트에서 3번 연속으로 나달의 강력한 포핸드 공격을 백핸드로 맞대응했고, 결국 견디다 못해 먼저 방향을 바꾼 나달이 범실을 저지르면서 천금 같은 서브 브레이크에 성공했다.

이때부터 전황이 크게 흔들렸다. 무엇보다 페더러의 백핸드가 심상치 않았고 거침없었다. 페더러는 게임 스코어 4-3으로 앞선 40-40 듀스 상황에서 나달과 무려 26번의 긴 랠리를 주고받은 끝에 또 한 번 귀중한 브레이크 포인트 기회를 잡았다. 두 레전드 사이에서 나온

2017년 호주 오픈 결승전에서 페더러가 숙적 나달을 꺾고 5년 만에 메이저 대회 우승을 차지한 순간.
**사진 호주 오픈 유튜브 영상**

랠리 가운데 으뜸으로 꼽아도 손색이 없을 만큼 기술의 향연이 펼쳐진 명장면이었다.

이 26구 랠리가 과거 맞대결과 차별되는 부분은 역시 페더러의 백핸드가 훨씬 강한 공격성을 띠고 있었다는 점이다. 당시 중계 해설진은 "나는 평생 이 랠리를 잊지 않고 기억할 겁니다"라며 탄성을 내질렀다. 결국 페더러는 나달의 서브 게임을 또 한 번 이겨 5-3으로 앞서갔다.

이제 페더러는 서빙 포 더 챔피언십(결승전에서 서브를 지키면 챔피언에 오를 수 있는 상황)을 맞이했다. 그래도 나달은 끈질기게 저항했다. 거세게 반격하며 15-40까지 페더러를 몰아붙였다. 자칫 원점으로 돌아갈 위기에서 페더러는 엄청난 집중력과 결단력을 발휘해 마침내 챔피언십 포인트에 도달했다.

마지막 포핸드가 사이드라인에 작렬한 순간 관중들은 승리를 직감했지만 나달은 일단 호크아이 판정을 신청했다. 컴퓨터 판독에 따라 메이저 대회 챔피언이 결정되는 초유의 상황이 벌어졌다. 이내 샷이 들어갔다는 판정이 나오면서 페더러는 뜨거운 눈물을 뚝뚝 흘리며 기뻐했다. 2012년 이후 무려 5년의 기다림을 마감하고 메이저 대회 우승 넘버 18을 달성하는 순간이었다.


## 징크스를 이겨내는 정면 승부

일대일 대결로 치르는 테니스의 속성상 한번 약점을 잡히면 웬만해서는 뿌리치기 어렵다. 나달과 페더러의 예가 전형적이다. 왼손잡이인 데다가 회전이 워낙 많이 걸리는 나달의 포핸드는 원 핸드 백핸드를 고집하는 페더러에게는 말 그대로 쥐약이었다.

페더러가 10년 만에 메이저 대회에서 나달 징크스를 극복하는 과정을 살펴보면 핵심에 정면 승부가 있다. 약점을 감추지 않고 당당히 드러내면서 정면으로 마주했다. 페더러는 나달이 자신의 약점인 백핸드를 집중 공략할 때마다 정면 승부를 펼쳤고 결국 그 과정에서 나달을 역으로 위축시킬 수 있었다.

경기를 앞두고 페더러의 아버지 로버트 페더러는 아들에게 이렇게 말했다고 한다. "빌어먹을 백핸드, 그냥 갈겨버려!" 이것이 페더러가 나달을 마주했을 때 늘 느꼈을 딜레마와 징크스의 근원이었다.

페더러는 나달 징크스를 끊어내기 위해 커리어 내내 부단한 노력을 기울였다. 온갖 방법을 다 찾아봤다. 2005년과 2006년 연속으로 프랑스 오픈에서 나달의 벽을 넘지 못하고 좌절했을 때 페더러가 찾은 우선책은 '약점 감추기'였다. 2007년 프랑스 오픈 결승전에서 페더러는 새로운 작전을 구사했으니 그것은 '백핸드로 치지 않기'였다. 나달이 속사포 같은 포핸드 포격을 쏟아내면 이를 기다렸다가 백핸드로 치지 않고 빠르게 돌아 포핸드로 치는 방법을 해법으로 냈다. 하지만 모든 샷을 포핸드로 돌아 치려고 움직이다 보니 자연히 체력이 떨어지는 치명적 한계에 부딪쳤다.

2014년 큰 라켓으로 바꾸고 3년 동안 나달과 메이저 대회에서 대결하지 않으면서 자신감까지 회복한 뒤 페더러는 정면 승부를 택했다. '약점이라고 생각되는' 백핸드를 감추지 않고 자신 있게 맞섰다. 실수가 나오더라도 과감히 앞으로 나아가면서 공격적인 백핸드를 때렸다. 이것은 나달이 전혀 예상하지 못한 시나리오였다. 정면 승부의 효과는 나달의 심리적 위축을 불러왔다. 이에 따라 나달은 오히려 평소에 페더러를 상대로 잘 구사하지 않은 생소한 전략을 취하면서 결국 자신의 강점을 충분히 살리지 못했다.

이처럼 페더러의 나달 징크스는 기술과 체력의 문제가 아니라 심리의 문제였다. 패배가 거듭돼 자신감이 줄고 위축된 심리를 되돌리는 것이 딜레마를 푸는 전제 조건이었다. 페더러 역시 경기가 끝나고 열린 기자회견에서 승부의 관건은 몸이 아니라 마음에 있다고 털어놨다.

"이번 경기에 대한 마인드는 뭐랄까, 그냥 볼에 집중하려고 했습니다. 네트 건너편에 있는 상대를 생각하지 않고요. 세베린 루티Severin Lüthi와 이반 류비치치Ivan Ljubičić 코치도 내게 이렇게 말했습니다. 결국 멘털 싸움이라고. 내 경기력은 이미 최상에 올라와 있다고. 그런 정신 자세로 임하다 보니 5세트에서 승부를 뒤집을 수 있었습니다."

"이번 우승은 다른 메이저 대회 때와 달리 독보적 가치가 있습니다. 마치 2009년 프랑스 오픈에서 우승했을 때처럼 아주 오래 기다려온 그만큼 갈망해온 트로피이기도 하고 또 6개월의 부상 공백 뒤에 얻은 우승입니다. 게다가 라이벌인 나달을 상대로 해 얻은 승리이기 때문에 더욱 특별합니다."

테니스 황제 페더러의 인생에는 수많은 기념비적인 승리가 있다. 2003년 첫 윔블던 우승 트로피도 잊을 수 없고 2009년 프랑스 오픈에서 처음이자 마지막으로 차지한 우승 트로피도 빼놓을 수 없다. 그래도 6개월의 부상 공백을 뒤로하고 17번 시드를 받아 아무도 기대하지 않는 어려운 상황을 뚫고 자신의 천적으로 불리는 나달에게 무려 10년 만에 승리를 거뒀다는 점에서 2017년 호주 오픈 우승이 첫손에 꼽힐 만하다.

무엇보다 평생 풀지 못한 수수께끼를 풀었다는 점에서 단순한 1승 이상의 의미가 있었다. 재미있는 건 한번 수수께끼를 해결한 다음부터 다시는 그 딜레마에 빠져들지 않게 됐다는 점이다. 페더러는 거짓 말처럼 남은 커리어에서 나달에게 압도적으로 강한 모습을 보였다. 2019년 프랑스 오픈 4강에서 만나 딱 한 차례 패하기 전까지 페더러는 나달에게 내리 5연승을 거두며 상대 전적의 격차를 상당히 좁혔다.

그리고 2019년 7월 윔블던 잔디에서 페더러와 나달, 이 희대의 라이벌은 마지막 대결을 벌이게 된다. 2008년 전설의 윔블던 경기 이후 꼭 11년 만의 재회였다. 11년 전 페더러는 자신의 천적을 맞아 힘에서도 정신력에서도 이겨내지 못했다. 하지만 이번에는 달랐다. 페더러는 2017년 호주 오픈에서 보여준 것처럼 자신감 넘치는 화끈한 백핸드를 자유자재로 구사하며 나달과의 준결승전에서 3-1 승리를 거두고 결승에 진출했다. 나달 징크스를 깬 2017년 호주 오픈의 경험이 없었다면 불가능했을지도 모를 테니스 황제의 화려한 '라스트 댄스'였다.

# 3
# 냉정과 열정 사이

 **1980년 7월 윔블던 남자 단식 결승**
**비에른 보리 vs 존 매켄로**

　실제 테니스 경기가 다큐멘터리가 아니라 극영화로 제작되는 경우는 극히 드물다. 2018년 할리우드 영화 '보리 vs 매켄로'는 1980년 비에른 보리Björn Borg와 존 매켄로의 윔블던 결승전이 역사적으로 얼마나 중요한 경기였는지 방증한다. 컬러 TV가 처음 선보일 무렵 활동한 보리와 매켄로는 어떤 의미에서 테니스가 낳은 최초의 슈퍼스타들이었다. 이들을 지구촌 유명 인사로 만든 결정적 계기가 바로 이 경기였다. 특히 4세트 타이브레이크에서 18-16까지 이어지는 승부는 기술과 체력, 정신력을 모두 아우른 최고의 스펙터클을 선사했다. 보리의 3-2 대역전극으로 마무리된 이 경기는 2008년 로저 페더러와 라파엘 나달의 윔블던 결승전과 함께 테니스 역사상 최고 명승부로 꼽는다.

## 영화와 테니스

영화 '보리 vs 매켄로'는 이 역사적 대결의 핵심을 정확히 짚어낸다. 프로테니스 선수에게 끊임없이 반복되기 마련인 긴장과 불안을 최고봉 선수들이 직면하고 이겨내는 과정을 여실히 그린다. 특히 개성과 성향이 정반대인 두 선수의 심리와 행동이 실전 경기의 퍼포먼스를 통해 구현되는 모습을 집중 조명한다. 보리는 냉혹한 승부사, 매켄로는 뜨거운 다혈질의 페르소나로 그려진다.

스웨덴이 낳은 스타 비에른 보리는 1970년대 중반 혜성처럼 등장했다. 테니스에서 최초의 오빠 부대를 몰고 다닌 스타성이 풍부한 선수였다. 외모에서부터 주목을 끌었다. 치렁치렁 어깨 아래까지 늘어뜨린 갈색 머리와 구레나룻 수염은 기독교 영화에 나오는 예수 그리스도의 모습을 연상케 했다. 무엇보다 코트 위에서 보여주는 품격과 절도 있는 행동, 모든 기술을 완벽히 구사하는 폼 등이 빈티지한 챔피언의 전형이라고 해도 과언이 아니었다. 또 남자 테니스 선수 가운데 공식적으로 가장 먼저 연간 수입 100만 달러를 넘어선 슈퍼스타였다.

기량에서는 혁신의 아이콘이었다. 보리는 당시 보기 드물게 투 핸드 백핸드를 썼다. 요즘 사람들이 들으면 놀랄 일이지만 1970년대까지만 해도 원 핸드 백핸드가 절대 대세였다. 하지만 보리는 당대 선수들인 지미 코너스, 크리스 에버트Chris Evert와 함께 투 핸드 백핸드의 새로운 가능성을 개척했다. 또 그는 큰 회전량을 자랑하는 톱스핀 스트로크를 구사했는데 이 역시 후대 테니스의 새로운 기준점이 됐다.

이처럼 높은 기술적 완성도를 갖춘 보리는 1978년부터 3년 연속으

비에른 보리와
존 매켄로(붉은색 헤드밴드)는
1980년대 초반 테니스를 세계적인 인기
스포츠로 끌어올린 주역들이다.
1980년 윔블던 결승을 시작하기에 앞서
취재진 앞에 선 두 사람.
**사진 윔블던 유튜브 영상**

로 프랑스 오픈과 윔블던을 동시에 제패하는, 불가능에 가까운 위업
을 달성했다. 윔블던의 표면이 빠른 잔디와 프랑스 오픈의 느린 클레
이를 동시에 정복한다는 것은 예나 지금이나 테니스에서 가장 어려
운 과제다.

1980년 윔블던 결승에서 보리는 윔블던 사상 첫 5연패를 노리고
있었다. 이미 4연속 우승을 달성한 챔피언으로서 대기록을 앞둔 그의
눈앞에 미국의 떠오르는 스타 존 매켄로가 나타났다.

매켄로는 보리와는 전혀 다른 유형의 선수였다. 정반대라고 해도
지나치지 않다. 까다롭고 비전통적인 서브를 구사하는 데다 여기에

보리는 당시 천대받고 있던 투 핸드 백핸드를 최고의 경지로 끌어올린 혁신의 아이콘이기도 했다.
1979년 로테르담 오픈에 출전해 백핸드 스트로크를 시도하는 보리의 모습. 사진 Rob Croes

왼손잡이라는 희소성이 더해졌다. 서브 모션이 무척 독특했다. 서브
준비 자세에서 거의 상대방에게 등을 보일 정도로 네트 정면을 바라
보지 않고 측면으로 돌아선 자세를 취한다. 공을 토스한 뒤 무릎을 거
의 바닥에 닿을 정도로 굽힌 다음 솟구쳐 올라 공을 때리는데 완전 측
면으로 돌아서 있는 자세 때문에 몸을 360도 회전할 때처럼 '몸통 회
전 효과'가 극대화된다.

서브를 치고 순식간에 네트를 점령해 발리로 끝내는 득점 방식은
지금 선수들은 흉내조차 내기 어려운 매켄로표 득점 방정식이다. 그
라운드 스트로크에서도 공이 바닥에 튀어 오르자마자 한 템포 빠르
게 쳐 상대의 타이밍을 빼앗고 속도와 코스를 자유자재로 바꿔 범실
을 유도하는 데 능했다.

매켄로는 다혈질 성격으로 유명해 '코트의 악동'으로 통했지만
서브 앤 발리 전술을 앞세운 그의 테니스는 누구도 흉내 내기 어려운 최고의 경지였다.
1979년 로테르담 오픈에 출전한 매켄로의 모습. 사진 Rob Croes

하지만 매켄로를 규정짓는 특성은 따로 있었다. 자신의 희노애락,
무엇보다 분노의 감정을 가감 없이 코트 위에 표현하는 다혈질 성격
을 빼놓을 수 없다.

영화도 두 선수의 성격 차이에 주목했다. 보리는 겉으로는 쿨해 보
이지만 내면에 뜨거운 승부욕이 가득한 인물로, 매켄로는 마음 가는
대로 자유롭게 행동하고 자신의 구미에 맞지 않은 일에 곧잘 짜증을
내는 외향적 인물로 묘사했다. 냉정과 열정 간의 대결 구도였다. 일생
일대의 윔블던 결승 대결을 앞두고 정반대로 달려가는 두 주인공이
심리적 압박감을 견뎌내며 박빙 승부를 펼치는 과정이 영화의 근간
을 이루는 스토리 라인이다.

현실도 영화와 별반 다르지 않았다. 1970년대 중반 이후 윔블던의

지배자였던 보리는 가장 위협적인 도전자와 최후의 승부를 벌여야 했다. 둘이 윔블던 센터 코트에 입장하자 팽팽한 신경전과 긴장감이 극에 달했다.

## The Game

보리와 매켄로가 대결한 1980년만 해도 윔블던 잔디에서 공격하는 법은 한 가지밖에 없었다. 서브를 넣고 빠르게 네트 앞으로 대시해 발리로 마무리하는 서브 앤 발리 전법. 매켄로는 이 공격 방정식에 최적화된 선수였다. 매켄로의 왼손 서브는 커다란 궤적을 그리는 동시에 하체를 잘 활용한 타격 방식에 힘입어 파워와 스피드까지 겸비했다. 매켄로가 첫 서브를 성공시킨 뒤 서브 앤 발리를 구사하면 누구를 만나든 득점할 확률이 80퍼센트가 넘었다.

보리는 조금 달랐다. 현재의 관점에서 보면 다양한 전술을 구사하는 올 라운드 플레이어에 가까웠다. 그도 서브 앤 발리를 주 무기로 활용했지만 때에 따라 서브를 넣고 베이스라인에 그대로 머물며 포핸드와 백핸드 그라운드 스트로크로 상대를 제압하기도 했다. 첫 서브를 성공시키지 못하고 세컨드서브에 돌입할 때가 되면 보리는 침착하게 스트로크로 상대와 몇 합씩 주고받았다. 워낙 발이 빠른 데다 회전이 많이 실린 스트로크를 구사해 이 방법으로도 상대를 어렵지 않게 제압할 수 있었다.

그런데 1세트 뚜껑을 열었을 때 깜짝 놀랄 일이 벌어졌다. 도전자 매켄로가 챔피언 보리를 일방적으로 몰아붙였다. 매켄로의 서브 앤 발리는 신들린 듯했다. 엄청난 속도와 각도를 자랑하는 첫 서브를 넣은 뒤 감탄사가 절로 나오는 터치 발리로 연속 득점을 뽑아냈다. 반면 보리는 자신의 서브권에 확신을 갖지 못한 듯 두 차례나 서브 브레이크를 내주며 무기력하게 끌려갔다. 6-1, 매켄로의 일방적 승리로 1세트가 끝났다.

충격적인 패배에도 보리는 기죽지 않았다. 매켄로의 예봉을 어렵게 차단하며 2세트를 4-4 팽팽한 시소게임으로 만들어갔다. 기다리면 기회가 찾아오는 법. 보리는 마침내 2세트 12번째 게임에서 매켄로의 서브 게임을 이길 수 있었다. 매켄로의 서브가 딱 한 차례 흔들리는 순간을 놓치지 않고 발리를 유도하기 위해 특유의 톱스핀 리턴으로 공을 넘겼다. 발밑에 떨어지는 공을 싫어하던 매켄로는 발리에 실패했다. 2세트는 7-5, 보리의 승리였다.

이렇게 두 세트 내내 매켄로의 위세에 눌려 있다가 2세트 말미에 기사회생하면서 보리는 자신감을 되찾았다. 위기를 넘기면 기회라고 했던가, 보리는 3세트부터 챔피언다운 관록을 십분 발휘하며 매켄로를 몰아붙였다. 그리고 6-3으로 가볍게 세트를 따내면서 역전에 성공했다.

보리는 기세를 살려 4세트에서 승부를 매듭짓기로 마음먹었다. 매켄로의 9번째 서브 게임을 이기는 데 성공해 5-4 리드를 잡고 챔피언십에 바짝 다가선 상황에서 마지막 서브를 넣었다. 순조롭게 서브권을 지켜나간 보리는 40-15까지 손쉽게 도달해 이제 승리를 눈앞에 두

게 됐다. 한 포인트만 더 보태면 윔블던 사상 초유의 5연패 수립이다.

흔히 테니스에서 40-15을 가장 안정적인 스코어라고 말한다. 서브권을 가진 선수가 그렇게 리드를 지킨 상태에서 게임을 내주는 경우가 많지 않아서다. 한 포인트만 더 따내면 되고 설사 점수를 내주더라도 다음 포인트의 여유가 있어 이 스코어에 도달한 서브권자는 가벼운 마음으로 이완된 집중력을 발휘해 플레이를 펼친다.

그러나 스포츠에는 '끝날 때까지 끝난 것이 아니다'라는 유명한 말이 있다. 메이저리그 뉴욕 양키스의 요기 베라Yogi Berra 감독이 남긴 명언인데 사실 테니스에도 그대로 적용되는 명제다.

첫 번째 챔피언십 포인트에서 보리는 매켄로의 백핸드 공격에 밀려 점수를 내줬다. 하지만 두 번째 챔피언십 포인트가 남아 있었다. 여기서 매켄로의 초인적인 집중력이 돋보였다. 보리가 거의 게임을 따냈다고 판단한 순간 매켄로가 느닷없이 포핸드 드라이브 발리로 역습에 성공한 것이다. 드라이브 발리는 공중에 뜬 볼을 마치 포핸드 스트로크를 치듯 강하게 때리는 발리를 일컫는데 절체절명의 챔피언십 포인트에서 이렇게 도박에 가까운 샷을 치리라고 예상하기는 힘든 일이다.

이렇게 보리는 게임 스코어 5-4, 40-15의 절대 찬스를 놓치고 망연자실 경기가 한참 더 지속되는 걸 지켜봐야 했다. 냉정한 승부사로 명성을 떨치던 보리로선 받아들이기 힘든 현실이었다. "도대체 어떻게 다 잡은 승리를 놓칠 수 있지?" "내가 왜 아직도 코트 위에서 경기를 하고 있지?" 그런 생각이 머릿속에서 떠나지 않았고 결국 승부는 경기의 하이라이트, 4세트 타이브레이크로 돌입하게 됐다.

4세트 타이브레이크는 윔블던 역사상 가장 치열하고 손에 땀을 쥐게 만든 순간이요, 롤러코스터를 타는 짜릿함과 공포 영화에서 느낄 법한 서스펜스가 한데 모인 종합 패키지였다. 30분에 가까운 시간이 소요되고 18-16이라는 믿기 힘든 숫자가 전광판에 찍힌 희대의 명승부였다. 단 7포인트만 내면 끝나는 타이브레이크가 그보다 세 배 많은 포인트까지 이어지면서 윔블던 센터 코트는 열광의 도가니로 변했다.

여기서 주목해야 할 부분은 보리의 심리 상태다. 그에게는 타이브레이크 자체가 극도의 스트레스였다. 4세트 5-4 서브권을 가진 상황에서 챔피언십 포인트 두 개를 모두 놓치고 서브 앤 발리에 강한 상대와 타이브레이크 승부를 내야 하는 지경에 몰렸다.

보리는 그래도 침착함을 유지하며 타이브레이크에서 먼저 6-5 상황에 이르러 또 한 번 챔피언십 포인트를 잡았다. 그러나 여기서도 매켄로의 번뜩이는 발리에 밀려 또다시 우승 기회를 날렸다. 이제 두 선수는 극도의 긴장 상태에서 한 점씩 포인트를 주고받는 시소게임을 이어간다. 승부를 지켜보는 열혈 팬 입장에선 심장 마비에 걸릴 법한 긴장감의 연속이었다.

**7-6** ◀ **보리의 크로스코트 백핸드 패싱샷 작렬**

**7-8** ◀ **매켄로의 패싱샷 성공**

**8-8** ◀ **보리의 리턴 위너**

8-9 ◀ 매켄로의 서브 앤 발리

9-10 ◀ 매켄로의 백핸드 범실

10-10 ◀ 매켄로의 서브 에이스

11-10 ◀ 보리의 포핸드 패싱샷

12-11 ◀ 매켄로의 발리 범실

12-12 ◀ 매켄로의 발리 위너

13-12 ◀ 매켄로의 포핸드 발리 위너

13-13 ◀ 보리의 백핸드 발리 위너

14-13 ◀ 보리의 낮은 발리 실수

14-14 ◀ 매켄로의 포핸드 발리 범실

15-14 ◀ 매켄로의 발리 득점

15-15 ◀ 보리의 서브 득점

16-15 ◀ 매켄로의 포핸드 패싱샷

16-16 ◀ 매켄로의 서브 앤 발리 범실

17-16 ◀ 보리의 포핸드 리턴 범실

18-16 ◀ 보리의 포핸드 발리 범실

보리가 16-17로 밀리는 상황에서 시도한 평범한 발리가 네트에 걸리면서 기나긴 타이브레이크가 종료됐을 때 센터 코트의 모든 관중은 환호성을 지르며 기립 박수를 쳤다. 꼭 매켄로를 응원하는 박수라기보다 일생에 다시 구경하지 못할 명승부에 대한 열렬한 찬사이자 마지막 5세트로 경기가 좀 더 연장되는 걸 환영하는 의미의 뜨거운 성원이었다.

무려 7차례 매치포인트에서 기사회생한 매켄로는 포효했고 보리는 조용히 고개를 숙였다. 이쯤 되자 사람들은 모두 도전자 매켄로의 우승을 예상했다. 4세트에서 7차례나 우승 기회를 날려버린 보리가 다시 부활할 수 있을까?

이쯤에서 보리의 별명이 아이스 맨임을 언급할 필요가 있다. 얼음처럼 냉철한 표정을 늘 유지한다고 해서 붙은 별칭이다. 4세트의 치열한 전투에서 패했는데도 보리는 냉정함을 잃지 않았다. 5세트 첫 서브 게임에서 먼저 두 포인트를 내준 것이 흔들림의 전부였다.

보리는 다시금 2세트와 3세트에서 보여준 최고의 테니스를 재현했다. 이렇게 되자 당혹스러운 건 오히려 매켄로였다. 4세트 타이브레이크에서 신승한 상승세를 살리지 못하고 두 차례나 자신의 서브권에서 0-40의 트리플 브레이크 포인트 위기를 맞았다. 급기야 마지막 순간 압박을 이겨내지 못하고 게임 스코어 8-6으로 패하며 보리의 최종 승리를 눈앞에서 지켜봐야 했다.

보리가 8번째 챔피언십 포인트 끝에 최종적으로 승리를 확정하고 윔블던 잔디에 두 무릎을 꿇고 기뻐하는 모습은 아마도 테니스 역사상 가장 유명한 셀러브레이션으로 회자될 것이다. 냉정과 열정 사이의 승부에서 일단 1980년 윔블던 결승의 승자는 '냉정'이었다.

보리는 온갖 역경을 딛고 긴장과 불안을 이겨내는 승부사의 진면목을 보여줬다. 윔블던 5연패에 대한 주변의 높은 기대, 몇 차례나 조기에 승부를 마무리할 수 있었지만 끝내 놓치고 만 허탈함과 초조함,

이 모든 도전을 뿌리칠 수 있었던 원동력은 한 가지였다. 어떤 상황에서도 침착함과 냉정함을 잃지 않는 흔들림 없는 멘털이었다. 당시 미국 NBC의 진행자이자 저명한 테니스 칼럼니스트인 버드 콜린스Bud Collins가 소감을 묻자 보리는 이렇게 말했다.

"내 인생 최고의 경기 가운데 하나였습니다. 4세트를 잡지 못했을 때 경기에서 패할 줄만 알았습니다. 분명히 나는 지친 데다 몇 차례나 매치포인트를 잡았다 놓쳤으니까요. 하지만 중요한 건 나는 그 후에도 포기하지 않았다는 겁니다."

매켄로에게도 잊을 수 없는 명승부였다. 1980년대 전반기를 자신의 시대로 만들게 되는 미래의 테니스 황제는 그 경기에서 탄생했다고 해도 과언이 아니다. 매켄로는 몇 해가 지나 다음과 같이 회고했다.

"보리와의 경기는 테니스에서 때로 패배를 하는 것이 오히려 패자의 위상을 높여줄 수 있음을 보여주는 경우일 겁니다. 늘 경기에서 승리자가 될 필요는 없습니다. 역사의 일부가 되었다면 그것으로 족합니다. 아마도 이 경기의 일부가 된 것은 내 인생에서 가장 짜릿한 경험 가운데 하나일 겁니다. 경기를 지켜본 사람들의 반응과 찬사는 놀랍도록 대단했죠. 내가 뛴 경기 가운데 가장 많이 회자되는 경기입니다."

## 너무 짧았던 승자의 영광

지구상에서 가장 유명한 두 선수가 나무라켓을 들고 현란한 서브와 발리의 기술을 선보인 1980년 윔블던 결승전은 지금 다시 봐도 스

당시 'El Grafico' 표지에 실린
1980년 윔블던 챔피언 보리의 모습

릴이 넘친다. 이 승부는 존 매켄로라는 1980년대 지배자의 탄생을 의미하는 동시에 1970년대를 주름잡은 최고 스타 비에른 보리의 마지막 영광을 상징한다.

또 과거 전설들보다 한 차원 높은 서브 앤 발리를 구사하는 매켄로가 베이스라인 플레이어에 가까운 보리를 상대로 승리에 가까운 결과물을 냈다는 점에서 1980년대 윔블던의 판도를 미리 엿볼 계기가 됐다. 매켄로 이후 등장한 보리스 베커Boris Becker와 스테판 에드베리 Stefan Edberg 등 1980년대를 빛낸 윔블던의 전설들은 거의 예외 없이 서브 앤 발리에 특화된 선수들이었으니까. 이들과 결이 달랐던 체코 출신의 베이스라이너 이반 렌들Ivan Lendle은 보리와 비슷한 유형이었는데 결국 윔블던 정상에 오르지 못했다.

1차 대전 이후 이어진 2차, 3차 대전에서 전쟁의 흐름과 양상은 완전히 바뀌고 만다. 두 달 뒤 미국 본토에서 열린 US 오픈에서 매켄로는 5세트 접전 끝에 보리를 물리쳤다. 그토록 냉철했던 아이스맨도 마지막 5세트에서 심판의 아웃 콜 판정에 불만을 품고 흔들리는 모습을 노출했다.

보리는 이후 내리막길을 걸었다. 이듬해 윔블던 결승에서 점점 기세가 오른 매켄로를 끝내 뿌리치지 못하고 1-3으로 져 결국 6연패에 실패했다. 이번에도 두 세트나 타이브레이크까지 가는 대접전이었다. 다만 승자와 패자가 바뀌었을 뿐이다. 1981년 9월 US 오픈 결승전에서 또다시 매켄로에게 우승컵을 양보해야 했던 보리는 3년 뒤인 1984년 세상을 깜짝 놀라게 하는 발표를 하기에 이른다. 스물여섯 한창 나이에 나온 은퇴 선언이었다.

보리는 활동 기간이 짧은데도 여전히 테니스 전문가들 사이에서 역대 10걸에 꼽힐 정도로 위대한 여정을 보낸 전설로 남았다. 그의 메이저 대회 승률은 이른 은퇴 때문이기도 하지만 90퍼센트가 넘는다. 또 윔블던이나 US 오픈처럼 코트 표면이 빠른 대회에서 서브와 발리로만 점수를 따내는 것이 정석으로 여겨지던 시대에 보리는 다양한 플레이 방식으로 우승 트로피를 거머쥔 올 라운드 플레이어의 효시였다. 윔블던과 프랑스 오픈이라는 성격이 정반대인 양대 메이저 대회를 그처럼 여러 차례 동시에 석권한 경우는 예나 지금이나 찾아볼 수 없다.

다만 보리가 '박수칠 때 떠나라'는 명제를 지켰는지는 의문이다.

26세 조기 은퇴는 선수로서 이룰 것을 다 이뤄 더는 동기 부여를 갖지 못한 경우라기보다 점증하는 패배에서 오는 부담감과 타이틀을 수성해야 하는 압박을 이겨내지 못한 결과로 보인다. 이는 프로테니스 선수들이 화려한 무대 뒤에서 얼마나 승리에 대한 압박에 시달리고 긴장과 불안에 휩싸이는지를 말해준다.

훗날 보리는 "더는 매켄로라는 적수를 감당하지 못할 것 같은 느낌이 들었다"고 밝혔는데 1980년 윔블던 결승전에서 보여준 철통같은 태세 뒤에 그런 인간적인 면모가 있을 줄은 누구도 짐작하지 못했다. 보리가 은퇴를 선언한 것과 거의 동시에 매켄로는 거짓말처럼 더는 메이저 대회 우승 타이틀을 추가하지 못한다. 한때 자신을 한계까지 밀어붙인 절대 라이벌이 사라진 뒤 매켄로는 목표를 잃고 예전만큼 동기부여가 되지 못한 게 아닐까. 1980년대 초반을 빛낸 이 희대의 라이벌은 정반대 속성을 가진 스타플레이어들이었지만 그만큼 서로를 필요로 하는 존재였던 것이다.

# 4
# 창이 방패를 뚫다

2001년 8월 US 오픈 남자 단식 8강
## 피트 샘프러스 vs 앤드리 애거시

흔히 메이저 대회에서 최고의 명승부를 꼽으라고 하면 대부분 결승전 가운데 하나를 고른다. 하지만 많은 전문가는 US 오픈 100년 역사에서 가장 박진감 넘치는 클래식으로 2001년 US 오픈 남자 단식 8강전을 거론한다. 1990년대 미국 테니스를 양분한 피트 샘프러스와 앤드리 애거시Andre Agassi의 맞대결이었는데 10년 넘게 라이벌 구도를 형성한 두 선수의 대결 가운데 으뜸으로 꼽힌다. 단 한 차례 서브 브레이크도 없이 진행되며 네 세트 모두 타이브레이크까지 간 피 말리는 혈투였다. 마지막 승자는 역시 샘프러스였다. 최고의 서브를 장착한 샘프러스와 가장 탄탄한 리턴을 가진 애거시. 정반대 유형인 두 스타의 맞대결은 말 그대로 창과 방패의 대결이었다.

I 심리

## 서브와 리턴, 무엇이 더 강한가

피트 샘프러스는 남자 테니스 역사에서 이른바 빅 3라고 불리는 페더러와 나달, 조코비치가 등장하기 전까지 당당히 역대 최고 선수로 꼽힌 인물이다. 1990년 US 오픈에서 혜성처럼 나타나 19세 나이에 챔피언이 됐다. 이후 1990년대 전체가 사실상 샘프러스의 시대였다. 2002년 은퇴할 때까지 14차례 메이저 대회 챔피언십을 차지해 종전까지 기록 보유자였던 로이 에머슨Roy Emerson(12회)을 뛰어넘었다.

샘프러스의 테니스는 1990년대의 시대적 흐름을 정확히 관통하고 있었다. 강력한 첫 서브에 이어지는 민첩한 발리. 이 기술로 상대를 제압하는 완성도가 역대 어느 선수보다 뛰어났다. 말 그대로 서브 앤 발리의 장인으로 기술을 극상의 경지까지 끌어올렸다. 코트 표면의 속도가 지금보다 빨랐던 1990년대, 샘프러스는 윔블던과 US 오픈에서 차원이 다른 경기력을 보여주며 도합 12차례 정상에 오를 수 있었다.

1990년대 샘프러스의 유일한 대항마이자 그와는 정반대 스타일로 시대를 주름잡은 선수가 바로 애거시다. 애거시에겐 샘프러스처럼 강한 서브가 없었다. 그 대신 샘프러스가 부러워하면서도 두려워한 비장의 무기를 갖고 있었다. 강서브를 받아내는 탄탄한 리턴 능력이다. 또 애거시는 베이스라인에서 포핸드와 백핸드를 안정적으로 구사해 일단 그라운드 스트로크 공방으로 접어들기만 하면 포인트를 가져올 확률이 매우 높았다.

대조적인 라이프 스타일도 이들의 라이벌 구도를 증폭하는 요소가 됐다. 샘프러스는 모범생, 애거시는 반항아 스타일이었다. 경기 내내 포커페이스를 유지하고 별다른 리액션을 취하지 않는 샘프러스는 말 잘 듣고 공부 잘하는 우등생에 가까웠다. 애거시는 색깔이 전혀 달랐다. 20대 초반 할리우드 스타 브룩 쉴즈와 염문을 뿌려 유명세를 탔고 전통과 규범에 대한 저항 의식으로 윔블던의 흰색 옷 착용 규정에 반발하며 1995년 출전을 보이콧한 적도 있다. 이유 없는 반항아, 테니스계의 제임스 딘이었다.

샘프러스는 일찍이 자서전 〈챔피언의 마인드(A Champion's Mind)〉에서 자신과 애거시의 차이를 이렇게 규정한 바 있다.

"우리는 서로의 커리어에서 상당히 많은 부분이 달랐습니다. 그렇게 다를 수가 없었죠. 성격과 테니스 경기 방식, 심지어 옷을 입는 스타일까지. 애거시가 늘 개성과 독립성을 강조한 반면 나는 감정을 억누르고 스스로 자유를 속박한 측면이 있었습니다. 무하마드 알리에 맞선 조 프레이저라고 해야 할까요. 내가 켄 로즈월Ken Rosewall과 로드 레이버의 적자라면 애거시는 지미 코너스와 존 매켄로의 후예라고 할 만했습니다."

그들의 성향 차이는 테니스 성적에도 고스란히 반영됐다. 샘프러스는 기복 없는 꾸준함의 대명사였다. 그 결과 세계 랭킹 1위를 6년 연속으로 유지할 수 있었다. 이 기록은 페더러와 조코비치도 깨지 못한 그만의 독보적 영역이다. 애거시는 들쭉날쭉한 성격만큼이나 랭킹도 기복이 있었다. 부상과 슬럼프가 겹친 1990년대 중후반엔 세계 랭킹 100위권 밖까지 곤두박질치기도 했다. 사실 샘프러스가 1990년대 내내 이토록 압도적인 우승 점유율을 유지한 데는 따지고 보면 가

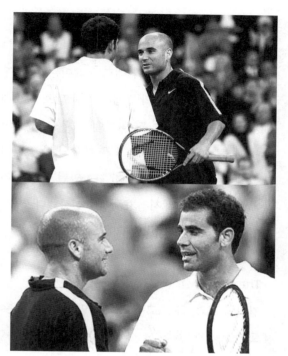

피트 샘프러스(흰색 상의)의
서브는 빠르기와 정확도,
득점 연결 확률 등에서 역사상 가장
뛰어나다는 평가를 받는다.
앤드리 애거시는 투 핸드 백핸드와
리턴을 새로운 경지로 끌어올렸다.
**사진 US 오픈 유튜브 영상**

장 골치 아픈 숙적이던 애거시가 방황한 덕도 있다.

이렇게 상반된 스타일로 서로 다른 길을 걷고 있던 두 선수가 최정점에서 격돌한 대회가 바로 2001년 US 오픈 8강전이었다. 샘프러스는 5~6년 전처럼 무적의 위용을 떨치지는 않았지만 여전히 US 오픈에서 강력한 우승 후보로 불렸고 애거시 역시 짧은 방황과 부진을 털고 다시 정상 궤도로 돌아와 있었다. 대진표가 발표됐을 때부터 둘이 조기에 8강에서 격돌할 가능성이 제기됐다. 실제로 그런 일이 벌어지자 테니스계는 흥분을 감추지 못했다.

샘프러스가 창이라면 애거시는 방패였다. 지나친 단순화가 아니다. 둘의 맞대결처럼 역할 분담이 뚜렷한 매치업은 찾아볼 수 없다. 샘프러스의 강력한 서브와 네트 플레이는 그 어떤 방패라도 뚫는 예리한 창이었다. 애거시의 민첩하고 한 템포 빠르게 끊어 치는 리턴은 세상의 모든 창을 능히 다 막아내는 '캡틴 아메리카'의 방패였다. 창과 방패, 모순의 대결은 US 오픈 특유의 야간 경기 열기와 맞물려 과거 그 어떤 경기에서도 맛보기 힘들었던 팽팽한 긴장감을 관중과 TV 앞에 모여든 전 세계 시청자들에게 선사했다.

### The Game

경기의 결과, 즉 스코어 자체가 말 그대로 모순이었다. 샘프러스가 세트 스코어 3-1(6-7, 7-6, 7-6, 7-6)로 승리했는데 엄밀히 말하자면 무승부라고 볼 수 있다. 타이브레이크는 일종의 승부차기다. 90분 혹은 120분을 다 뛰어도 승부를 가릴 수 없을 때 러시안룰렛을 가동하는 마지막 수단이다. 실제로 월드컵 축구 대회 본선에서 승부차기까지 간 경기는 무승부로 공식 기록된다. 2001년 US 오픈 8강전은 창과 방패가 서로를 뚫을 수도 막을 수도 없어 사실상 승부를 가리지 못한 경기였다.

경기는 절대 지루할 수가 없었다. 두 선수가 정반대의 게임 운영을 했기 때문이다. 즉 샘프러스가 서브권을 갖고 있을 때 포인트는 3~4구에서 짧고 굵게 마무리된다. 샘프러스는 강력한 첫 서브를 넣고 곧바로 네트로 전속력으로 전진해 발리로 3구 마무리를 노린다. 반면에 애거시의 서브 게임은 길고 긴 랠리의 연속이다. 애거시의 완만한 스피드의 첫 서브를 샘프러스가 성공적으로 리턴해내면 애거시가 주도권을 잡은 상태에서 5구 넘게 랠리 교환이 이뤄진다. 이렇게 매 게임마다 180도 상반되는 기술의 향연이 3시간 30분가량 이어지면서 보기 드문 명승부가 만들어졌다.

그런데 둘은 상대의 장점을 어느 정도 자신의 것으로 만들 수 있었다. 다시 말해 샘프러스는 서브와 발리 외에 그라운드 스트로크에도 숨은 비기가 있었고 애거시 역시 본인만의 강력한 서브를 감추고 있었다.

예컨대 샘프러스는 서브 앤 발리로 게임을 풀어내지 못하는 상황에 몰렸을 때 곧잘 또 하나의 절기인 러닝 포핸드를 꺼내 환상적인 득점에 성공했다. 말 그대로 달려가면서 때리는 포핸드인데 샘프러스는 자신의 바깥쪽으로 빠져나가는 상대의 각도 깊은 공격을 엄청난 속도로 달려가 받아내면서 그 속도를 고스란히 라켓에 실어 총알같이 빠른 포핸드 위너를 터뜨리곤 했다.

애거시의 서브 역시 과소평가할 수 없는 기술이었다. 1세트 타이브레이크 때 애거시는 보란 듯이 5-5에서 서브 에이스를 터뜨려 세트 포인트를 잡았다. 이어진 샘프러스의 서브권 상황에서 애거시가 절묘한 백핸드 패싱샷을 시도해 샘프러스의 발리 실수를 유도했다. 이제 1세트가 끝났을 뿐인데 어느새 1시간이 지나 있었다. 그만큼 지독한 접전이었다.

주목해야 할 부분은 샘프러스의 흔들림 없는 서브 앤 발리 전략이

샘프러스는 첫 서브는 물론
세컨드서브까지 200킬로미터에
육박하는 강서브로
리턴의 최강자 애거시를
압박했다.
**사진** US 오픈 유튜브 영상

었다. 21세기에 접어들어서도 그의 서브 앤 발리는 과거보다 더 빈도
가 높아지고 힘이 세졌다. 1990년대 초중반까지만 해도 샘프러스는
이 정도로 서브 앤 발리의 비중이 높은 선수는 아니었다. 첫 서브가
들어가지 않으면, 즉 세컨드서브를 넣고 나면 적당히 베이스라인에
머물며 랠리 교환을 시도했다. 그러다가 삼십 줄에 다가서 커리어가
황혼기를 향해 나아갈 무렵 그는 돌연 서브 앤 발리의 비중을 극한으
로 올렸다. 점차 과거의 유물로 취급받던 기술을 적극 되살리는 모습
은 시간을 거스르는 듯했다. 샘프러스는 이번 대결에서도 서브 앤 발
리를 처음부터 끝까지 시도했고 이런 일관된 전략은 좋은 결과로 이
어졌다.

특히 이 시기 샘프러스 테니스의 가장 두드러진 강점은 첫 서브만
큼 빠른 세컨드서브를 구사하는 것이었다. 상식을 깨는 시도였다. 첫
서브가 실패하면 보통 더블폴트를 피하려고 세컨드서브는 속도를 줄
이는 것이 정석이다. 하지만 샘프러스는 빠른 세컨드서브를 줄기차

게 시도해 대부분 성공시키며 애거시의 리턴 전략에 커다란 압박을 가했다.

2~4세트도 전부 타이브레이크에 돌입했다. 7점을 선취해야 하는 타이브레이크에서 서브를 앞세운 샘프러스가 마음의 부담이 조금 덜했을까. 애거시는 경기 내내 샘프러스의 강서브에 리턴 에이스로 맞서 분전했지만 2~4세트 타이브레이크에서 한 차례도 승리하지 못하고 분패했다. 종이 한 장 차이로 승부가 갈리는 싸움에서 샘프러스의 창이 아슬아슬하게 애거시의 방패를 앞섰다.

## 샘프러스는 '자신만의 경기'를 했다

샘프러스가 근소하게 앞설 수 있었던 원동력은 무엇일까. 그의 말에서 해답을 찾아보자.

"앤드리는 나를 상대할 때 좀 더 생각해야 했을 겁니다. 대다수 톱플레이어들을 상대로 앤드리는 자신이 설정한 대로 효과적인 경기를 할 수 있습니다. 최상의 컨디션일 때 그는 상대를 코트 이곳저곳으로 뛰게 만들 수 있었습니다. 하지만 나는 달랐어요. 반대로 게임의 주도권을 쥔 이는 나였죠. 네트 건너편 상대가 무엇을 하든 자신만의 경기에 집중하면 됩니다."

"클레이 코트 시합을 제외한 대부분 경기에서 나는 이것만 생각합니다. '어떻게 해야 상대의 서브권을 가져올 수 있을까?' 그만큼 나는 서브권을 지키는 데 자신이 있었습니다. 상대의 서브권을 한 번만 가져오면 되는 것이지요. 애거시에게는 그런 여유가 나만큼 없었을 겁니다."

간발의 차로 승부가 갈리는 최고 수준의 대결에서 상대를 의식하지 않고 자신의 게임에 집중하는 '작은 여유'는 결정적이었다. 샘프러스는 그 틈새를 파고들었다. 애거시의 리턴이 아무리 단단하고 그라운드 스트로크와 풋워크 속도가 아무리 뛰어나도 샘프러스는 자기 게임에 대한 믿음을 확고부동하게 지켰다.

샘프러스는 애거시를 상대로 단 하나의 게임 플랜을 고집스레 밀어붙였다. 서브를 넣고 네트를 점령하는 것. 단순하기 그지없는 이 전략을 어떤 위기가 닥쳐도 포기하지 않았다. 샘프러스는 무려 14개 더블폴트를 범했다. 세컨드서브를 거의 첫 서브에 육박할 정도로 강하게 넣은 결과였다. 그는 알고 있었다. 세컨드서브를 안정적으로 넣기 위해 속도를 줄이면 애거시의 그물망 리턴과 그라운드 스트로크를 감당할 수 없게 된다는 것을. 이렇게 위험을 감수하는 모험을 끝까지 유지하면서 최후의 승자가 될 수 있었다.

2001년 명승부 이후 샘프러스와 애거시는 또 한 번 외나무다리에서 만난다. 1년 뒤인 2002년 US 오픈, 이번에는 결승전이었다. 평론가들은 이번에도 애거시의 우세를 점쳤지만 끝내 애거시는 샘프러스의 창을 막아내지 못하고 우승컵을 양보해야 했다. 둘의 통산 34번째이자 마지막 대결이었다. 경기 후 샘프러스는 14번째 메이저 대회 트로피를 높이 치켜들고 역대 테니스 선수 가운데 가장 화려하게, 박수칠 때 떠나는 작별의 길을 선택했다.

비록 애거시는 마지막 두 번의 라이벌전 대격돌에서 모두 패했지만 샘프러스보다 좀 더 오래 남아 투어 무대에서 정상급 활약을 펼치며 36세에 은퇴할 때까지 의미 있는 기록을 남겼다. 애거시는 샘프러스와의 상대 전적에서 14승 20패로 열세를 보였다. 하지만 역사가들은 둘을 거의 비슷한 선상에서 거론한다. 무엇보다 애거시는 샘프러스와는 달리 프랑스 오픈에서 우승을 차지하며 커리어 그랜드슬램을 달성했고 1996년 애틀랜타 올림픽에서 단식 금메달을 획득했다.

또 애거시가 보여준 테니스, 즉 끈질긴 리턴과 베이스라인에서 실수 없이 펼치는 정교한 그라운드 스트로크는 이후 21세기 테니스의 새로운 표준으로 자리 잡았다. 샘프러스가 퇴장하고 페더러와 나달, 조코비치와 앤디 머리 등이 등장해 2000년대 중반 이후 이룬 남자 테니스의 황금시대는 모두가 예외 없이 애거시 스타일의 테니스를 쳤다고 해도 과언이 아니다.

서브와 리턴의 대결에서 1990년대는 서브의 손을 들어줬다. 하지만 2000년대로 접어들면서 서브와 발리를 주 무기로 하는 선수들은 자취를 감추다시피 했다. 창이 다소 무뎌지는 반면 방패는 갈수록 견고해졌기 때문이다. 그래서 샘프러스와 애거시의 2001년 US 오픈 '모순의 대결'은 더욱더 기념비적이다. 단언할 수 없지만 앞으로 한동안 창과 방패가 화끈하게 격돌한 이런 명승부는 나오지 않을 것 같다.

# 5
# 언더암 서브의 기적

### 1989년 5월 프랑스 오픈 남자 단식 16강
## 마이클 창 vs 이반 렌들

　아마도 프랑스 오픈 역사상 가장 잊히지 않는 사건을 하나 고르라면 1989년 5월을 떠올릴 팬들이 많을 것이다. 그랜드슬램 사상 최연소 남자 단식 우승. 그해 프랑스 오픈에서 키 175센티미터의 자그마한 체구를 가진 대만계 미국인 마이클 창Michael Chang이 거인들을 차례로 물리치고 우승의 기적을 썼다. 백미는 결승전보다 16강전이었다. 바로 그 유명한 언더암 서브가 나온 경기였다. 다윗과 골리앗의 대결이라는 말이 어색하지 않을 정도로 전력 차가 컸다. 언더독의 반란이 일어날 가능성이 열려 있다는 점에서 스포츠는 매력적이지만 그런 일이 아무 때나 일어나는 건 아니다. 창은 약자가 강자를 이기는 '이변의 조건'을 우리에게 가르쳐줬다.

## 언더독의 반란

전투는 일반적으로 강자와 약자의 대결이다. 물론 나달과 조코비치의 대결처럼 거의 대등한 전력을 가진 두 주체가 싸우는 경우도 있지만 대부분 전력의 격차는 뚜렷하다. 일대일 대결로 치르는 테니스에서 그 차이는 더욱 두드러져 보인다. 전력 차를 측정하는 방법도 다양하다. 시즌 승률과 세계 랭킹, 직전 라운드에서 얼마나 오랜 시간 접전을 벌였는지에 따른 체력 수준 등. 강자와 약자의 모습이 이렇게까지 매치업상 뚜렷이 갈리는 스포츠도 드물 것이다.

그런데 강약이 확실히 갈리는 테니스는 다른 어떤 스포츠보다 이변이 많은 종목이기도 하다. 이른바 언더독의 반란으로 불리는 이변은 남녀를 불문하고 1년 365일 어느 대회에서나 일어난다. 특히 남녀 128명 출전자들이 참가하는 4대 메이저 대회에서 약자의 반란이 더 빈번히 발생한다. 시드 배정을 받은 유력한 우승 후보들이 대회 1주차가 채 지나기도 전 짐을 싸 고향으로 향하는 모습을 매년 호주와 파리, 런던, 뉴욕에서 흔히 볼 수 있다.

왜 이런 일이 일어날까? 그 해답의 일부를 우리는 창의 사례에서 찾을 수 있다. 바로 언더독의 역발상 전략이다. 즉 상대가 예측하지 못하는 방법을 들고 나와 상대를 당황하게 하고 경기의 흐름을 바꿔 놓는 이른바 '서프라이즈 전략'이다.

머리 위로 공을 던져 올린 다음 라켓으로 힘껏 때리는 보통의 서브와 달리 언더암 서브는 사실상 게임을 포기하는 행위에 가깝다. 공을 무릎 아래에서 위로 툭 하고 쳐 올려 상대 서브 박스에 '갖다 놓는' 이 서브는 입문 단계에서 아직 제대로 서브를 배우지 못한 동호인이나 구사하는 궁여지책이다. 실전 세계에서는 금지된 병법이다.

키가 175센티미터인 창은 실제로 보면 더 작아 보인다. 은퇴하고 한참 지난 뒤인 2015년 그가 한국을 방문한 적이 있다. 은퇴한 시니어 선수들이 출전하는 이벤트 대회인 챔피언스컵 서울 대회에 참가하기 위해서였다. 필자가 직접 만나본 창은 테니스 선수치고는 체구가 작았다. 함께 방한한 페르난도 곤살레스Fernando Gonzales와 피트 샘프러스, 마라트 사핀Marat Safin 옆에 나란히 선 그는 그야말로 어린애처럼 보였다.

1989년 프랑스 오픈 개막을 앞두고 창은 전도유망한 선수로 조금씩 존재감을 드러내고 있었다. 1980년대 미국 테니스는 거인 두 명이 지배했다. 존 매켄로와 서른 넘은 나이에도 꾸준히 메이저 대회 4강 후보로 이름을 올리고 있는 지미 코너스였다. 이제 1990년대로 향하면서 미국은 젊은 세대에게 바통을 넘겨야 할 상황이었다.

스포츠의 천국답게 미국에는 인재들이 차고 넘쳤다. 선두 주자로 이름을 내민 이가 톡톡 튀는 개성의 소유자 앤드리 애거시였다. 짐 쿠리어Jim Courier와 이란계 이민 가정에서 나고 자란 미래의 황제 피트 샘프러스도 유망주 리스트를 채우고 있었다. 창은 그들보다 나이가 어린 차세대 기수 가운데 한 명이었다.

다만 전통적인 미국 선수들과 달리 스타일이 독특했다. 하드 코트에 익숙하고 빠른 서브와 강력한 포핸드를 기반으로 승리를 쟁취하는 미국 테니스의 결에서 다소 벗어나 있었다. 단신이라 서브가 약할

1989년 프랑스 오픈 16강전에서 맞붙은 마이클 창(왼쪽)과 이반 렌들.
누가 5세트까지 간 메이저 대회 팽팽한 승부처에서 언더암 서브를 넣을 생각을 했겠나.
**사진 프랑스 오픈 유튜브 영상**

수밖에 없다 보니 다른 방면으로 능력을 쌓아야 했다. 일단 순발력이
좋고 빠른 발을 가진 그는 수비가 훌륭했다. 여기에 그라운드 스트로
크까지 탄탄했다. 그런 그가 클레이 코트를 좋아하는 건 논리적으로
당연했다.

창은 신체적 열세를 딛고 미국 내에서 각종 주니어 신기록을 갈아
치우며 잠재력을 드러냈다. 12세에 미국 하드 코트 주니어 챔피언십
을 평정한 뒤 13세에 최고 권위의 국제 주니어 대회인 오렌지볼 16세
부에서도 우승했다. 내로라하는 형들을 모조리 때려잡은 괴물 같은
행보였다.

1989년 5월 바로 전해 프로에 데뷔한 17세의 창은 시즌 두 번째

마이클 창은 키가 175센티미터에
불과하지만 10대 시절부터
미국 테니스의 최고 유망주 가운데
한 명으로 각광받았다.
1994년 신시내티 오픈에 출전해
리턴을 준비하는 창의 모습.
사진 James Phelps

메이저 대회인 프랑스 오픈을 앞두고 어느덧 세계 랭킹 19위에 올라
서 있었다. 미국 선수들은 클레이 코트에서 열리는 프랑스 오픈을 싫
어해 그다지 성적에 대한 욕심도 기대감도 없던 터였다. 창은 조용히
1회전부터 소리 없는 돌풍을 이어나가 16강에 오르는 데 성공했다.

　모두가 거기까지 갔으면 됐다고 만족해했다. 왜냐하면 16강 상대
가 디펜딩 챔피언이자 우승 후보이며 1980년대 후반 전 세계 테니스
계를 공포에 떨게 한 이반 렌들이었기 때문이다.

### The Game

　키 188센티미터의 이반 렌들과 175센티미터의 마이클 창이 맞붙
은 16강전은 말 그대로 다윗과 골리앗의 대결이었다. 기술과 체력에

이반 렌들은 1980년대
우월한 피지컬을 바탕으로
'힘의 테니스'를 코트 위에서 구현한
스타였다. 1984년 3월 네덜란드
오픈에 출전한 렌들의 모습.
사진 Rob Croes

서도 아직 창은 렌들의 적수가 되기에는 한참 모자랐다. 격차는 뚜렷
했다. 1세트 시작부터 렌들은 특유의 파워 테니스를 폭발시켰다. 렌
들은 남자 테니스에 힘과 스태미나라는 새로운 개념을 불어넣은 당
시로서는 혁신적 존재였다. 여전히 네트 앞에서 발리를 잘 치는 선수
들이 득세하는 시기에 큰 키와 탄탄한 근육질 몸을 앞세워 힘으로 기
교를 제압했고 그런 식으로 세계 최정상 자리를 오랜 기간 지키고 있
었다.

창이 비록 1세트를 4-6으로 내주기는 했지만 승부는 보는 이의 구
미를 당길 만한 흥미로운 요소로 가득 차 있었다. 다윗이 돌팔매를 빙
빙 돌려 골리앗의 이마를 맞히는 형국이라고 해야 할까. 창은 힘으로
밀어붙이는 렌들을 상대로 다양한 기술 샷으로 대응했는데, 이를테
면 렌들의 파워풀한 포핸드가 들어오면 여기에 무리하게 강타로 맞

서지 않고 공을 공중 위로 높게 띄우는 로빙 샷으로 응수했다. 아니면 공에 역회전을 주는 슬라이스 샷을 일부러 네트 앞쪽에 짧게 떨어뜨려 렌들로 하여금 더 이상 베이스라인에서 파워 샷을 구사하지 못하게 만드는 작전을 펼쳤다.

1세트와 2세트에서 창은 상대의 힘을 빼는 전략을 줄기차게 사용하면서 그런대로 세계 랭킹 1위와 접전을 펼칠 수 있었다. 하지만 전력차는 속일 수 없어 내리 2세트도 4-6으로 내주고 3세트를 맞게 된다.

패색이 짙다고 봐야 할 상황이었다. 게다가 창은 접전을 벌이느라 체력을 많이 소비했다. 지친 기색이 역력했고 더는 뛰기 어렵다는 제스처까지 내보였다. 하지만 결코 포기하지 않았다. 기진맥진해 있는 중에도 상대의 빈틈을 찾으려 애썼고 마침내 6-3으로 반격에 성공해 렌들로부터 3세트를 뺏어 올 수 있었다.

4세트에서도 경기 패턴이 반복됐다. 화가 나 좌우로 엄청난 강타를 날리는 렌들을 상대로 창은 영리하게도 힘을 뺀 채 상대의 에너지가 고갈되기를 기다렸다. 믿을 수 없는 일이 벌어지고 있었다. 6-3 창의 승. 무명 선수 창이 천하의 렌들에 맞서 마침내 마지막 풀세트까지 승부를 연장해간 것이다. 세트 스코어가 2-0에서 2-2 동률이 됐다. 이렇게 되면 심리적으로 쫓기는 건 챔피언일 수밖에 없다.

이때 바로 '그 샷'이 등장했다. 5세트 4-3으로 앞서 있는 상황에서 창은 서브를 준비했다. 조용히 두 번 심호흡을 내쉬며 자세를 가다듬었다. 그리고 아무도 예상하지 못한 언더암 서브를 시도했다. 강서브를 의식해 베이스라인 한참 뒤쪽에서 여유 있게 기다리던 렌들은 제대로 허를 찔렸다. 다급히 달려와 서비스라인 안쪽에 짧게 떨어진 공을 포핸드로 받아쳤지만 이미 몸과 마음의 밸런스는 무너진 뒤였다. 이어진 창의 패싱샷 역습에 허무하게 점수를 내줄 수밖에 없었다. 그 순간 렌들의 얼굴에 번진 황당무계한 표정은 이날 승부를 요약하는 한 장의 스냅숏 사진이었다.

렌들은 이후 '멘붕'에 빠진 속마음을 숨기지 못했다. 창의 역발상 전략은 언더암 서브뿐만이 아니었다. 렌들이 3-5 매치포인트에 몰려 있는 긴장된 순간 세컨드서브를 받을 준비를 하던 창이 돌연 서너 걸음 앞으로 성큼성큼 내딛더니 서비스라인 바로 앞에 멈춰 섰다. 그곳에서 서브를 받겠다는 메시지였다. 렌들은 또 한 번 형이상학적 현실을 마주해야 했다. 아예 심판에게 외쳤다. "도대체 저 선수, 뭐 하자는 겁니까, 이래도 되는 겁니까?"라고.

하지만 렌들은 창이 파놓은 함정에 빠져 화를 자초한 격이 됐다. 창의 리턴 포지션은 규정상 전혀 하자가 없었다. 서브를 받기에 '한없이 부적절한' 위치였을 뿐. 그대로 서브를 넣으면 그만일 텐데 렌들의 멘털은 이미 뒤틀릴 대로 뒤틀려 있었다. 세컨드서브가 서비스라인을 벗어나고 아웃되면서 허무하게 게임이 마무리됐다.

창은 당시 사건이 벌어지고 25년이 된 2014년 뉴욕 타임스와의 인터뷰에서 이렇게 회상했다.

"5세트 들어 다리가 움직이지 않았어요. 내 서브를 지키는 게 상대 서브를 브레이크하기보다 어렵게 됐죠. 그래서 나는 언더암 서브를 넣기로 결심했습니다. 다만 역회전을 걸어 공의 회전은 살아 있게 했

마이클 창이 그 유명한 언더암 서브를 시도하는 순간.
프랑스 오픈 역사상 가장 충격적인 장면이었다. **사진 프랑스 오픈 유튜브 영상**

죠. 베이스라인 한참 뒤에 서 있던 렌들이 달려와 쳤지만 이미 타이밍
이 늦었고 나는 점수를 획득할 수 있었어요. 그 포인트 이후 렌들의
멘털이 크게 흔들리는 게 눈에 보였습니다."

　아직도 깨지지 않는 남자 테니스 역사상 최연소 그랜드슬램 우승
의 기록은 이렇게 만들어졌다.


### 역발상 전략

　테니스는 고도의 심리 게임인 동시에 다차원적 예측 게임이기도
하다. 쉴 새 없이 빠르게 움직이는 지름 6.6센티미터의 작은 공을 끄
떡없이 받아치려면 상대의 행동을 미리 예측해 움직여야 한다. 이때
예측에 기초한 확률 게임을 누가 먼저 깨뜨리는가에 따라 승패가 갈

리기도 한다.

창은 숨겨둔 무기를 꺼내 렌들에게 회심의 한 방을 날렸다. 누가 5세트까지 간 메이저 대회 팽팽한 승부처에서 동호인이나 구사하는 언더암 서브를 넣을 생각을 했겠는가. 물론 창의 우승이 역발상 전략에만 전적으로 기댄 건 아니다. 일단 승부를 5세트까지 끌고 간 체력과 끈기를 무시할 수 없다. 파워 테니스의 상징인 렌들을 맞아 파워를 상쇄하고 기교로 괴롭히는 창의적인 기술 테니스 역시 마땅한 평가를 받아야 한다.

그래도 창의 진짜 무서운 '창'은 언더독의 강점을 살리는 불굴의 정신력이었다. 압도적 강자와 대결할 때 도전자는 두 가지 마음가짐이 필요하다. 자신은 잃을 게 없다는 자세로 마음을 비우는 집중력과 아무리 강한 상대라도 이길 수 있고 꼭 이기고 싶다는 강렬한 승부욕이다.

마음을 비우면 지나친 긴장감을 떨칠 수 있어 경기력에 도움이 된다. 하지만 지나치게 마음을 비우게 되면 어떻게 될까. 승패에 대한 관여도가 현저히 낮아지게 되면서 경기력이 오히려 떨어지는 역효과가 나온다. 따라서 모든 노력을 기울이면 이길 수 있다는 결연한 자세가 꼭 필요하다.

16강전 상대인 렌들은 프랑스 오픈을 3차례나 정복한 위대한 챔피언이었다. 전력상 열세가 뚜렷했다. 하지만 창은 포기하지 않았다. 이기려는 열망이 누구보다 강했다. 승리를 향한 강한 의지가 5세트에서 발상의 전환을 이끌어낸 원동력이 됐다. 그렇다고 눈앞의 승리에 집

착한 나머지 긴장감에 사로잡혀 경기를 망치지 않았다. 먼저 두 세트
를 내주고도 침착히 자신이 가진 무기들을 잘 섞어 반격에 성공했다.

이후 8강전과 준결승에서 상대를 가뿐히 꺾고 마침내 결승에 오른
창은 스테판 에드베리와 맞서 3-2 승리를 쟁취했다. 도전자로서 크게
잃을 것이 없다는 마음가짐을 잘 활용해 테니스 역사에 길이 남을 멋
진 챔피언에 등극했다.

# 6
# 매치포인트

 **2005년 1월 호주 오픈 남자 단식 준결승**
**마라트 사핀 vs 로저 페더러**

승부를 결정짓는 마지막 한 점. 우디 앨런 감독은 2005년 '매치포인트'라는 영화에서 테니스공이 네트 위를 맞고 아슬아슬하게 떨어지는 '영화 같은' 장면으로 이를 표현했다. 우디 앨런은 인생이 작동하는 방식을 운이라고 규정했다. 절체절명의 순간, 즉 매치포인트를 맞이한 사람의 운명은 지난 삶의 궤적이 선과 악 어느 쪽이었든 간에 중요하지 않다. 승리의 여신은 우연한 행운에 의해 좌우될 수 있다는 메시지를 전한다. 하지만 현실 테니스 세계에서도 매치포인트는 이런 법칙을 따를까? 2005년 호주에서 펼쳐진 당대 최고 두 선수의 대결을 살펴보면 매치포인트에 대한 오해를 풀 수 있다.

## 천재와 황제의 만남

영화 '매치포인트'가 개봉한 그해 공교롭게도 마라트 사핀과 로저 페더러가 맞붙은 호주 오픈 준결승전에서 결정적 순간 공이 네트에 맞는 모습이 연출됐다. 사핀과 페더러의 대결은 경기 자체를 놓고 봐도 21세기에 으뜸가는 명승부 가운데 하나이지만 특히 승패에 딱 한 포인트만 남겨둔 상황, 매치포인트에서 벌어진 공방이 점입가경이었다.

러시아가 낳은 세계적인 스타 사핀을 한 줄로 평가하자면 이렇게 요약할 수 있다. 테니스 역사상 가장 뛰어난 재능을 가졌지만 잠재력을 충분히 꽃피우지 못하고 진 별.

사핀의 첫 등장은 충격적이었다. 아직 기량이 무르익지 않은 스무 살 청년이 1990년대를 관통한 최강자 피트 샘프러스를 제압하고 2000년 US 오픈에서 정상에 올랐다. 샘프러스가 1990년대 후반 약간 흔들리며 하락세에 접어든 건 맞지만 그래도 US 오픈은 그의 고향이자 텃밭이었다. 온갖 스포트라이트가 집중된 결승전에서 사핀이라는 새내기가 샘프러스를 일방적으로 몰아붙여 3-0 셧아웃 승리를 차지하리라고는 아무도 예상하지 못했다.

사핀의 우승은 새로운 시대가 열렸음을 알리는 신호탄이었다. 사핀은 요즘 선수라 해도 손색없을 정도로 우월한 신체 조건을 자랑했다. 193센티미터 키는 당시치고 상당히 큰 편이었고 당연히 큰 키에서 뿜어져 나오는 강서브가 일품이었다. 참고로, 사핀이 2000년 세계 1위에 올랐을 때 외신 기사 제목이 '역사상 가장 키가 큰 테니스 세계 1위의 탄생'이었다.

마라트 사핀이 2007년 몬테카를로 마스터스 대회에서 발리 공격을 시도하고 있다.
사진 Lijian Zhang

보통 장신 선수는 서브에 특화된 플레이 스타일을 갖게 마련이지만 사핀은 서브뿐 아니라 리턴과 스트로크 랠리에서도 최상급에 속했다. 흡사 앤드리 애거시를 보는 듯했다. 특히 공격적인 투 핸드 백핸드는 애거시에 결코 뒤지지 않을 수준이었다. 샘프러스의 강서브와 애거시의 스트로크를 겸비한 테니스의 미래였다.

2000년 11월 사핀은 세계 랭킹 1위에 올랐다가 연말에 브라질의 곱슬머리 스타 구스타부 키르텡Gustavo Kuerten에 간발의 차로 2위로 밀렸다. 하지만 사람들은 그를 삼십 줄에 접어든 샘프러스와 애거시를 대신해 21세기 테니스를 이끌 선두 주자로 평가했다. 이듬해에는 2001년 US 오픈에서 역시 샘프러스를 결승에서 물리치고 정상을 차지한 호주의 동갑내기 레이턴 휴잇Lleyton Hewitt도 주목을 받았다.

그런데 사핀의 장밋빛 미래는 이상하게 뒤틀리기 시작했다. 부상 탓도 있었지만 사핀은 또래 라이벌들보다 상당히 성적이 들쭉날쭉했다. 랭킹도 곤두박질쳤다 폼을 되찾는 대로 올라오는 일이 반복됐다. 2002년 호주 오픈에서 결승에 진출해 비교적 만만한 상대인 토마스 요한손Thomas Johansson을 만났는데 무기력한 플레이를 펼친 끝에 준우승에 그쳤다. 2003년 들어 손목 부상을 당해 메이저 대회에 대부분 결장하면서 세계 랭킹은 80위권으로 추락했다.

이 시기에 사핀은 라켓 때려 부수기로 악명을 떨치기도 했다(커리어를 통틀어 부서진 라켓이 1천 자루가 넘는다는 보도가 나왔다). 하지만 세기의 재능답게 2004년 1월 호주 오픈에서 난적들을 모조리 물리치고 결승에 진출하는 저력을 발휘했다. 다만 마지막 상대가 '끝판왕' 페더러였기에 준우승에 그쳤다.

그렇게 2004년 호주 오픈을 기점으로 사핀은 예전의 강력함을 되찾아가는 모습이었다. 그해 연말 왕중왕전(톱 랭커들만 초청해 최강자를 가리는 토너먼트 대회)인 마스터스컵에서 사핀은 페더러와 의미 있는 맞대결을 펼쳤다. 비록 한참 기세등등한 세계 1위에게 패하기는 했지만 2세트 타이브레이크에서 무려 18-20까지 가는 지독한 접전을 펼치며 끝까지 위협했다. 당시 페더러는 거의 무적에 가까운 선수였다. 샘프러스는 은퇴했고 애거시는 30대 중반의 노장이었다. 페더러와 같은 연배의 선수들인 앤디 로딕, 레이턴 휴잇, 다비드 날반디안 David Nalbandian 등은 번번이 그의 높은 벽에 막혀 메이저 대회에서 우승할 기회를 놓쳤다.

따라서 연말 왕중왕전 준결승에서 사핀이 새로운 황제 페더러와 대등한 경기를 벌인 것은 의미가 적지 않았다. 페더러를 잡을 수 있는 유일한 선수가 이제 준비를 끝냈다는 시그널로 받아들여지기에 충분했다. 2005년 1월 호주 오픈 준결승전, 25세 생일인 바로 그날 사핀은 최고의 선수에게 도전장을 던질 만반의 준비를 마친 상태였다.

### The Game

호주 오픈과 US 오픈은 공통점이 있다. 나란히 하드 코트에서 열리는 메이저 대회이고 야간 경기가 일종의 메인이벤트로 열린다. 호주 테니스계 전설의 이름을 딴 로드 레이버 아레나에서 야간 경기가 현지 시간 저녁 7시에 시작한다. 아마 그날 경기장을 찾은 관중들은 생각했을 것이다. 페더러가 적당히 3-0이나 3-1로 이기고 3시간이면 끝날 것이라고. 밤 10시에는 자리를 떠야지.

그도 그럴 것이 페더러의 기세가 워낙 막강했다. 페더러는 이 경기 전까지 26연승 무패를 달리고 있었다. 2004년 8월 아테네 올림픽에서 체코의 꺽다리 신성 토마시 베르디흐에게 불의의 일격을 당한 뒤로 진 적이 없었다. 올림픽에서 금메달을 따지 못한 아쉬움을 달래기라도 하듯 이후 페더러는 US 오픈과 방콕 오픈, 마스터스컵에서 경쟁자들을 모조리 제압하며 세계 1위의 위용을 뽐냈다. 이듬해 호주 오픈에서도 마찬가지였다. 프랑스의 마법사로 불리는 절묘한 깎아치기의 달인 파브리스 산토로를 1회전에서 무참히 격파한 것을 시작으로 최대 고비로 여겨진 애거시와의 8강 대결에서도 일방적인 3-0 승리를 거두고 준결승에 올랐다.

반면에 사핀은 다혈질 성격을 감추지 못하고 천당과 지옥을 오르내리는 일정을 소화하다 간신히 4강에 턱걸이했다. 32강에서 크로아티아의 강타자 마리오 안치치Mario Ančić를 만나 고전했고 16강에서 올리비에 로퀴스Olivier Rochus를 만나 3시간 42분 풀세트 접전을 치렀다. 이를 보더라도 페더러와 사핀 중 누가 체력에서 우위에 있는지는 뚜렷했다.

다만 사핀은 준결승전을 위해 뚜렷한 게임 플랜을 짜는 등 치밀하게 준비했다. 둘의 기량을 맞대어볼 때 사핀이 앞서 있는 영역은 단 하나밖에 없었다. 바로 백핸드였다. 페더러의 우아한 원 핸드 백핸드는 팬들의 시선을 사로잡지만 한 손으로 치는 한계를 완전히 넘어서지 못했다.

경기 초반 사핀은 페더러의 백핸드를 백핸드로 맞받아치면서 경기를 자신이 원하는 쪽으로 끌고 갈 수 있었다. 전성기 페더러를 상대할 때 철칙이 하나 있다면 그것은 바로 포핸드 쪽 정면 승부는 절대 삼가야 한다는 것이다. 이 원칙을 고수해 페더러를 제법 괴롭힌 선수가 한때 천적으로 꼽혔던 다비드 날반디안이다. 날반디안이 이런 게임 플랜을 흔들림 없이 끌고 갈 수 있었던 원동력은 역시 자유자재로 공수 전환을 하는 투 핸드 백핸드이었고 사핀 역시 이와 유사한 기술적 특징을 공유하고 있었다.

물론 페더러도 상대의 이런 전략을 간파하고 준비를 마치고 나온다. 8강전에서 맞붙은 애거시가 그 희생양이었다. 애거시 역시 페더러의 백핸드 쪽을 집중 공략했지만 철저히 대비한 그의 역공에 오히려 와르르 무너지고 말았다. 따라서 페더러의 8강전 슈퍼 플레이를 지켜보면서 사핀은 뭔가 다른 작전 하나를 구상했다.

사핀은 페더러의 1세트 첫 번째 서브 게임부터 준비한 히든카드를 과감히 꺼냈다. 백핸드 다운 더 라인이다. 페더러가 자신의 백핸드를 보호하기 위해 코트 중간 지점이 아니라 약간 왼편으로 이동해 있는 점을 파고들어, 다운 더 라인 공격을 날릴 기회가 찾아오면 주저 없이 실행에 옮겼다. 사실 다운 더 라인은 모든 선수가 펼치고 싶은 궁극의 공격 방법이지만 크로스보다 훨씬 범실 확률이 높아 무턱대고 사용할 수 없다. 하지만 사핀이 투 핸드 백핸드로 구사하는 다운 더 라인은 엄청난 속도와 날카로운 각도를 유지한 채 페더러의 오른쪽 빈 공간을 사정없이 찔러댔다.

그래도 페더러의 기술은 무궁무진했다. 백핸드 대결에서 승산이 없으면 곧바로 올 라운드 전략으로 전환했다. 때로 서브 앤 발리를 구사하고 백핸드 슬라이스로 짧게 공을 넘겨 불편한 네트 앞 자리로 사핀을 끌어들였다. 1세트는 7-5, 디펜딩 챔피언의 승리였다.

1세트를 지켜보는 동안 관중들은 묘한 기대감을 갖게 됐다. 무적의 페더러가 힘들어하는 표정이 비쳤던 것이다. 사핀의 코칭스태프도 표정이 나쁘지 않았다. 당시 사핀의 전담 코치는 스웨덴 출신의 페테르 룬드그렌Peter Lundgren이었는데 불과 2년 전 페더러와 투어를 동행해 감격적인 첫 윔블던 우승을 함께 누린 파트너였다. 누구보다 페더러를 잘 알고 있는 룬드그렌의 자신감 넘치는 표정은 1세트를 가져온 페더러 캠프에 일말의 불안감을 던졌다.

예감은 적중했다. 2세트 들어 사핀의 백핸드는 그야말로 불을 뿜었다. 서로 백핸드로 대각선 랠리를 주고받는 가운데 페더러가 힘과 각도에서 밀리기 시작했다. 2세트 초반 사핀은 엄청난 회전이 담긴 투핸드 백핸드 대각선 공격을 페더러의 백핸드 구석으로 찔러 브레이크 포인트를 획득했다. 게다가 사핀의 서브는 페더러가 이번 대회에서 상대한 어느 누구보다 막강했다. 시속 200킬로미터가 넘는 서브를 티 존과 와이드 쪽으로 방향을 바꿔 넣으며 페더러의 리턴을 봉쇄했다. 한 번 브레이크를 따낸 것으로 사핀은 족했다. 2세트를 6-4로 가져와 승부는 원점이 됐다.

3세트 3-1로 페더러가 앞선 상황에서 사핀이 그의 서브 게임을 이기는 과정은 이 경기의 매치업 특징을 잘 보여준다. 페더러의 첫 서브가 실패한다. 세컨드서브를 사핀은 공격적으로 리턴한다. 페더러가 서브권을 가졌는데도 랠리를 주도하는 이는 사핀이 된다. 사핀은 페더러의 약점인 백핸드 쪽으로 연타를 보낸다. 세 번 연속으로 백핸드 쪽으로 강타를 내보내자 한두 번 공격적으로 되받아치던 페더러가 세 번째 맹공에는 견디지 못하고 힘없는 공을 넘겨준다. 찬스를 잡은 사핀은 백핸드 다운 더 라인을 우렁차게 날린다. 자신의 백핸드 쪽을 방어하기 위해 한참 왼쪽 구석으로 빠져 있던 페더러는 속수무책으로 당할 수밖에 없다.

점점 수세에 몰린 페더러가 희망을 가질 곳은 서브뿐이었다. 거듭된 위기를 날카로운 서브 한 방으로 탈출하는 패턴이 이어졌다. 아니면 서브를 넣은 뒤 사핀의 짧은 리턴을 포핸드 3구 강타로 날려 점수를 획득했다.

전체적으로 봤을 때 3세트에 들어 사핀의 기세가 조금 앞섰지만 페더러 또한 세계 1위에 갓 오른 절정의 기량을 보여줬다. 게다가 3시간 가까이 경기가 진행되면서 사핀의 약점도 수면 위로 올라왔다. 바로 포핸드 범실 그리고 이를 유발하는 근본 원인인 다혈질 성격이다.

결국 사핀은 3세트를 타이브레이크로 몰고 갈 중요한 길목에서 결정적인 포핸드 범실을 저지르며 5-7로 세트를 내주고 말았다. 페더러는 큰 고비를 넘긴 셈이었다. 흐름에서 밀리는 양상이 뚜렷했지만 위기 관리 능력에서 앞서면서 세밀한 차이를 만들어냈다.


### 7번의 매치포인트

경기는 하이라이트인 4세트로 접어들었다. 여기에서 이 장의 제목인 매치포인트가 등장한다. 이날 경기에서 유일하게 타이브레이크가 성사되면서 긴장이 넘치고 스릴이 정점을 찍었다. 많은 명승부가 그러하듯 타이브레이크의 승자가 곧 경기 전체의 위너로 자리매김할 가능성이 높다. 이번에도 어김없이 타이브레이크는 곧 경기의 승패 그 자체였다.

경기 전반의 흐름에 따라 초반에는 페더러가 우세했다. 감각적인 백핸드 드롭샷을 앞세워 4-1까지 점수를 벌렸다. 디펜딩 챔피언이 타이브레이크에서 이 정도까지 격차를 내면 뒤집기란 사실 하늘의 별 따기에 가깝다. 하지만 전체 경기의 축소판인 이때 흐름이 기가 막힐 정도로 엇비슷했다. 사핀의 백핸드 다운 더 라인이 결정적인 순간에 페더러의 발목을 잡으면서 5-5로 팽팽한 시소게임이 펼쳐졌다.

페더러가 사핀의 백핸드 공격을 감탄사가 절로 나오는 드롭샷으로 응수하며 6-5로 다시 앞서나갔다. 경기를 중계한 미국 ESPN의 패트릭 매켄로 해설위원은 "지금 장난하는 겁니까?"라고 외치며 페더러의 천재적 기술에 찬사를 아끼지 않았다. 바야흐로 4세트 타이브레이크에서 페더러는 매치포인트에 도달했고 서브권까지 갖고 있었다.

여기서 두고두고 회자될 명장면이 등장한다. 매치포인트에서 페더러의 샷 선택이다. 과감히 첫 서브를 킥 서브로 넣고 네트로 전진하는 서브 앤 발리 전략을 취했다. 논란의 여지가 있는 선택이다. 4시간에 걸친 둘의 혈투에서 서브 앤 발리는 주된 작전이 아니라 변칙에 가까운 용도였다. '서프라이즈 효과'를 노린 회심의 한 수였으나 일단 통하지 않았다.

사핀은 침착히 페더러의 네트 오른쪽 빈틈을 노렸다. 페더러도 혼신의 힘을 다해 사핀의 샷을 받아넘겼다. 몸의 밸런스가 크게 기우는 상태에서도 받아냈다. 페더러의 발리가 짧게 떨어지자 사핀은 사력을 다해 네트 앞으로 전진했다. 그 순간 페더러와는 다른 선택을 보여줬다. 페더러의 키를 훌쩍 넘기는 로빙 샷으로 응수한 것이다. 페더러는 예기치 못한 사핀의 선택에 뒤돌아볼 틈도 없이 달려가 공을 넘기려고 했다. 그런데 또 한 번 매치포인트에서는 도저히 상상할 수 없는

페더러는 4세트 매치포인트 상황에서 두 다리 사이로 공을 치는 '트위너'를 시도했다.

사진 호주 오픈 유튜브 영상

샷을 시도한다. 두 다리 사이로 라켓을 내려쳐 공을 보내는 트위너 샷이었다.

매치포인트에서 페더러는 두 가지 도박을 택한 것이다. 우디 앨런 감독의 생각처럼 운명은 통제 밖에 있는 행운이라 여겼을까. 서브 앤 발리를 선택한 것도 모자라 마지막 순간 트위너라는 묘기 샷까지 구사했다. 보통 트위너는 평범한 샷을 치기 불가능한 상황에서 어쩔 수 없이 선택하는 마지막 수단인데 페더러는 분명 빨리 달려가 포핸드로 돌아 칠 수 있었다. 페더러는 매치포인트에서 운에 기대는 선택을 했고 이는 돌이킬 수 없는 실패로 돌아왔다. 만약 트위너가 성공했다면? 의심의 여지 없이 테니스 역사상 가장 멋지고 극적인 샷으로 기록됐을 것이다.

결국 사핀이 타이브레이크 승부를 8-6으로 가져오며 경기는 5세트로 이어졌다. 이제 사핀이 주도권을 잡았다. 페더러도 인간이다. 매치 포인트에서 내린 선택을 두고 자책감이 들고 점증하는 체력 부담도 만만치 않았을 것이다. 페더러는 초반 쉽게 무너졌다. 마지막까지 안간힘으로 부여잡은 동아줄을 놓은 것처럼 순식간에 2-5로 패색이 짙어졌다.

그런데 여기서 또 한 번 매치포인트의 묘미가 나왔다. 5-3에서 사핀이 '서빙 포 더 매치'로 경기를 마무리할 기회를 만났다. 사핀은 긴장감을 억누르면서 침착히 40-30 매치포인트를 잡았다. 이때 페더러가 포핸드로 친 공이 네트에 맞았다. 공은 공중으로 치솟았다가 찰나의 순간 네트 건너편 사핀 쪽으로 떨어졌다. 공이 네트에 맞는 순간 사핀은 경기가 끝났다고 생각했을지도 모른다. 그 때문인지 풋워크가 미세하게 흔들리면서 공격의 흐름이 꺾여버렸다. 몸과 마음이 말을 듣지 않는 상황에 몰린 나머지 사핀은 평범한 백핸드 실수를 저질렀다. 4시간 30분 내내 그토록 완벽에 가까웠던 백핸드에서 나온 안타까운 범실이었다.

이후 사핀은 그전과 다른 사람 같았다. 신들린 듯한 그의 무기는 더는 말을 듣지 않았다. 이어진 매치포인트에서 사핀은 자신의 히든카드, 백핸드 다운 더 라인마저 실패했다. 그러고 나서 의아한 듯 고개를 절레절레 저었다. '내가 왜 이러지?' 궁지에 몰린 사핀은 실수를 거듭했다. 또 평범한 백핸드 슬라이스를 실패하는 범실을 범해 서브권을 내줘버렸다. 승부의 향방은 다시 미궁으로 빠져들었다.

사핀은 게임 스코어 7-6 상황에서 다시 두 번의 매치포인트를 잡았

2005년 호주 오픈 준결승은 매치포인트에서 벌어진 공방이 일품이었다.
사진 호주 오픈 유튜브 영상

다. 두 번 모두 놓치는데 한 번은 '거대한' 포핸드 범실, 또 한 번은 페더러의 훌륭한 서브 때문이었다. 사핀은 도합 5차례 매치포인트를 허무하게 날려버렸다.

　매치포인트를 둘러싸고 혈투를 거듭하던 둘의 승부는 7-8로 뒤진 페더러의 서브 게임에서 최종적으로 갈렸다. 사핀은 거듭된 매치포인트 실패를 극복하기 위해 정신 무장을 단단히 하고 리턴 게임에 나섰다. 첫 리턴을 에이스로 획득한 뒤 '아, 진작 이렇게 칠걸' 되뇌는 듯 머리를 두 손으로 쥐어짜는 모습이 인상적이었다.

　반면 체력이 바닥난 데다 허리 통증까지 호소하는 페더러는 또다시 도박과 운에 승부를 걸었다. 성급한 서브 앤 발리는 이번에도 철퇴를 맞았다. 사핀이 15-40 매치포인트를 잡았지만 페더러가 서브 에이스를 올리면서 기회가 날아갔다. 마지막 7번째 매치포인트. 사핀의 눈은 이번엔 놓치지 않겠다는 일념으로 이글이글 타올랐다. 밋밋하게 날아온 페더러의 백핸드 대각선 샷을 과감하고 강력한 백핸드 다운 더 라인으로 받아쳤다. 빨랫줄처럼 일직선으로 날아간 샷이 코트 구석을 찔렀다. 페더러가 마지막 힘을 다해 라켓으로 공을 건드리면서 네트를 아슬아슬 넘겼지만 사핀이 포핸드 공격으로 마무리했다. 세트 스코어 3-2로 사핀의 역전승이었다.

승패를 가르는 가장 중요한 한 점인 매치포인트에서 러시아의 거인은 경기 전반에 걸쳐 가장 검증된 샷을 선택했다. 위기 상황에서 자신이 가장 잘하는 샷으로 승부수를 띄운 것이다. 행운에 기대지 않은, 냉철한 계산과 과감한 결단이 어우러진 매치포인트였다.


## 강한 의지가 담긴 결단과 실행

테니스에서 매치포인트는 얼핏 보면 극과 극의 시간이다. 매치포인트에 몰린 상대는 지옥 같은 마지막 순간을 맞닥뜨려야 한다. 반대로 매치포인트를 잡은 선수는 기쁨과 안도의 한숨을 내쉴 수 있다. 그런데 매치포인트는 이렇게 간단치가 않다. 매치포인트에선 양 선수 모두에게 감내해야 할 고통의 시간이 주어진다. 특히 서브권을 잡고 있을 때 매치포인트를 획득한 선수에게 오는 긴장감은 상상을 초월한다. 물론 상대가 한참 하수인 경우 매치포인트의 무게는 가벼워질 수도 있다. 하지만 대부분 종이 한 장 차이로 희비가 엇갈리는 프로 세계에서 매치포인트는 분명 극복의 대상에 가깝다.

매치포인트에 몰렸다 기사회생한 경우를 어떻게 설명할까. 매치포인트에 몰리면 대체로 패배가 엄습했다는 상실감에 젖지만 멘털이 탄탄한 선수는 오히려 마음을 비우고 경기에 임한다. 불교에서 말하는, 번뇌와 집착에서 해탈한 경지라고 할까. 경직된 스윙이 자유로워지고 승패와 결과에 연연하지 않는 자세로 경기에 집중하면서 상대를 깜짝 놀라게 만든다. 만일 패배하기 일보 직전에서 벗어날 수 있다면 이를 발판 삼아 승부를 뒤집기도 한다.

이 경기에선 사핀이 첫 번째 매치포인트를 극복해낸 것이 결정적이었다. 페더러는 순간의 선택에 대한 아쉬움이 컸다. 이 경기는 사핀이 7차례 매치포인트를 거치며 승부를 결정짓는 과정에서 매치포인트에 얽힌 심오한 단면들이 잘 드러난다. 보통 승리를 코앞에 두면 선택 장애와 수동적 태도를 흔히 보이는데 사핀은 모든 것을 극복하고 '강한 의지가 담긴 결단과 실행'이라는 해답을 끝내 찾아냈다.

마지막 매치포인트 순간 코트 위에 무릎을 꿇은 페더러의 모습은 무척 인상적이었다. 페더러는 마지막 순간 사핀의 백핸드 다운 더 라인을 가까스로 받아낸 뒤 그대로 코트 바닥에 넘어졌다. 마지막 숨통을 끊기 위해 포핸드를 준비하는 사핀을 보고 일어서려 했지만 이미 늦었다는 걸 깨달았다. 당시 TV에서 무릎을 꿇고 주저앉은 황제의 모습을 지켜보던 팬들의 반응은 대략 이랬다. '페더러도 사람이었네.'

그만큼 2005년 페더러의 위세는 대단했다. 페더러는 그해 한 해 동안 81승 4패를 기록했다. 승률 95퍼센트는 존 매켄로가 1984년에 세운 승률 96퍼센트(82승 3패)에 딱 1승 모자란 기록이다. 그해 페더러에게 네 번의 패배를 안긴 주인공은 나달과 리샤르 가스케<sup>Richard</sup>

Gasquet, 날반디안, 사핀이었다. 이 가운데 사핀의 승리야말로 기량의 절정에 올라 있던 페더러와 정면 승부를 겨뤄 이겨낸 가장 빛나는 승리였다고 해도 과언이 아니다. 이때의 준결승 승리 이후 사핀은 로딕을 꺾고 올라온 휴잇과 결승에서 맞붙어 3-1로 승리하며 우승 트로피를 들어 올렸다.

끝으로 영화 얘기로 다시 돌아가보자. 영화 '매치포인트'는 은퇴한 한 테니스 선수가 돈 많은 집안의 여자를 사귀게 돼 결혼에 골인하는 '로또'를 잡은 뒤 돈과 욕망에 사로잡혀 내연 관계의 연인을 살해하는 비극을 그린 문제작이다. 우디 앨런은 영화의 첫 내레이션에서 '선보다는 운이라고 말한다면, 그는 인생을 아는 것이다'라는 메시지와 함께 공이 네트에 맞고 떨어지는 영상을 보여준다. 인간이 아무리 선한 의지를 갖고 열심히 산다 해도 인생은 우연한 계기의 운에 의해 좌우된다는 일종의 허무주의적 시각을 표현한 것이다.

맨 마지막에서 매치포인트 순간을 다시 한 번 보여주면서 영화는 수미상관 식으로 마무리된다. 주인공인 테니스 코치 크리스가 연인을 살해한 뒤 증거를 감추기 위해 그녀의 반지를 강을 향해 던지는데 이것이 하필이면 벽을 맞고 나와 거리의 마약 중독자 손에 들어가게 된다. 테니스공이 네트에 맞고 떨어지는 장면을 형상화한 것이다. 이 매치포인트는 운이 좋은 결과로 이어진다. 경찰이 그 반지를 갖고 있는 마약 중독자를 체포하면서 주인공은 알리바이를 인정받게 돼 살인 혐의를 벗게 된다는 결말이다.

그런데 글을 쓰기 위해 영화를 찬찬히 음미해보니 감독이 전하려는 바가 과연 행운에 의존한 매치포인트였는지 다시 생각하게 된다. 행운의 매치포인트 득점에 성공했지만 남은 인생을 평생 죄책감에 사로잡혀 살아야 한다는 것을 주인공의 우울하기 그지없는 표정이 보여주니까 말이다. 이를 반전으로 해석한다면 결론은 다음과 같다. '인생도 테니스도 매치포인트는 실력으로 잡아야 한다.'

# 7
# 40-15

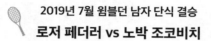

**2019년 7월 윔블던 남자 단식 결승**
## 로저 페더러 vs 노박 조코비치

2010년대의 대단원을 장식하는 윔블던의 마지막 승부는 로저 페더러와 노박 조코비치의 파이널이었다. 이미 2014년과 2015년 연속으로 윔블던 결승에서 맞붙은 두 전설은 3번째 맞대결에서도 접전을 벌였다. 37세 페더러는 사실상 마지막 전성기를 맞고 있었고 그보다 여섯 살 어린 조코비치는 1년 전에 입은 팔꿈치 부상의 악몽을 털고 서서히 무적의 위용을 다시 내뿜고 있었다. 세트 스코어 3-2. 4시간 57분, 윔블던 역사상 가장 긴 시간 펼쳐진 결승전은 조코비치의 통산 5번째 윔블던 우승으로 끝났다. 빅 3의 기량과 전술, 정신력이 정점에 달한 시기에 나온 명승부로 앞으로도 후대에 계속해 회자될 경기다. 특히 마지막 5세트에서 벌어진 드라마틱한 승부는 1980년 비에른 보리와 존 매켄로, 2008년 라파엘 나달과 페더러의 맞대결과 함께

I 심리

윔블던 3대 명승부로 꼽힐 만큼 충격적이었다.

## 페더러의 또 다른 천적

페더러는 참 운이 없는 사람이다. 이 말에 대한 반응은 크게 둘로 나뉜다. 우선 코웃음을 치며 말도 안 된다고 하는 사람들이 있다. 테니스 황제로 불리며 천문학적인 돈을 벌어들인 페더러가 운이 없다고? 두 번째 부류의 사람들은 고개를 끄덕인다. 페더러가 시대를 잘 타고 났다면 더 큰 성공을 거뒀을 거라며 그의 불운에 격하게 동의한다. 아마도 페더러의 진정한 팬들은 두 번째 부류일 것이다. 페더러의 팔자가 참으로 고약하다는 말을 서슴없이 내뱉는 사람들이 그렇게 생각하는 이유가 있다. 백 년에 한 번 나올까 말까 한 천재를 한 명도 아니고 두 명이나 라이벌로 상대해야 하는 운명이었기 때문이다.

페더러의 첫 번째 천적은 물론 왼손잡이 나달이다. 페더러가 20대 중반 한창 전성기를 누릴 때 갑자기 나타나 길을 가로막더니 숱한 우승 트로피를 가로챘다. 페더러가 나달 딜레마를 극복한 30대 중반, 또 한 명의 천적, 아니 어떤 면에서 보면 나달보다 더 지독히 자신을 괴롭히는 존재가 등장했다. 조코비치였다.

'페더러 시대'의 막을 내리게 한 장본인은 엄밀히 말해 나달이 아니라 조코비치였다. 페더러의 선수 경력이 정점을 찍고 내리막으로 접어들 때 바로 그 첫 번째 패배를 안긴 장본인이다. 2008년 1월 호주 오픈 준결승전에서 조코비치는 페더러를 3-0으로 이겼다. 페더러가 이어가던 메이저 대회 10회 연속 결승 진출 행진이 여기서 끊겼다. 그해 페더러는 프랑스 오픈과 윔블던에서 연속으로 나달에게 패하게 되는데 호주 오픈에서 조코비치에게 당한 패배가 그의 자신감을 크게 떨어뜨리는 요인이 됐다고 분석된다.

이처럼 페더러의 발목을 잡은 경우를 따지자면 조코비치도 나달 못지않다. 메이저 대회로 한정해보면 조코비치는 다음과 같은 주요 길목에서 페더러의 앞길을 막았다.

| 2008년 | 호주 오픈 4강전 |
| --- | --- |
| 2010년 | US 오픈 4강전 |
| 2011년 | 호주 오픈 4강전 |
| 2011년 | US 오픈 4강전 |
| 2012년 | 프랑스 오픈 4강전 |
| 2014년 | 윔블던 결승전 |
| 2015년 | 윔블던 결승전 |
| 2015년 | US 오픈 결승전 |
| 2016년 | 호주 오픈 4강전 |

무려 9차례나 메이저 대회에서 페더러의 우승 트로피 획득을 저지한 셈이다. 페더러가 메이저 대회에서 나달에게 패한 횟수와 거의 비슷하다. 특히 페더러가 30대 중반 라켓 사이즈를 늘리고 제2의 전성기를 누릴 무렵 조코비치는 일종의 끝판왕으로 군림하며 선배의 우

승 욕심을 좌절시켰다.

하지만 2019년 윔블던 결승전을 앞두고 페더러는 조코비치를 꺾을 수 있다는 자신감이 어느 정도 있었다. 메이저 대회에서 마지막으로 조코비치를 이긴 게 2012년 윔블던 준결승전이니 무려 7년 동안 5세트 방식의 메이저 대회에서 그 벽을 넘지 못했다. 하지만 그 무렵 페더러는 나달 징크스를 탈피한 상태였다. 2019년 11년 만에 윔블던 센터 코트에서 나달을 준결승의 상대로 다시 만나 3-1로 어렵지 않게 제압한 것이다.

그해 윔블던에서 페더러가 나달을 꺾은 건 그 자체로 대단히 의미 있는 사건이었다. 한 명의 숙적을 넘으니 또 다른 천적이 기다리고 있었지만 페더러는 심신 양면에서 이를 극복할 만반의 준비가 돼 있었다.


### The Game

2019년 7월 윔블던 남자 단식 결승전에서 출전 선수의 나이 합계는 68세였다. 37세 백전노장 페더러와 어느덧 삼십 줄에 들어선 조코비치. 여기서 테니스 팬이라면 한 가지 궁금증이 생긴다. 과연 이들이 20대 중반 팔팔한 나이에 대결했던 10년 전보다 더 나은 테니스를 보여줄 수 있을까? 노장들이 결승전에 올라왔다는 건 테니스의 수준이 과거보다 떨어진 게 아닐까?

전혀 그렇지 않다. 적어도 윔블던 잔디 코트라면 얘기가 달라진다.

1년 시즌의 3분의 2가 딱딱한 하드 코트에서 진행되고 나머지 3분의 1도 클레이 코트가 점유하고 있는 전체 투어에서 잔디 코트는 젊은 선수에게 참으로 어려운 도전이다. 잔디 코트는 미끄러지기 쉽고 무엇보다 공의 바운스가 낮은 편이라 풋워크와 스트로크 테크닉이 더욱 엄격히 요구된다. 게다가 1년에 잔디 코트에서 연습할 기간이 채 한 달이 되지 않으므로 경험 자체를 충분히 할 수 없다. 노장들이 윔블던에서 꾸준히 좋은 성적을 거두는 이유가 바로 여기에 있다. 페더러와 조코비치 역시 20대 시절보다 코트 위에서 움직이는 속도가 떨어지고 스트로크의 파워가 다소 줄었지만 그들에겐 그것을 메우고도 남을, 잔디 코트에게 겪은 산전수전이 있었다.

무엇보다 윔블던에서 가장 중요시되는 서브 능력에서 둘은 분명 10년 전보다 진일보한 상태였다. 여기서 주목해야 할 건 조코비치의 서브다. 흔히 우리는 조코비치를 리턴의 화신으로 여긴다. 빠르고 날카로운 서브를 죄다 리턴해내는 능력에 혀를 내두르다 보니 조코비치 하면 리턴을 떠올리기 쉽다. 하지만 조코비치의 서브는 2019년 윔블던 출전 선수 전체를 통틀어 가장 위력적이었고 결승전에서도 페더러와 우열을 가리기 힘들 정도였다.

1세트는 서브 머신들의 대결 같았다. 서로 완벽한 서브 게임을 구사하면서 틈을 보이지 않았다. 타이브레이크는 당연한 귀결이었다. 아주 미세한 차이가 1세트의 희비를 갈랐다. 그 차이는 백핸드에서 나왔다. 조코비치가 탄탄한 투 핸드 백핸드로 안정적이면서도 공격성을 띤 백핸드를 실수 없이 구사한 반면 페더러는 결정적 승부처에서 원 핸드 백핸드가 흔들렸다. 타이브레이크 5-6 상황에서 서브권을 갖고 있던 페더러는 조코비치가 건넨 백핸드 크로스 공격에 허무하게 백핸드 범실을 범하면서 1세트를 간발의 차로 내주고 말았다.

2세트가 되자 경기 양상이 확 바뀌었다. 페더러는 1세트 타이브레이크에서 분패한 아쉬움을 털어내기 위해 집중력을 높였다. 두 차례 조코비치의 서브가 흔들리는 틈을 타 브레이크에 성공하며 순식간에 3-0으로 앞서나갔다. 놀랍게도 조코비치는 1-5로 뒤진 자신의 서브 게임에서 더블폴트를 남발한 끝에 2세트를 1-6으로 페더러에게 내줬다.

징검다리를 건너듯 3세트에선 1세트와 비슷한 접전 양상이 펼쳐졌다. 서로 자신의 서브권을 지키는 데 총력을 기울이면서 타이브레이크까지 왔다. 6-4로 조코비치가 앞선 상황에서 흥미로운 장면이 나왔다. 페더러가 백핸드 슬라이스로 짧은 공을 보내 조코비치를 네트 앞쪽으로 유인했는데 이를 조코비치가 간결한 투 핸드 백핸드 스윙으로 툭 쳐서 다운 더 라인을 시도했다. 페더러는 자신의 포핸드 쪽으로 깊숙이 치고 들어오는 조코비치의 샷을 달려가면서 러닝 포핸드로 때려 패싱샷을 시도했지만 네트에 걸리고 말았다. 세트 포인트가 조코비치에게 넘어가는 순간이었다.

이 장면이야말로 페더러와 조코비치 간의 상성을 보여주는 전형적인 예다. 페더러가 조코비치를 만나면 이기기 어려운 이유가 보인다. 바로 페더러의 장점을 상쇄해버리는 조코비치의 기술적 특징이다. 페더러는 베이스라인에서 주고받는 랠리에서 상대의 리듬을 흐트러

5세트 타이브레이크 8-7, 40-15 상황. 이때부터 페더러에게는 악몽이,
조코비치에게는 반전이 기다리고 있었다. **사진 윔블던 유튜브 영상**

뜨리는 슬라이스 샷을 즐겨 구사한다. 특히 백핸드 슬라이스를 짧게
상대의 백핸드 쪽으로 떨어뜨리면 상대는 울며 겨자 먹기로 네트 앞
으로 끌려나와 원치 않는 포지션에 노출된다. 이를 놓치지 않고 페더
러는 한 템포 빠른 패싱샷을 때려 점수를 획득한다.

　그런데 조코비치와 나달에게는 이 작전이 잘 통하지 않았다. 나달
은 왼손잡이라서 페더러가 짧게 주는 백핸드 슬라이스를 자신의 포
핸드로 역공하고, 조코비치는 워낙 백핸드 기술이 정교해 페더러의
짧은 공에도 바로 대응했다.

　페더러는 가장 중요하다고 볼 수 있는 3세트를 내줬지만 실망하지
않았다. 조코비치를 몰아붙여 두 번이나 브레이크에 성공하며 접전
을 주고받은 끝에 4세트를 6-4로 가져왔다. 이제 승부는 또다시 마지
막 5세트를 향해 가고 있었다.

센터 코트에 모인 관중들은 묘한 흥분과 긴장감을 느꼈다. 2019년 윔블던 5세트에 새로운 실험이 기다리고 있었기 때문이다. 마지막 세트에서 게임 스코어가 12-12 동률이 되면 더 이상 무한 서브 게임을 교환하지 않고 타이브레이크를 적용하기로 한 첫해였다.

게임 스코어 12-12는 어지간해서는 도달할 수 없는 점수다. 5-5, 6-6, 7-7로 이어지다가 어느 한쪽의 서브가 흔들리면서 결국 승패가 갈리기 마련이다. 누구도 몰랐을 것이다. 윔블던이 과감히 전통을 깨고 새로운 제도를 도입한 첫해 역사적인 5세트 12-12 타이브레이크가 성사될 줄은.

5세트엔 과거 명승부에서 볼 수 없었던 엄청난 반전 드라마가 숨어 있었다. 한 번씩 서브 브레이크를 주고받으며 쉽게 승부를 가리지 못해 일단 7-7까지 왔다. 조코비치의 서브권이었다. 페더러가 승리의 냄새를 맡은 듯 집중력을 발휘했다. 30-40 브레이크 포인트에서 페더러는 절묘한 포핸드 패싱샷을 날려 브레이크에 성공했다. 8-7로 앞선 페더러는 이제 서빙 포 더 챔피언십 위치에 섰다.

물론 방심할 수 없었다. 상대는 리턴의 귀재 조코비치였으니까. 신중히 자신의 서브권을 시작한 페더러는 차근차근 점수를 쌓아나갔다. 40-15 챔피언십 포인트에 도달했다. 하지만 여기서 페더러의 팬이라면 눈을 질끈 감고 싶은 악몽이 펼쳐진다.

페더러는 이 기회를 살리지 못하고 자신의 서브권을 내주고 만다. 게임 스코어 12-12까지 버텼지만 끝내 마지막 타이브레이크에서 조코비치의 기세에 밀려 3-7로 무릎을 꿇는다. 페더러의 21번째 메이저

7 40-15

대회 타이틀 도전은 이렇게 잔인한 반전 드라마로 끝나면서 그의 인생에서 가장 아쉽고 가슴 아픈 패배로 남게 됐다.


## 가장 잔인했던 '40-15'

2019년 윔블던 결승전은 한편에선 심리전의 결정판이기도 했다.

'대망의 21번째 그랜드슬램이 눈앞에 있다. 전광판은 40-15, 한 개의 챔피언십 포인트가 남았다고 가리킨다. 이제 딱 한 포인트만 추가하면 우승할 뿐 아니라 그토록 이기고 싶었던 조코비치를 가장 영광스런 무대에서 쓰러뜨릴 수 있다. 서브권도 갖고 있다. 빠르고 낮게 깔리는 윔블던 잔디에서 서브권을 갖고 있는 건 절대적으로 유리하다. 첫 서브를 성공시키는 게 가장 중요하다. 이제 심호흡을 하고 조코비치의 면전을 향해 강서브를 날리자.'

5세트 게임 스코어 8-7, 40-15 상황에서 페더러의 머릿속은 아마도 이런 생각으로 가득했을 것이다. 센터 코트에 모인 수많은 팬들도 우승이라는 두 글자를 마음속에서 그리고 있었다. 당시 중계 카메라에 잡힌 금발의 아리따운 여성 팬은 페더러가 서브를 넣기 직전 "한 점만 더(one more)"라고 외치며 집게손가락을 그를 향해 펼쳐 보이기도 했다.

그러나 마지막 순간 잔인한 변곡점이 기다리고 있었다. 40-15 상황에서 페더러가 첫 서브를 시도했다. 조코비치의 오른쪽 바깥으로 빠지는 슬라이스 서브였지만 각도가 밋밋하고 속도가 미세하게 줄었

조코비치는 약점이 없는
'무결점의 선수'로 통한다.
페더러를 물리치고 2019년 윔블던
정상에 오른 뒤 팬들을 향해 트로피를
높이 치켜들며 기뻐하고 있다.
사진 Peter Menzel

다. 조코비치가 능히 리턴으로 받아칠 수 있는 공이었다. 페더러는 생
각보다 깊게 들어온 조코비치의 리턴을 포핸드로 받아쳤으나 아웃됐
다. 40-30.

챔피언십 포인트가 하나 더 남았다. 페더러는 이번에도 첫 서브의
속도를 조절했다. 조코비치의 포핸드 쪽 티 존을 공략했지만 지나치
게 가운데로 몰렸다. 조코비치가 쉽게 받아쳤다. 페더러는 네트로 향
해 가며 포핸드 어프로치샷으로 조코비치의 구석을 공략했지만 이
역시 그답지 않게 약했다. 곧바로 패싱샷 역습을 허용하면서 두 번째
챔피언십 포인트마저 날려버렸다.

서브를 지키는 능력이 가장 뛰어나다고 정평이 나 있는 페더러는
이후 허무하게 자신의 서브 게임을 내주고 경기마저 패하곤 만다. 테

니스 역사상 가장 잔혹한 40-15 스코어일 것이다.

결과론적 분석이기는 하지만 페더러의 마지막 대응이 지나치게 소극적이었다. 평소처럼 플레이했으면 어땠을까? 첫 서브를 놓치더라도 속도 200킬로미터 넘는 과감한 플랫 서브를 시도하거나 아웃되더라도 좀 더 강하고 각도 있는 어프로치샷을 쳐 조코비치의 반격을 차단했다면? 윔블던, 아니 남자 테니스의 역사가 바뀔 수도 있었다.

당시 메이저 대회 통산 최다 우승(20회) 기록을 보유하고 있던 페더러조차 천신만고 끝에 눈앞에 다가온 승리에 집착했다. 현재에 집중하지 않고 미래를 지나치게 의식한 나머지 생애 최악의 패배를 당했다고 볼 수 있다.

반대로 조코비치는 철저히 현재에 충실했다. 40-15으로 벼랑 끝에 몰렸지만 평정심을 유지하며 최선의 플레이를 펼쳤다. 페더러의 서브를 무리하게 받아치지 않았다. 상대를 조기에 제압할 생각으로 큰 각도를 주는 샷을 치는 대신 안정되고 깊이 있는 샷을 건넸다. 상대의 어프로치샷이 예상보다 날카롭지 않자 가볍게 역이용하는 패싱샷을 날려 두 번째 챔피언십 포인트를 지웠다. 지금 필요한 한 점, 현재에 집중하는 테니스였다.

흔히 테니스에서 가장 중요한 정신적 요소로 집중력을 꼽는다. 하지만 테니스엔 그 어떤 스포츠보다 집중력을 떨어뜨리는 요소가 많다. 스코어를 매기는 방식부터 그렇다. 0-0부터 40-40까지 매 스코어는 선수들의 머릿속에 침투해 그들의 집중력을 흩트려놓는다. 스코어 단계마다 벌어지는 멘털 상황을 정리하면 다음과 같다.

**0-0**

첫 포인트는 언제나 중요하다. **반드시 서브를 성공시켜** 포인트 흐름을 유리하게 만들자. 시작이 반이다. 이 포인트는 꼭 따낸다.

**15-0**

한숨 돌렸다. 다행히 첫 서브가 들어갔다. 그런데 상대가 내 서브를 예상보다 날카롭게 넘기는걸. 조심해야겠다.

**30-0**

작전 성공이다. 휴, 이제 한결 여유가 생겼다. 긴장을 풀고 하고 싶은 플레이를 슬슬 펼쳐보자. 첫 서브의 속도를 좀 더 높여볼까? 에이스로 상대의 기를 죽여야겠다.

**30-15**

제길, 더블폴트가 나왔다. 서브 속도를 괜히 높였나. 세컨드서브까지 안정성이 떨어져버렸네. 30-15이다. 다음 포인트까지 빼앗기면 골치 아파진다. 반드시 이겨야 한다, 반드시.

**30-30**

윽, 이러면 안 되는데. 또 첫 서브가 안 들어갔다. 상대의 세컨드서브 리턴은 매우 공격적이다. 내리 두 포인트를 뺏겼다. **이거, 오늘 일진 사납겠는데.** 좌우간 다음 포인트는 선택의 여지가 없다. 무조건 포인트를 잡아야 한다. 집중하자, 집중.

**40-30**

이겼다. 랠리가 10구 이상으로 이어져 다소 불안했지만 내가 누구냐. 백핸드 다운 더 라인이 타이밍 좋게 터졌다. **이제 한 포인트만 더 따**

면 게임을 가져올 수 있다. 한 포인트만 더 집중하자. 딱 한 포인트다.

**40-40**

아, 어깨에 너무 힘이 들어갔다. 찬스 볼이었는데 여기서 범실이 나올 게 뭐람. 결국 듀스 상황까지 와버렸군. 적어도 서브를 두 번 이상 넣어야 하는데 지금 서브 리듬이 별로란 말이야. 부담스럽다, 첫 게임부터.

**40-A**

음, 첫 게임부터 브레이크 포인트에 잡혀버렸다. **이 게임을 잃게 되면 첫 세트 전체가 어려워진다.** 다시 듀스로 만들어야 해. 1세트를 내주면 다음 세트도 희망이 없을지 모르니까.

**Game!**

또 첫 서브가 안 들어갔다. 랠리를 할 때도 너무 수비적이었어. 꼭 따야 할 점수이다 보니 기회가 생겼는데도 과감히 공격하지 못했어. **후회스럽다.** 큰일이다. 상대의 서브가 요즘 만만치 않던데. **어떻게 브레이크를 하지?** 1세트를 내주고도 이길 수 있을까?

그 가운데 단계마다 표시해놓은 심리 상태에 대해 주목해보자.

반드시 서브를 성공시켜….

이거, 오늘 일진 사납겠는데.

이제 한 포인트만 더 따면 게임을 가져올 수 있다.

이 게임을 잃게 되면 첫 세트 전체가 매우 어려워진다.

후회스럽다.

어떻게 브레이크를 하지?

바로 이런 생각들이 집중력을 떨어뜨리는 요인이다. 머릿속에 '현재'가 없다. 다가올 미래를 걱정하고 지나간 일들에 집착하며 후회한다. 앞서고 있을 때조차 미리 근심한다. 한 포인트만 따면 게임을 가져올 수 있다는 생각에 들떠 현재를 놓친다. 역전을 허용하면 집중력이 더 떨어진다. 아직 게임은 경합 중인데도 패했을 때를 가정하고 불안에 휩싸인다. 자신의 선택을 후회하기까지 한다. 첫 게임 패배라는 결과를 받아들고도 계속 과거에 얽매여 다가올 일을 걱정한다.

단 4포인트를 먼저 따는 이가 게임을 이기는 스코어 방식은 이처럼 매 포인트마다 치열한 심리전을 양산한다. 0-0 순간부터 40-40까지 어느 포인트에서도 정신적 무장이 흐트러지면 승부가 넘어간다. 정신적 무장의 핵심이 집중력일 것이다. 프로 선수들의 실력 차는 사실 종이 한 장처럼 미세하다. 누가 중요한 순간에 집중력을 잃지 않느냐의 싸움이다.

결국 윔블던 결승전의 승부처에서 조코비치의 '현재에 머무는 능력'이 좀 더 앞섰다. 반면 페더러의 '역사적 패배'는 뼈아팠다. 만약 승리했다면 윔블던 9번째 우승이자 메이저 대회 통산 21회 챔피언이라는 새로운 기록을 만들 수 있었다. 그의 머릿속에 그려진 '21'은 미래의 숫자였다. 그는 '21'보다 '40-15'라는 숫자를 먼저 해결해야 했다.

위기와 기회가 양면적으로 맞물리는 스코어 방식에서 공 하나에 온 힘을 쏟아내는 능력의 중요성은 배가된다. 그렇다면 어떻게 해야 현재에 몰입할 수 있을까. 아니, 그 능력은 후천적인 노력과 훈련으로 습득할 수 있을까. 놀랍게도 집중력은 훈련으로 계발할 수 있는 영역이다.

I 심리

# 8

# 브레이크 포인트

 **2022년 1월 호주 오픈 남자 단식 결승**
**라파엘 나달 vs 다닐 메드베데프**

2022년 1월 호주 멜버른에서 탄생한 기적의 승부는 라파엘 나달의 영웅적인 대서사시였다. 나달은 '가장 우승할 것 같지 않은 분위기'에서 헤쳐 나와 정상에 우뚝 섰다. 나달은 결승전 중반에 벌써 세트 스코어 0-2로 뒤졌다. 3세트 초반엔 0-40 트리플 브레이크 포인트에 몰렸다. 과연 이 위기를 어떻게 극복했을까. 모든 지표는 나달의 우승이 불가능함을 가리키고 있었지만 나달은 기적을 만들어냈다.

**선물 같은 기회**

2022년 호주 오픈은 범상치 않은 대회였다. 시작 전부터 엄청난 규모의 스캔들이 터져 나왔다. 바로 메이저 대회 통산 최다 우승 기록인

21번째 우승에 도전하는 노박 조코비치가 대회에 참가하지 못한 사태였다. 코로나19 백신 접종을 거부한 조코비치에 대해 호주 당국이 입국 비자를 취소한 것이다. 조코비치는 이에 굴하지 않고 호주 정부를 상대로 가처분 소송을 제기했다. 출전길이 열리는 듯했지만 결국 호주 정부의 강경한 방침에 막혀 출전이 무산됐다.

달리 보면 나달에게는 우승의 문이 활짝 열리는 신호탄이기도 했다. 2019년부터 3년 연속으로 우승하는 등 호주 오픈에서 총 9차례 우승한 조코비치가 이번 대회에 참가할 경우 우승할 가능성이 높았다. 하지만 나달과 조코비치가 메이저 대회 통산 최다 우승 기록을 공유한 상황에서 21번째 타이틀에 도전할 기회가 나달에게 먼저 주어졌다. 물론 필생의 라이벌이 불참했다고 해서 나달의 우승을 향한 여정이 결코 꽃길은 아니었다.

특히 결승전에서 러시아의 다닐 메드베데프Daniil Medvedev라는 난적을 만났다. 키는 198센티미터로 농구 선수처럼 컸지만 발은 육상 선수처럼 빨랐다. 체력도 군계일학이었다. 전후좌우 코트를 쉴 새 없이 뛰어다녀도 결코 지치지 않았다. 지금까지 이런 유형의 장신 테니스 선수는 없었다. 자세 또한 독특했다. 그의 포핸드를 처음 보는 사람은 '저게 프로 선수가 치는 포핸드인가?' 싶어 고개를 갸웃거리게 된다. 공을 때린 뒤 라켓이 머리와 어깨 뒤로 힘없이 돌아가는데 밸런스를 전혀 유지하지 못한 흉측한(?) 폼이 나온다.

무협지의 등장인물로 치면 정파가 아니라 사파 무공을 사용하는 악당에 가깝다. 흔히 무협지 악인들이 그렇듯 무공은 잔혹하면서도 막

메드베데프는 이른바 '넥스트 제너레이션' 세대의 선두 주자로, 나달과 조코비치를 위협하는 존재로 성장했다.
2020년 호주 오픈에 출전했을 때 연습 코트에 있는 메드베데프.
사진 Rob Keating

강하기 이를 데 없어 천하제일을 다툴 정도다. 무엇보다 메드베데프
는 약점이 거의 없었다. 다른 키가 큰 선수들처럼 풋워크가 느리지 않
았고 그런 점에서 테니스 선수의 스테레오타입을 무너뜨린 존재였다.

　여기에 정파의 최고봉 고수인 조코비치의 천하 통일 꿈을 좌절시
킨 전력까지 있었다. 2021년 US 오픈 결승에서 그해 4대 메이저 대
회 연속 우승에 도전하던 조코비치를 무참히 3-0으로 완파했다. 메드
베데프의 첫 번째 메이저 대회 정상 정복이었다. 바야흐로 두 번째 우
승을 노리는 그 앞에 또 한 명의 살아 있는 전설이 나타났다. 바로 '포
기하지 않는 남자' 나달이었다.

## The Game

　세계 랭킹 2위 메드베데프의 우세가 점쳐진 가운데 1세트는 대다수 전문가들의 예측대로 흘러갔다. 서른다섯의 나달보다 열 살 어린 메드베데프는 마음껏 상대를 좌우로 유린하며 압박해나갔다. 사실 메드베데프는 나달이 공략하기 까다로운 적수였다. 무엇보다 최대 강점인 왼손 포핸드 대각선 공격이 잘 먹히지 않았다. 상대의 어깨 높이까지 높게 튀는 나달의 포핸드 대각선 공격은 큰 키의 메드베데프가 백핸드로 딱 치기 좋은 타점을 형성했다.

　메드베데프가 1세트를 6-2로 가져갔다. 일방적인 스코어였다. 경기장은 술렁거렸다. 메드베데프의 파워 넘치는 공격에 나달은 적수가 되지 못하는 것처럼 보였다.

　2세트 역시 메드베데프의 차지였다. 메드베데프는 두 차례나 나달에게 먼저 서브권을 빼앗겼지만 악바리 근성으로 따라붙어 승부를 타이브레이크로 몰고 갔다. 타이브레이크에서 초반에 주도권을 내주고도 결국 7-5로 역전에 성공했다. 세트 스코어 2-0. 나달은 누가 보더라도 패색이 짙었다.

　대체로 먼저 두 세트를 내주면 끌려가는 측에선 세 번째 세트를 거의 포기하다시피 한다. 나달도 예외는 아니었다. 1세트와 2세트 모두 먼저 앞서가다 역전을 당한 상황이라 3세트에서 힘을 내기 쉽지 않았다. 초반부터 크게 흔들렸다. 게임 스코어 2-3으로 밀리고 자신이 서브권을 가진 상황에서 0-40 트리플 브레이크 포인트 위기에 직면하고 말았다. 백핸드 다운 더 라인 라인을 작렬해 0-40를 만들었을 때

나달이 3세트 자신의 서브권에서 '트리플 브레이크 포인트' 위기에 몰린 순간.
하지만 여기서부터 반전은 시작된다. **사진 호주 오픈 유튜브 영상**

메드베데프는 승리를 확신한 듯 라켓을 높이 들고 포효했다. 그때만
해도 관중들 역시 그의 우승을 추호도 의심하지 않았다.

한 사람만 생각이 달랐다. 나달 자신은 포기하지 않았다. 늘 하던
루틴대로 침착히 서브를 준비했다. 공을 바닥에 두 번 튀기고 오른손
으로 코를 만진 다음 귀 양옆 머리카락을 쓸어 넘긴다. 천천히 호흡
하며 서브를 넣는다. 서브 에이스를 따내며 브레이크 포인트 한 개를
지웠다. 이제 두 개 남았다. 두 번째는 침착히 플레이에 집중해 메드
베데프에게서 백핸드 범실을 유도해 지웠다. 세 번째 브레이크 포인
트에서도 메드베데프의 드롭샷을 재빨리 달려가 받아내 점수를 따냈
다. 그 순간 로드 레이버 아레나에 모인 나달 팬들은 열광의 도가니에
빠졌다.

위기와 기회는 동전의 양면과도 같다는 말은 테니스에 더 잘 적용

된다. 위기에서 벗어나니 바로 기회가 나달에게 찾아왔다. 반면에 기회를 놓친 메드베데프는 곧바로 위기에 몰렸다. 3세트 4-4 상황에서 나달은 메드베데프가 네트 앞으로 나오며 강하게 때린 포핸드 어프로치샷을 그림 같은 백핸드 패싱샷으로 역공해 5-4 역전에 성공했다. 그리고 끝내 3세트를 6-4로 가져오며 반전의 발판을 마련했다.

경기의 시나리오가 크게 뒤틀리기 시작했다. 이때부터 두 가지가 달라졌다. 먼저 나달은 메드베데프의 강력하고 빠른 서브를 눈에 익힌 것 같았다. 점점 메드베데프의 첫 서브를 리턴하는 비중이 높아졌다. 그다음, 예상과 달리 나달은 체력적으로 전혀 문제를 보이지 않은 반면 메드베데프는 서서히 다리 힘이 빠지는 듯했다. 선수로는 황혼기를 넘어선 나달이 체력에서 우위를 보이는 것은 기적에 가까운 일이었다.

결국 4세트마저 6-4로 나달이 가져오면서 세트 스코어 2-2가 됐다. 과연 나달이 역전에 성공할 수 있을까. 5세트 초반 나달이 먼저 브레이크에 성공하고 마지막 순간 또 한 번 메드베데프의 서브 게임을 이기면서 7-5로 마무리를 지었다. 이로써 세트 스코어 3-2로 대역전 드라마를 완성했다.

메이저 대회 통산 21번째 우승이라는 테니스의 가장 위대한 역사가 만들어진 순간이었다. 그동안 나달은 고질적인 발 부상 탓에 6개월 넘게 코트를 떠나 있었다. 어느덧 고령에 접어들면서 경기 때마다 스태미나에서 문제점을 노출했다. 종횡무진 코트를 누비던 발도 무뎌지고 트레이드마크인 파워 포핸드의 위력도 떨어졌다. 이번 대회

2022년 호주 오픈 시상식에서 트로피를 껴안고 기뻐하는 나달. 당시 메이저 대회 통산 최다 우승 기록인 21번째 우승에 성공했다. **사진 호주 오픈 유튜브 영상**

에서 대진 운은 고약했고 마지막 관문에서 마주친 상대는 조코비치를 무릎 꿇린 최강의 적수였다. 모든 시련과 고난, 도전을 극복하고 일궈낸 찬란한 승리였다.


### 심리전의 최전선

테니스가 고도의 멘털 게임으로 불리는 이유는 스코어링 시스템과 깊은 관련이 있다. 테니스는 그 어떤 종목보다 위기와 기회가 맞물리는 양면적 상황, 즉 전환점이 풍부하다. 이는 멘털에 의해 승부가 갈리는 '압박 상황(under pressure)'이 많다는 뜻이다. 예컨대 서브권을 가진 선수가 그 서브를 빼앗길 상황, 즉 브레이크 포인트에 몰릴 때 긴장감은 극에 달한다.

이때 서브를 받는 리터너의 입장에서도 압박감은 존재한다. 서브 권을 가진 상대가 연속으로 실점해 15-40가 됐다고 하자. 리터너 입장에선 한 포인트만 따면 브레이크에 성공할 수 있다. 기회다. 하지만 브레이크 기회 두 번을 모두 놓쳐 듀스로 가게 된다면? 절호의 기회를 놓친 아쉬움이 마음속 깊이 남게 되고 결국 자신이 서브권을 가져서도 역으로 더 흔들리기 쉽다.

2022년 호주 오픈 결승전은 바로 브레이크 포인트 상황의 심리전이 만들어낸 기적의 드라마였다. 먼저 메드베데프의 입장에서 보자. 두 세트를 선취했고 3세트 3-2 상황에서 나달의 서브권을 0-40 트리플 브레이크 포인트까지 잡아 몰아붙였다. 여기서 브레이크에 성공하면 사실상 메이저 대회 챔피언에 오를 수 있다는 생각이 머릿속에 맴돌았을 것이다. 하지만 나달이 침착히 브레이크 포인트 세 번의 위기를 벗어나자 대번에 심리적 압박은 메드베데프에게로 이동해버렸다.

아마도 나달은 패배를 각오했을 것이다. 자신보다 세계 랭킹이 높은 데다 서브 리턴에서 타의 추종을 불허하는 메드베데프를 상대로 브레이크 포인트를 세 번이나 탈출하기는 불가능에 가까운 일이다. 하지만 나달은 침착히 포인트 하나하나에 집중했다. 한 번에 하나씩 도전 과제를 해결하겠다는 자세, 눈앞의 포인트에 일단 집중하고 뒷일은 그때 가서 생각하자는 마음가짐이다. 바로 이 순간, 현재에 집중하자는 생각이다.

메이저 대회 통산 14회 우승 기록을 가진 피트 샘프러스는 자서전 〈챔피언의 마인드〉에서 이렇게 말한다.

"나는 시합 중 게임이나 세트, 매치에 집중하지 않습니다. 내가 집중하는 건 오직 하나의 '포인트'뿐입니다."

경기 전체의 승패나 자신의 서브 및 리턴 게임을 따내는 것에 신경쓰기보다는 오직 주어진 순간 하나의 득점에 집중한다는 뜻이다. 이렇게 한점 한점 따내는 일에 집중하다 보면 한 게임에, 한 세트에, 결국 매치포인트에 이르러 경기에서 승리를 거둘 수 있다는 조언이다. 가장 압박이 심한 순간 브레이크 포인트에 도달했다는 사실 자체를 잊고 지금 이 순간의 승부에만 집중하라고 챔피언들은 우리에게 말하고 있다.

사실 테니스는 '중요한 포인트를 누가 더 잘 획득하는가'의 싸움이기도 하다. 승패의 갈림길에서 압박감을 견디며 자신감 있는 플레이를 펼치는 것이 관건이다. 보통 3시간 넘게 걸리는 프로테니스 시합은 총 득점 횟수에서 앞서더라도 경기 결과에서 패하는 경우가 적지 않다. 이유는 자명하다. 중요한 순간 득점하지 못했기 때문이다. 반대로 경기 전체의 흐름에서 상대에게 밀리고 끌려가더라도 브레이크 포인트와 같은 결정적 순간 힘을 발휘해 득점에 성공하는 선수는 승부를 뒤집을 수 있다.

그렇다면 어떻게 해야 집중력을 잃지 않고 강한 멘털을 유지할 수 있을까. 1972년 미국의 테니스 지도자 티머시 골웨이Timothy Gallway가 펴낸 〈테니스의 이너 게임(Inner Game of Tennis)〉에서 '정신 승리'의 실마리를 찾을 수 있다.

골웨이는 책의 서두에서 도발적인 주장을 편다. 노력하지 말라! 이

것이 그가 제시한 테니스의 내면 승부에서 승리하기 위한 핵심 전제다. 정확히 말하자면 '지나친 노력을 기울이지 말라'이다. 아예 아무런 노력을 하지 말라는 얘기가 아니라 잘하려고 발버둥치지 말라는 뜻이다. 이 대목에서 그는 테니스 학습을 갓난아기의 걷기와 비교하며 아기가 처음 걸음마를 배울 때 의식적 노력을 기울이더냐고 반문한다. 아기는 부모에게 잘 보이기 위해 걷는 게 아니다. 그냥 몸이 가는 대로 자연스럽게 애쓰다 쉽게 걸음마를 익히게 된다. '먼저 오른발을 내딛고 균형을 유지한 상태에서 왼발을 내딛자. 이때 두 팔은 내딛는 발의 반대 방향으로 향해야지'라고 생각하는 아이는 없다.

이런 태도를 테니스에 적용하면 '너무 잘 치려고 의식하지 말자'쯤 될 것이다. 이때 골웨이는 '자아의 분리'를 권한다. 즉 머리로 의식하며 과도한 노력을 기울이는 자아를 1번, 마치 아기처럼 인위적인 의식 없이 자연스럽게 몸의 반응을 실현하는 자아를 2번이라 한다면 테니스를 배울 때 2번의 무의식적 명령을 따르라고 한다. 우리가 눈을 깜빡이거나 숨을 쉬는 생리 행동은 결코 의식의 산물이 아니다. 2번 자아인 잠재의식 속에 이미 체계화돼 있는 행동 방식이다.

부연하면 억지로 잘 치려고 노력하지도, 자신의 퍼포먼스에 대해 '잘한다, 못한다' 판정하지도 말라는 것이다. 이렇게 '자신을 내버려두는' 경지에 도달하게 되면 커다란 선물 하나를 받게 된다. '이완된 집중(relaxed focus)'이다. 골웨이의 주장에 따르면 이완된 집중은 테니스 연습과 실전은 물론 인생사 전반에 걸쳐 적용할 수 있는, 뛰어난 학습자의 제일 덕목이다.

이를 친숙한 용어로 표현하자면 무아지경이나 물아일체 경지라고 할 수 있다. 지금 자신에게 다가오는 테니스공에만 주의를 기울인다. 테니스공 자체에 좀 더 집중하기 위해 공 전체가 아니라 털끝을 바라본다. 생각 없이, 그냥 공이 바닥에 튀면 라켓을 휘두른다. 공이 바운드된 뒤 무조건 때리는 '바운스 히트' 연습 방법이다. 여기에 집중력을 더욱 강화하기 위한 일환으로 공을 때릴 때 스스로 "히트"라고 외쳐 청각 효과까지 추가한다. 리듬과 박자를 통해 공에 집중할 수 있게 돕는 장치다.

현재에 집중하기 연습을 실전에 적용하면 어떻게 될까. 바로 직전 포인트의 실패나 다음 게임에 대한 걱정으로부터 완벽히 자유로울 수 있다. 페더러가 챔피언십 포인트에서 범했던 오류로부터 탈출하고 나달이 트리플 브레이크 포인트를 지울 수 있었던 원동력은 바로 이완된 집중력을 발휘하는 데 있다.

프로 스포츠에서 커다란 성공을 거둔 거물들은 누구보다 마음을 비우고 집중하는 것의 중요성을 깊이 이해하고 있다. 마이클 조던과 함께 NBA 시카고 불스의 우승 행진을 이끈 필 잭슨 감독은 이렇게 말했다.

"비결은 마음을 비우는 겁니다. 아무 생각 없이 하라는 게 아니에요. 그동안 훈련한 대로 몸이 본능적으로 움직이게 해야 합니다. 그러려면 끊임없이 끼어드는 잡념을 배제해야 하죠. 순간에 온전히 몰입할 때 우리 몸은 움직임과 분리되지 않고 일체를 이룰 수 있습니다."

특히 테니스에서 현재에 집중하는 능력은 더욱 빛을 발한다. 테니스는 현재에서 도망칠 수 없다는 속성을 갖고 있다. 시간제한이 없으므로 점수에서 앞서 있다고 해서 시간을 끈다고 이길 수 있는 게 아니다. 반드시 스스로 마무리를 지어야 한다. 매치포인트를 눈앞에 두고 있더라도 그 포인트를 가져오지 않으면 경기는 끝나지 않는다. 현재 상황에 집중해 주어진 과제를 해결하는 데 모든 역량을 쏟아붓지 않고선 궁극의 승자가 될 수 없다.

압박감 극복이야말로 테니스 멘털의 핵심 가운데 핵심이다. 테니스는 줄기차게 압박 상황에 직면하는 종목이다. 선수는 코트 위에서 보이는 거의 모든 동작에서 긴장과 초조를 느낀다. 최초의 움직임인 서브부터 그렇다. 토스를 올리면서 '서브가 안 들어가면 어떡하지'의 구심이 들고 이어지는 그라운드 스트로크 상황에서도 끊임없이 범실과 상대 공격을 두려워한다. 브레이크 포인트에 몰리고 서빙 포 더 매치에 도달했을 때도 압박을 느낀다. 모든 점수가 결승점에 가까운 타이브레이크 상황은 말할 것도 없다. 복식 경기에서도 압박은 계속된다. 전위에 서면 상대의 강한 공격에 노출되고 찬스 볼이 오면 반드시 발리를 성공시켜야 한다는 중압감에 시달린다.

승부에 대한 집착을 버리고 '에라, 모르겠다'는 심정으로 자유롭게 라켓을 휘두르는 유형이 있다. 간혹 이런 무심 타법이 승리를 가져다주는데 이를테면 호주의 '망나니'로 불리는 닉 키리오스Nick Kyrgios가 여기에 속한다. 그래도 역시 위대한 챔피언들은 무섭도록 냉철한 평정심을 유지하는 심리전의 마스터들이다. 아무리 궁지에 몰려도 포기하지 않고 할 수 있다는 자신감을 표출하며 오히려 상대를 압박한다. 챔피언들은 알고 있다. 지금 자신이 느끼는 압박감을 네트 건너편 상대 역시 느끼고 있으며 이 순간의 위기를 극복하면 압박감은 상대에게 넘어갈 수 있다는 것을.

# II

## 역사

**T E N N I S**
**FIVE-SET CLASSIC**

# 9
# 그랜드슬램

 **1969년 8월 US 오픈 남자 단식 결승**
## 로드 레이버 vs 토니 로치

야구에 베이브 루스, 축구에 펠레, 복싱에 무하마드 알리가 있다면 테니스에는 로드 레이버가 있다. 현대 스포츠가 대중의 사랑을 본격적으로 받기 시작할 무렵 최초로 글로벌 슈퍼스타로 떠오른 선수들이다. 1960년대와 1970년대를 주름잡은 레이버를 일부 전문가들은 아직도 역대 최고의 선수로 평가한다. 시대를 앞서간 선구자로서 테크닉을 완성한 측면도 있지만 후대의 스타플레이어들이 도무지 쫓아갈 수 없는 위대한 업적 하나를 남겼기 때문이다. 바로 4대 메이저 대회를 한 시즌에 모두 우승하는 캘린더 그랜드슬램이다. 1969년을 마무리하는 마지막 메이저 대회인 US 오픈의 남자 단식 결승전은 그래서 지구촌의 뜨거운 관심을 받았고 지금까지도 회자되고 있다.

## 그랜드슬램이란 무엇인가

스포츠 문외한이라도 그랜드슬램이라는 말을 한 번쯤 들어봤을 것이다. 미국 메이저리그 중계를 듣다 보면 캐스터가 "그랜드슬램"이라고 흥분해 외칠 때가 있다. 타자가 시원한 만루 홈런을 때렸을 때다. 사실 그랜드슬램은 서양의 카드놀이에서 유래했다고 한다. 컨트랙트 브리지라는 카드 게임에서 총 52장 카드 가운데 13장 패를 전부 이겨 압승하는 경우를 그랜드슬램이라고 불렀다.

이 용어가 처음 스포츠에 도입된 곳이 테니스다. 1933년 호주의 잭 크로포드Jack Crawford가 호주 오픈, 프랑스 오픈, 윔블던을 차례로 우승하고 US 오픈에 도전할 당시 뉴욕 타임스의 칼럼니스트 존 키어런 John Kieran이 "만일 크로포드가 US 오픈마저 우승하면 마치 코트 위에서 그랜드슬램 점수를 획득하는 것과 같을 것이다"라고 썼다.

애석하게도 그해 크로포드가 그랜드슬램에 실패하면서 키어런의 바람은 무려 30년을 더 기다려야 했다. 그 주인공이 바로 호주의 빨강 머리 스타 로드 레이버였다. 키 173센티미터는 당시 기준에서도 작은 편이었지만 레이버는 올 라운드 플레이어로 1960년대를 석권했다. 23세가 된 1962년 호주 오픈과 프랑스 오픈, 윔블던에 이어 US 오픈 트로피까지 휩쓸면서 1938년 돈 버지Don Budge 이후 처음으로 한 시즌에 4대 메이저 대회를 모두 석권했다.

여기서 한 가지 짚고 넘어가야 할 점이 있다. 1962년에는 4대 메이저 대회가 순수 아마추어를 위한 무대였다는 점이다. 즉 프로로 전향한 선수들은 출전할 수 없었다. 현대 테니스가 태동한 19세기 말에는

1969년 5월 네덜란드 오픈에
출전해 나무라켓을 들고 백핸드를
준비하고 있는 로드 레이버.
사진 Joost Evers

사실 누구나 아마추어 테니스 선수였다. 테니스 선수가 먹고사는 직업은 아니었다는 말이다. 그러다가 인기가 높아지면서 테니스를 직업으로 삼는 프로테니스 선수들이 출현하게 됐다. 하지만 이들 프로페셔널들에게 아마추어의 로망인 4대 메이저 대회 출전은 금지됐다.

따라서 1962년 그랜드슬램은 당대 최고의 프로 선수들인 판초 곤살레스Pancho Gonzales와 켄 로즈월 등이 빠진 반쪽짜리 위업에 가까웠다. 레이버 역시 아마추어 무대를 평정한 이듬해 프로에 진출했다. 초반에는 고전했지만 1960년대 중반부터 세계 넘버원의 위치를 완연히 점할 수 있었다. 하지만 이 기간 프로로서 메이저 대회에 출전하지 못했다.

운명의 1968년 이른바 오픈 시대가 개막하면서 프로와 아마추어 모두에게 메이저 대회 출전이 허용된다. 레이버는 다시 한 번 그랜드 슬램에 도전할 기회를 잡는다. 1968년 첫 오픈 메이저 대회인 프랑스 오픈에서 라이벌인 로즈월에 막혀 고배를 마시지만 윔블던에서 오픈 시대 첫 챔피언에 오를 수 있었다. 그리고 삼십 줄에 접어든 그에게 전성기의 마지막 해가 될 1969년이 다가오고 있었다.

레이버는 다시 1969년 호주 오픈과 프랑스 오픈, 윔블던을 차례로 휩쓸며 두 번째이자 '진짜' 그랜드슬램을 향한 열망을 불태웠다. 마지막 관문인 US 오픈에 출전해서도 승승장구했고 결승전에서 같은 호주 출신인 토니 로치Tony Roche를 만났다.

로치는 만만치 않은 상대였다. 그해 절정의 기량을 보이던 레이버가 거의 유일하게 고전을 면치 못했던 상대가 바로 로치였다. 앞서 1월 호주 오픈 준결승전에서 맞붙었을 때 로치는 40도를 웃도는 살인적인 더위 속에서 레이버와 4시간 30분간 혈투를 벌이며 승리 일보 직전까지 갔으나 석패했다. 하지만 이후 군소 대회에서 레이버를 상대로 5차례나 승리하면서 자신감에 차 있었다. 오픈 시대 개막 이후 첫 그랜드슬램의 주인공을 노리고 있던 레이버에게는 가장 까다로운 벽에 가로막힌 셈이었다.

**The Game**

1969년 US 오픈의 중계 영상을 보면 낯설기 그지없다. 지금이야 세계 최대의 테니스 코트인 뉴욕 아서 애시 스타디움은 웅장한 규모

1969년 US 오픈 결승전을 앞두고 젖은 코트를 말리기 위해 헬리콥터가 동원된 진기한 모습.
사진 US 오픈 유튜브 영상

와 화려한 조명, 멋진 의상과 액세서리 차림으로 관전하는 할리우드 배우들로 핫 플레이스의 대명사가 됐지만 이때만 해도 경기는 포레스트 힐스에 위치한 웨스트사이드 테니스 클럽에서 열렸다. 당시 잔디 코트를 사용하고 있었는데 듬성듬성 잔디가 벗겨져 볼품이 없었고 메인 코트는 중앙에 3개 테니스장이 늘어서 있는 모양새였다.

이 역사적 맞대결에 양념 역할을 하는 흥미로운 장면도 연출됐다. 경기장 위로 대형 헬리콥터가 수십 분 동안 시끄러운 프로펠러 소리를 내며 떠 있었던 것이다. 당시 결승을 앞두고 폭우가 쏟아져 경기가 하루 순연됐는데 잔디에 고인 물이 마르지 않아 대형 헬기를 동원해 '자연 건조'를 시키는 모습이었다. 어처구니없는 해프닝에 가까웠지만 뭔가 분위기를 고조시키는 효과는 분명 있었다.

또 한 가지 초현실적인 분위기를 만들어내는 요소가 있었으니 바로 두 선수가 들고 있는 라켓이었다. 요즘 세대들은 구경조차 하기 힘든, 테니스 역사박물관에나 가야 볼 수 있는 나무라켓이다. 라켓 면은 주먹만 해서 공을 제대로 가운데에 맞히는 게 신기하게 느껴질 정도였다. 하지만 레이버와 로치는 당대 최고의 선수답게 환상적인 묘기 샷을 잇달아 선보이며 경기장을 찾은 관중들의 눈을 사로잡았다.

레이버에게 로치가 특별히 까다로운 상대인 데는 이유가 있었다. 같은 왼손잡이여서 레이버가 오른손잡이들을 상대했을 때 얻는 이점이 사라져버렸다. 게다가 로치 역시 발리에 무척 능했다. 로치의 백핸드 발리는 당시 최고의 기술이라는 명성을 얻었고 모두가 그의 교과서적 폼을 따라 하기 바빴다.

또 로치는 레이버와 마찬가지로 강서브의 소유자는 아니지만 스핀 서브의 달인이었다. 첫 서브를 넣는 위치인 듀스 코트에서는 강력한 킥 서브로 티 존을 공략했다. 그의 킥 서브는 공 밑면에 회전이 걸려 코트 바닥에 닿았을 때 높이 튀어 올랐다. 그리고 두 번째 서브를 넣는 위치인 애드 코트에 서면 킥 서브와 공 옆면을 깎아 측면으로 휘게 만드는 슬라이스 서브를 섞어 능수능란하게 상대를 교란했다.

1세트 초반 레이버가 장기인 백핸드 슬라이스를 앞세워 기선을 제압했다. 먼저 브레이크에 성공해 게임 스코어 3-1까지 앞서나갔다. 하지만 레이버에게 불운이 찾아왔다. 그만 미끄러운 잔디에 꽈당 넘어진 것이다. 전날 하루 종일 비가 내려 아직도 축축한 잔디는 선수들에게 큰 위험이 됐다. 이후 흔들리면서 레이버는 서브권을 내주고 백중세를 이어갔다.

1969년 5월 네덜란드 오픈에 출전한 토니 로치. 로치는 로드 레이버와 함께 당시 호주가 낳은 최고의 선수였고 훗날 로저 페더러의 투어 코치를 맡기도 했다. 사진 Eric Koch

　두 선수는 이상하리만큼 서브권을 잘 지키지 못하며 서로 브레이크를 주고받았다. 4차례 브레이크를 교환하다 결국 먼저 웃은 쪽은 로치였다. 9-7로 1세트를 가져왔다. 당시만 해도 아직 타이브레이크 제도가 도입되기 전이었다. 이 과정에서 레이버는 지금의 나달을 연상시킬 정도로 환상적인 회전이 듬뿍 담긴 '바나나 샷'을 선보이며 분전했지만 로치의 탄탄한 서브를 감당하지 못했다.

　노련한 레이버는 상대의 흐름을 끊는 지능적인 전법을 선택했다. 타임아웃을 불러 신발을 갈아 신은 것이다. 비가 내려 미끄러운 잔디에서 낙상을 방지하기 위해 긴 스파이크가 박힌 특수화로 바꿔 신었다. 이후 그의 움직임은 눈에 띄게 안정감을 찾았다. 2세트 첫 번째 게임부터 브레이크에 성공했다. 잔디 위에서 춤을 추는 듯 현란한 스텝을 선보인 끝에 6-1 일방적인 승리를 거뒀다.

나란히 장군 멍군을 외친 두 선수에게 역시 승부처는 3세트였다. 여기서 미세한 기량 차가 희비를 갈랐는데 '오버헤드 스매시'가 관건이었다. 지금이야 대부분 선수들이 베이스라인에서 랠리 교환에 치중하는 까닭에 오버헤드 스매시가 비중이 적어 승패를 가르는 중대 요소가 되지 않지만 당시에는 스매시를 비롯한 네트 앞 처리 기술이 큰 차이를 만들었다. 특히 잔디 코트에서 더욱 중요성이 컸다. 지금처럼 잔디를 관리하는 기술이 발전하지 않아 들쭉날쭉한 잔디에서 불규칙 바운드가 무척 많이 나왔다. 이런 사정상 잔디에서 경기할 때 대부분 선수들은 어디로 튈지 모르는 공을 때려야 하는 그라운드 스트로크보다 땅에 닿기 전에 스스로 컨트롤하는 발리 등 네트 플레이를 집중적으로 연마했다.

3세트 초반 레이버는 매우 중요한 샷을 성공시켰다. 게임 스코어 1-1에서 로치가 깊숙이 올린 로빙 볼을 원거리에서 강력한 스매시로 때려 사이드라인을 정확히 꿰뚫은 것이다. 감탄사가 절로 나오는 스매시였다. 워낙 높고 코트 깊숙이 떨어지는 로빙 볼이라 보통 선수라면 바닥에 한 번 튀긴 다음 때리는 그라운드 스매시를 선택할 테지만 기술의 달인답게 다이렉트 스매시로 로치의 기세를 완전히 눌렀다. 그야말로 경기의 향방을 가르는 한 방이었다.

이어서 얄궂게도 로치는 정반대의 실수를 저지르며 무너졌다. 평범한 오버헤드 스매시를 놓치며 게임을 내주고 말았다. 로치의 서브 게임을 브레이크한 레이버는 기세를 타고 단숨에 3세트를 6-2로 가져왔다. 흐름이 바뀌자 레이버의 천재성이 걷잡을 수 없이 폭발했다.

현란한 백핸드 슬라이스를 자유자재로 구사하며 상대의 허를 찔렀고 스파이크화를 신은 덕에 민첩하게 움직이며 상대의 모든 공격을 효과적으로 방어했다.

4세트에서 챔피언십 포인트에 이르자 포레스트 힐스에 운집한 팬들은 숨을 죽였다. 새로운 역사가 만들어지는 순간이었다. 레이버는 마지막까지 침착했다. 서브를 넣고 네트로 전진했다. 포핸드 발리를 로치의 포핸드 쪽으로 깊숙이 집어넣었다. 로치는 다급히 받아쳤지만 끝내 균형을 잃고 잔디 바닥에 엉덩방아를 찧으면서 레이버의 위대한 승리를 누워 지켜봐야 했다. 게임 세트(6-2), 매치! 주심의 외침과 함께 레이버는 US 오픈 트로피를 높이 들고 기쁨을 만끽했다.


### 가장 위대한 선수

시상식에서 장내 아나운서는 마이크에 대고 이렇게 외쳤다. "위대한 로드 레이버, 당신의 두 번째 그랜드슬램입니다. 당신은 의심의 여지 없이 역대 최고의 선수일 겁니다."

이 말은 50여 년이 지난 지금도 유효하다. 레이버는 페더러와 조코비치, 나달이 각종 기록을 갈아치우고 있는 지금 이 시점에도 여전히 가장 위대한 선수로 통한다. 물론 그가 메이저 대회 타이틀을 수집한 횟수는 11회에 불과하지만 이는 시대적 특수성을 감안해야 하는 부분이다. 앞서 말했듯이 첫 번째 그랜드슬램을 달성한 1962년 이후 5년간 레이버는 메이저 대회에 출전하지 못했다. 진정한 전성기인 그 시기에 메이저 대회 출전이 허용됐다면 그가 얼마나 많은 우승 트로피를 수집했을지 가늠하기 어렵다.

레이버는 단신이지만 작은 거인으로 불려야 마땅하다. 사람들은 작은 체구에서 어떻게 그토록 용솟음치는 파워가 나와 강력한 스핀을 걸 수 있는지 늘 궁금해했다. 답은 손목과 팔꿈치의 힘에 있었다. 뉴욕 타임스는 당시 그의 손목과 팔꿈치 두께가 전설적인 복서 로키 마르시아노와 비슷하다고 보도했다. 레이버는 작은 체구에도 슈퍼맨 같은 팔 힘으로 당대 그 어떤 선수보다 강력한 샷을 구사할 수 있었다.

레이버의 바로 아래 세대 중에서 대표 주자라 할 수 있는 미국의 흑인 스타 아서 애시Arthur Ashe는 그에 대해 이렇게 평가했다.

"레이버를 상대하는 사람이라면 누구도 안심할 수 없다. 1968년 퍼시픽 사우스웨스트 오픈에서 그를 상대한 켄 로즈월은 첫 세트를 6-4로 이긴 뒤 단 한 게임도 따내지 못했다. 더블 베이글 스코어였다 (6-4, 0-6, 0-6). 레이버는 한번 발동 걸리기 시작하면 걷잡을 수 없다. 정확히 끝선에 걸치게 때린 뒤 다음엔 더욱 강력한 샷이 똑같이 끝선에 꽂힌다. 강하게, 더 강하게. 그를 막는 건 불가능하다."

1960년대와 1970년대 테니스계를 석권하는 동안 레이버는 늘 겸손했다.

"두 번째 그랜드슬램 달성이 내 인생을 송두리째 바꿔놓기는 했죠. 하지만 나는 언제나 현실로 돌아왔습니다. 나는 형편없이 진 경기를 분명히 기억하고 있습니다. 나 자신을 역대 최고의 선수 범주에 한 번도 포함해본 적이 없답니다. 나는 정말 그러지 않았어요. 커리어를 보면 잘할 때와 못할 때가 늘 뚜렷했으니까요. 다만 역대 최고 선수들 리스트에 내 이름을 올릴 수 있다는 사실은 정말 감사한 일입니다."

테니스는 오픈 시대가 열린 1968년 이전과 이후로 구분된다. 그 양쪽에서 모두 최고의 선수로 공인받은 이는 오직 레이버뿐이다. 순수한 아마추어 정신에 입각한 테니스에서도 최고였고 부와 명성이 따르는 프로페셔널 무대에서도 그는 왕중왕이었다. 무엇보다 레이버는 그 어렵다는 그랜드슬램을 두 차례나 성취한 전무후무한 선수다.

아마 지난 자료 영상에서 레이버의 테니스를 본다면 요즘 사람들은 실망할지 모른다. 존 이스너와 같은 광속 서브도 없고 페더러 같은 세련된 포핸드나 조코비치의 무결점 투 핸드 백핸드와도 거리가 멀다. 그러나 최근 잘나가는 선수들에게 레이버가 당시 사용했던 나무 라켓을 쥐어 줘보자. 또 1960년대의 불규칙한 잔디에서 얼마나 자유롭게 뛸 수 있는지도 시험해보자. 단언컨대 같은 조건이라면 필자는 레이버의 승리에 한 표를 던질 것이다.

축구의 전설 펠레가 요즘 잘나가는 메시와 호날두보다 더 뛰어난 기량을 갖고 있다고 말한다면 난센스일 것이다. 하지만 펠레가 그들보다 못한 선수라고 말하는 데엔 더더욱 동의하기 어렵다. 펠레는 그가 뛰었던 시대에 그 어떤 선수들보다 차원이 높은 선수였다. 레이버 역시 마찬가지다. 그의 가치와 위상은 시간이 흐를수록 높아지고 있다. 그가 이룩한 그랜드슬램만큼은 여전히 따라잡을 수 없는 영역으로 남아 있다.

# 10
# 1984

그해 험상궂은 근육질의 터미네이터가 존 코너를 잡기 위해 타임머신을 타고 왔다. 칼 루이스가 로스앤젤레스 올림픽에서 4관왕을 달성하며 육상 전설로 우뚝 섰고 미래의 농구 황제 마이클 조던이 NBA에 첫발을 내디뎠다. 한국에선 강변가요제 대상을 거머쥔 이선희의 데뷔곡 'J에게'가 라디오마다 울려 퍼졌고 보급된 지 얼마 안 된 컬러 TV에서는 개그맨 김병조가 연일 "지구를 떠나거라"를 외치고 있었다. 김청기 감독의 '태권브이' 마지막 시리즈가 극장에 걸리기도 했다.

테니스에서 1984년은 바로 이 경기 하나로 기억되어 마땅하다. 1980년대 테니스를 양분한 존 매켄로와 이반 렌들의 최고 명승부, 프랑스 오픈 남자 단식 결승전이다.

## 매켄로의 해

1980년대 초반 한국에서 테니스의 인기는 무시할 수 없는 수준이었다. 군사정권의 지침에 따라 새로 짓는 아파트에 테니스장이 의무적으로 포함됐다. 국민 건강을 증진한다는 이유에서다. 동네 테니스장 수만 놓고 보면 한국 테니스의 진정한 전성기는 1980년대였다고 해도 무방하다. 국민적 관심도 복싱만큼은 아니지만 당시 일인당 국민소득 수준에 비춰봤을 때 결코 낮지 않았다. 그 시절 어른 아이 할 것 없이 한 번쯤 들어본 이름이 바로 존 매켄로였다.

적어도 필자의 기억 속에 테니스 황제라는 칭호를 처음 받은 이는 매켄로였다. 이 시기 매켄로는 절대 강자였다. 특히 1984년 한 해 동안 82승 3패 승률 96퍼센트의 전적을 기록했다. 바야흐로 최고 전성기였다.

2005년 페더러가 그 기록에 거의 근접했다. 시즌 맨 마지막 경기인 상하이 마스터스컵 결승전에서 다비드 날반디안에게 2-3으로 역전패하지 않았더라면 넘어설 수 있었다. 라파엘 나달과 노박 조코비치도 매켄로보다 더 많은 우승 타이틀을 거머쥐었지만 적어도 1984년의 매켄로만큼 압도적 승률과 카리스마를 뽐내지 못했다.

그해 매켄로는 총 13개 우승 타이틀을 따면서도 메이저 대회 트로피는 2개를 수집하는 데 그쳤다. 당시 호주 오픈은 지금과 달리 시즌 초반이 아니라 12월 마지막에 열렸다. 그래서 역사가들은 시즌 첫 메이저 대회인 프랑스 오픈에서 매켄로가 만약 이반 렌들을 꺾고 우승했다면 여세를 몰아 나머지 메이저 대회들까지 휩쓸어 그해 그랜드슬램을 달성할 수도 있었을 거라고 입을 모은다.

1984년 들어 무려 41연승 무패 행진을 자랑하던 매켄로는 5월 프랑스 오픈에서 결승까지 올랐다. 상대는 자신보다 한 살 어린 체코슬로바키아 출신 이반 렌들이었다. 24세의 렌들은 매켄로와 정반대 스타일의 테니스를 구사했다. 매켄로가 서브 앤 발리를 주 무기로 삼았다면 렌들은 당시 주류가 아니던 베이스라인 스트로크가 강점이었다.

렌들은 그동안 호주와 프랑스, US 오픈에서 총 4차례 결승전에 올랐지만 번번이 울렁증을 극복하지 못하고 준우승에 머물렀다. 메이저 대회 결승과 같은 큰 무대에서 강적을 만날 때마다 자신의 장점을 살리지 못하고 스스로 무너지는 경우가 많았다. 따라서 1984년 프랑스 오픈 남자 단식 결승전의 구도는 비교적 명확했다. 매켄로의 우세가 점쳐졌고 렌들은 도전자의 처지에 있었다. 하지만 늘 그렇듯이 관중들의 마음은 언더독에 쏠렸다.


## The Game

1980년대 중반 남자 테니스는 매켄로와 렌들의 양강 구도로 서서히 재편되고 있었다. 기존 강자였던 비에른 보리는 1984년 26세에 돌연 조기 은퇴를 선언했고 10년 전인 1974년 세계 1위에 오른 지미 코너스도 삼십 줄에 접어들고부터 완만한 하락세에 있었다. 그런 와중에 맞붙은 세계 랭킹 1위와 2위의 대결이었다.

지금 팬들이 보기에는 매켄로 같은 스타일이 프랑스 오픈 결승전

1984년 7월 윔블던 결승전에
출전한 존 매켄로의 모습.
매켄로의 서브 모션은 다른 선수들보다
훨씬 측면으로 서서 시작한다.
이 서브를 바탕으로 매켄로는 윔블던과
US 오픈 등에서 우승했지만 끝내 프랑스
오픈과는 인연을 맺지 못했다.
사진 Carine06

에 진출한 것 자체가 기적처럼 느껴질 것이다. 흙바닥에서 열리는 프
랑스 오픈에서 서브 앤 발리가 통할 수 있다니! 물론 그때에도 매켄로
가 클레이 코트에서 훌륭한 성적을 거둔 것이 무척 드문 일로 평가됐
다. 1980년대 이전까지 시대를 주름잡은 선수들, 예컨대 보리나 로드
레이버, 지미 코너스 등은 코트 표면 속도가 빠른 잔디와 하드 코트
에서 서브와 발리를 활용해 경기를 풀어나가다가도 클레이 코트에선
다른 스타일로 경기했다. 서브 앤 발리를 최대한 자제하고 그라운드
스트로크에 집중했다. 아무리 서브와 발리 실력이 좋다 해도 표면 속
도가 느리고 바운드가 높게 튀는 클레이 코트에서 무리하게 네트로
전진하다가는 낭패를 보기 십상이었다.

하지만 매켄로는 달랐다. 윔블던과 US 오픈에서 완성한 자신만의 독특한 스타일을 클레이 코트에서도 그대로 밀어붙였다. 매켄로는 첫 서브를 넣고 예외 없이 네트 앞으로 뛰어나가 감각적인 발리로 포인트를 마무리했다. 설사 상대가 리턴에서 그를 넘기는 패싱샷을 구사해 득점하더라도, 크게 개의치 않고 자신이 가장 잘하는 게임 스타일을 고수했다. 매켄로는 프랑스 오픈에 앞서 열린 다른 두 번의 클레이 코트 대회에서 이런 방식으로 연속 우승을 차지했다. 그 과정에서 클레이 코트의 고수인 스페인의 호세 이게라스José Higueras를 제압했고 이번 결승 상대인 렌들도 두 차례나 꺾었다. 한 세트도 내주지 않고.

1세트에서 매켄로는 흙먼지를 일으키며 장기인 서브 앤 발리를 착착 진행시켰다. 렌들은 자신에게 유리한 조건인 앙투카(벽돌을 모래 크기로 갈아 물을 뿌린 뒤 굳혀 만든다. 클레이 코트보다 색깔이 짙다) 클레이 코트에서 좀처럼 실력 발휘를 하지 못했다. 지난 메이저 대회 결승전들처럼 이번에도 긴장한 기색이 역력했다. 매켄로의 화려한 서브와 발리에 막혀 포핸드는 힘을 쓰지 못하다가 게임 스코어 2-3에서 어처구니없이 오버헤드 스매시 실수까지 저질러 서브권을 빼앗겼다. 매켄로의 6-3 승리.

2세트는 더욱 일방적인 흐름으로 진행됐다. 매켄로는 연속해 두 번이나 렌들의 서브를 브레이크하며 일찌감치 승기를 잡았다. 이 과정에서 지능적인 전략이 돋보였다. 클레이 코트에서 렌들과 그라운드 스트로크로 정면 승부하면 승산이 없다는 걸 간파하고 그를 네트 앞으로 끌어들였다. 공을 일부러 짧게 떨어뜨려 렌들을 네트 앞으로 유인한 다음 여지없이 좌우 빈 공간을 찾아내 패싱샷 위너를 터뜨렸다. 또 렌들의 서브를 첫 리턴부터 공격적으로 전진해 받아친 뒤 바로 네트로 대시해 압박을 극대화했다. 매켄로의 한 템포 빠른 압박에 탄탄하기로는 세계 제일인 렌들의 스트로크는 밸런스를 잃고 크게 흔들렸다.

2세트마저 6-2 매켄로의 일방적인 승리로 기울자 대부분 관중들은 싱거운 결승전이 되리라고 예상했다. 세트 스코어가 2-0이 되기까지 1시간 정도밖에 걸리지 않았다. 이때까지 매켄로의 연승 행진은 '42'를 향해 빠르게 전진하고 있었고 그가 서브 앤 발리 스타일로 프랑스오픈 우승을 차지할 것을 누구도 의심하지 않았다.

그런데 3세트에 들어 커다란 반전이 일어났다. 매켄로가 자신의 첫 번째 서브 게임에서 갑자기 짜증스런 표정으로 오른쪽 한편에 있는 중계 카메라를 쳐다봤다. 첫 서브가 폴트로 선언된 뒤 세컨드서브를 넣으려는 순간 매켄로는 더는 참지 못하겠다는 듯 주심에게 소리쳤다. "카메라맨 헤드셋에서 나는 소리가 방해가 된다고!"

그래도 경기는 이어졌고 렌들이 서브권을 가진 게임에서 승부의 향방을 가를 결정적 장면이 나왔다. 치열한 랠리 끝에 자신의 포핸드가 네트에 걸린 순간 매켄로는 옆에 있는 카메라맨을 향해 돌진했다. 그리고 카메라맨의 헤드셋을 빼앗더니 "조용히 해"라고 경기장 전체에 울려 퍼질 정도로 괴성을 내질렀다. 관중들은 그의 과도한 행동에 즉시 야유를 퍼부었다. 그때부터 매켄로의 테니스는 조금씩 금이 가기 시작했다.

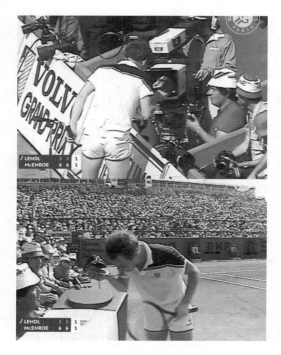

매켄로는 1984년 프랑스
오픈 결승전 도중 카메라맨의
헤드셋으로 들려오는 소음을 참지
못하고 직접 다가가 큰소리치며
화를 냈다. 나중에는 헤드셋을
빼앗은 뒤 괴성을 질렀다.
**사진 프랑스 오픈 유튜브 영상**

결정적 장면은 3세트 2-2 상황에서 매켄로가 발리를 시도하다 그만 앞으로 철퍼덕 넘어질 때였다. 흰색 유니폼이 적갈색 흙먼지로 뒤범벅됐다. 그때부터 매켄로의 표정에는 여유가 사라지고 마치 공사장에서 힘든 작업을 하는 인부처럼 피곤한 기색이 역력했다. 사실 이는 어느 정도 예견된 일이기도 했다. 클레이 코트 테니스는 잔디와 하드 코트보다 랠리가 길고 서브 한 방으로 끝내기 어려워 많은 체력이 요구된다. 매켄로는 1세트와 2세트에서 환상적인 기술과 감각적 터치로 힘을 앞세운 렌들의 베이스라인 랠리를 눌렀지만 이런 유형의 테니스는 집중력을 조금이라도 잃으면 위력이 현저히 반감된다. 시간이 흐를수록 매켄로에게 불리해지는 것이 명백해 보였다.

매켄로의 인내심은 점점 바닥을 드러냈다. 앞서갈 때는 드러나지 않던 성질이 갑자기 폭발했다. 평범한 스트로크 범실이 계속 이어지자 "빌어먹을"이라고 소리치며 세상 모든 이에게 저주를 퍼붓기도 했다. 그럴수록 경기의 선악 구도는 더욱 뚜렷해졌다. 이제 완연히 약자이자 도전자인 렌들 쪽으로 마음이 기운 관중들은 응원의 목소리를 점점 높였다.

결국 렌들이 3세트 마지막 매켄로의 서브를 브레이크하는 데 성공했다. 경기는 크게 요동쳤다. 매켄로는 감각이 점점 무뎌지는 반면 렌들은 집중력을 갈수록 높였다. 경기 초반 받아내지 못하던 매켄로의 각도 깊은 서브를 이제는 더 큰 각도로 꺾어 리턴 에이스를 작렬했다. 렌들의 경기력은 메이저 대회 징크스를 떨쳐내고 제자리를 찾았다. 매켄로는 첫 서브가 점점 말을 듣지 않으면서 네트 앞으로 전진할 기회도 줄었다. 베이스라인 랠리로 이어질 때마다 힘과 안정성에서 앞선 렌들의 우세가 뚜렷해졌다.

서브가 강한 매켄로와 리턴이 좋은 렌들. 창과 방패의 대결에서 흔히 볼 수 있듯이 시간은 리턴의 편이다. 강하고 날카로운 서브는 점점 위력을 잃지만 리턴은 흔들리지 않는다. 야구에서 타자와 투수의 관계와 비슷하다. 선발 등판한 투수는 많은 공을 던지면서 지치고 결국 일정한 투구 수를 넘기면 구원 투수로 교체된다. 하지만 타자는 다르다. 1회부터 9회까지 힘을 똑같이 비축할 수 있다. 리턴 집중력은 마치 야구의 타자처럼 시간이 흘러도 떨어지지 않는데 1980년대 가장 우월한 피지컬의 소유자 렌들이 바로 정확히 그런 유형의 선수였다.

결국 승부는 마지막 5세트까지 이어졌다. 프랑스 오픈의 메인 코트는 렌들의 역전 우승을 바라는 팬들의 함성으로 넘쳐났다. 매켄로는 벼랑 끝에 몰렸다. 연초부터 이어진 41연승 행진의 피로가 엿보였다. 5-6으로 뒤지고 있던 12번째 게임에서 15-40, 한 포인트만 내주면 자신의 인생에서 가장 치욕적인 패배를 맛봐야 했다.

매켄로는 끝까지 집중력을 발휘해 발리 위너를 기록하며 챔피언십 포인트 하나를 지웠다. 여전히 30-40, 한 번의 위기를 더 넘겨야 한다. 매켄로는 침착히 가장 자신 있는 서브를 넣었다. 렌들을 코트 밖으로 멀찌감치 몰아내는 왼손 슬라이스 서브가 날카롭게 들어갔다. 렌들은 그저 매켄로의 정면으로 공을 받아 넘길 수밖에 없었다. 모두가 매켄로의 손쉬운 득점을 예상한 순간 거짓말처럼 그의 발리가 코트 밖에 떨어졌다. 렌들이 두 팔을 쳐들고 기뻐하는 사이 매켄로는 고개를 숙였다. 경기장을 가득 메운 팬들은 렌들의 기적 같은 3-2(3-6, 2-6, 6-4, 7-5, 7-5) 역전승에 환호했다. 4전 5기 끝에 렌들이 첫 번째 메이저 대회 챔피언에 오른 순간이었다. 동시에 매켄로의 41연승 행진이 마감된 순간이기도 했다.

## 1980년대를 규정한 역사적 승부

1984년 프랑스 오픈 결승전이 두고두고 명승부로 회자되는 이유는 많다. 적어도 이때까지 메이저 대회 결승전에서 2-0으로 앞서다 승부가 뒤집힌 경우는 통틀어 3차례밖에 없었다. 그만큼 충격적인 사

이 승부는 1980년대 남자 테니스의 판도 전체를 바꾸는 전환점이 된다.
렌들(오른쪽)의 역전승 이후 매켄로 시대는 저물기 시작한다. **사진 프랑스 오픈 유튜브 영상**

건이었다. 기록적인 연승 행진을 이어가던 세계 1위가 턱밑까지 추격
하는 라이벌에 의해 상쇄됐다는 점도 빼놓을 수 없다.

그래도 역시 이 승부는 1980년대 남자 테니스의 판도 전체를 바꾸
는 전환점이 됐다는 데서 의미가 크다. 매켄로가 1981년 윔블던 결승
전에서 4세트 접전 끝에 보리를 꺾고 정상에 오른 뒤 적어도 1980년
대 전반기는 그의 시대였다. 이 기간 그는 7차례 메이저 대회 트로피
를 들어 올렸고 동시대 라이벌들인 보리와 코너스, 렌들에게 확실한
우위를 점하고 있었다. 1984년은 위대한 매켄로 시대의 최정점을 알
리는 기념비적인 해였던 것도 틀림없다.

하지만 렌들의 뒤집기 한 방으로 매켄로 시대는 생각보다 빨리 저
물기 시작한다. 매켄로는 같은 해 윔블던에서 코너스를 3-0(6-1, 6-1,

6-2)이라는 메이저 대회 역사상 가장 일방적인 승부로 박살내며 우승을 차지했고 US 오픈에서도 렌들과 다시 결승전에서 맞붙어 3-0 셋아웃 승리를 거두며 최강자임을 입증했다. 하지만 놀랍게도 그것이 그의 마지막 메이저 대회 우승이었다. 1985년 이후 매켄로는 단 하나의 메이저 대회 타이틀도 추가하지 못하고 세계 정상권에서 멀어졌다.

매켄로의 추락은 곧 렌들의 도약을 의미했다. 이듬해 US 오픈에서 매켄로를 꺾고 정상에 오른 렌들은 1990년 호주 오픈 우승까지 도합 8차례 메이저 대회 챔피언에 오르며 1980년대 후반기를 이끌었다. 렌들은 매켄로와 달리 꾸준함의 대명사였다. 총 270주간 세계 1위를 유지해 당시 최고 기록을 세우고 총 94개 우승 타이틀을 획득하는 등 많은 기록을 갈아치웠다.

특히 1982년부터 1989년까지 8회 연속으로 US 오픈 결승전에 오른 기록은 렌들이 얼마나 오랜 기간 기복 없이 세계 정상의 기량을 유지했는지를 보여주는 바로미터다. 또 총 5년에 걸쳐 승률 90퍼센트 이상을 기록했는데 이는 아직도 깨지지 않는 독보적 기록이다.

1984년 프랑스 오픈 결승전은 기술에서도 짚어볼 대목이 많다. 앞서 언급했지만 매켄로는 클레이 코트에서 거의 불가능한 방식의 테니스로 우승 일보 직전까지 감으로써 그 자체로 의미 있는 발자취를 남겼다. 매켄로의 테니스는 전무후무한 독특함의 집합체라고 볼 수 있다. 그 어떤 선수도 매켄로 같은 테니스를 구사하지 않았다. 지금 시대의 기준과 관점에서 보면 매켄로의 테니스는 엉터리처럼 느껴질 수도 있다. 스윙의 기본적인 메커니즘조차 제대로 갖추지 않은 것처럼 보인다.

하지만 매켄로의 테니스는 다른 선수들이 흉내조차 낼 수 없는 완성도를 갖고 있다. 특히 독특하기 이를 데 없는 서브 동작은 자세히 뜯어보면 서브 앤 발리 전략을 위한 교과서적 폼이다. 측면을 바라보는 자세에서 토스를 코트 안쪽으로 던지고 높은 타점에서 점프하듯 내려친 뒤 디딤 발을 앞으로 크게 내디뎌 네트로 전진하는 시간을 단축한다. 그렇게 빠른 발로 적정 포지션을 확보한 다음 공을 가볍게 건들듯 접촉하는 발리는 시대를 통틀어 단연 최고였다.

매켄로가 1980년대 전체를 관통하지 못하고 후계자에게 자리를 내줄 수밖에 없었던 점 역시 1984년 프랑스 오픈 결승전이 남긴 유산이다. 매켄로의 감각이 차지한 자리를 렌들의 파워가 대체했다고 해야 할까. 렌들은 남자 테니스에서 서브와 발리보다 포핸드가 더 중요한 게임 체인저가 될 수 있게 초석을 다진 인물로 평가받는다. 렌들이 득세하는 중에도 여전히 보리스 베커나 스테판 에드베리, 피트 샘프러스 같은 서브앤발리어가 정상을 다퉜지만, 베이스라인에서 범실 없는 탄탄한 힘으로 펼치는 그라운드 스트로크는 1990년대 이후 거스를 수 없는 대세로 자리 잡았다. 테니스가 베이스라이너의 시대가 된 진정한 출발점은 바로 1984년 프랑스 오픈 결승전부터였다.

# 11
# 잔인한 4월

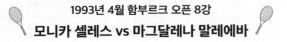

### 1993년 4월 함부르크 오픈 8강
## 모니카 셀레스 vs 마그달레나 말레에바

역사에 가정은 무의미하지만 만약 1993년 그 사건이 일어나지 않았다면 어떻게 달라졌을까. 여기에 대해 테니스 역사가와 분석가들의 의견은 하나로 수렴된다. 아마도 우리가 역대 최고의 여자 테니스 선수로 꼽는 일반적인 순위에 지각 변동이 일어났을 것이라고. 모니카 셀레스는 10대 틴에이저 시절 거의 모든 기록을 갈아치운 천재 중의 천재인 동시에 불의의 사고만 아니었다면 불멸의 대기록을 세울 수 있었던 애증의 인물로 기억된다. 1993년 4월 그날은 테니스가 잊고 싶은 악몽 같은 하루였다.

## 천하를 평정한 10대

여자 테니스는 대략 10년 단위로 여제가 바뀌면서 선순환이 잘 일어난 편이다. 1960년대 마거릿 코트Margarat Court와 빌리 진 킹Billie Jean King이 출현했고, 1970년대 크리스 에버트, 1980년대 마르티나 나브라틸로바, 1990년대 슈테피 그라프, 2000년대 비너스, 세리나 윌리엄스Venus and Serena Williams까지 자연스럽게 세대교체가 이뤄졌다. 1988년 서울의 가을 하늘 아래서 그라프가 19세 나이에 일찍이 누구도 해내지 못한 골든 슬램(한 해에 4대 메이저 대회와 올림픽 모두 우승)을 달성할 때만 해도 그의 시대는 적어도 5년 넘게 지속되리라고 내다봤다.

그런데 그라프의 집권 체제가 채 3년이 되지 않았을 때 권좌를 위협할 강력한 대항마가 등장했다. 불과 16세 소녀였던 모니카 셀레스는 1990년 프랑스 오픈 결승전에서 여제 그라프와 대결했는데 1세트 타이브레이크에서 2-6으로 뒤지고 있다 내리 6포인트를 따내는 괴력을 발휘하며 승부를 8-6으로 뒤집었다. 유고슬라비아 출신인 소녀는 자신의 첫 메이저 대회 결승에서 2-0(7-6, 6-4)으로 그렇게 세계 랭킹 1위를 무너뜨리고 타이틀을 차지했다. 그라프도 18세 나이에 1987년 프랑스 오픈에서 나브라틸로바를 물리치고 처음 메이저 대회 정상에 올랐지만 그보다 2년이나 빠른 페이스였다.

셀레스는 그렇게 1990년대에 강한 진동을 일으키며 등장했다. 유소년 시절의 그녀를 지도한 미국 최고의 아카데미 코치 닉 볼레티에리Nick Bollettieri는 이렇게 묘사했다.

모니카 셀레스는 10대 시절
이미 슈테피 그라프라는 당대 최강의
선수를 물리친 천재 중의 천재였다.
1991년 US 하드 코트 챔피언십에서
준우승을 차지한 셀레스의 모습.
사진 Madmarlin

"코트에 두 발을 내딛는 순간부터 엄청난 노력을 기울입니다. 지치지 않고 끈기가 넘치죠. 첫 공을 때릴 때부터 마지막까지 한순간도 집중력을 잃지 않습니다. 1시간이고 하루 종일이고 또 일주일 전체를 가리지 않고 그녀는 완벽한 샷을 만들 때까지 반복해 기술을 연마합니다."

셀레스는 왼손잡이라는 점에서 나브라틸로바의 계통을 잇는 선수로 볼 수 있다. 하지만 전통을 크게 벗어나는 특이 사항이 하나 있었다. 포핸드를 칠 때 두 손으로 라켓을 잡았다. 이 시기에 백핸드를 두 손으로 치는 선수들은 있어도 셀레스처럼 양쪽 모두 두 손으로 부여잡고 스트로크를 날리는 경우는 거의 없었다. 효과는 두 가지로 나타났다. 비교 불가의 파워와 엄청난 각도의 샷. 셀레스는 과거 선수들에게서 찾아볼 수 없는 압도적인 힘과 체력으로 중무장해 10대 중반부터 여자 테니스 최고의 스타로 떠오를 수 있었다.

1991년 셀레스는 공식적으로 그라프를 권좌에서 끌어내렸다. 호주 오픈에서 야나 노보트나Jana Novotna를 꺾고 두 번째 메이저 대회 정상에 오른 데 이어 프랑스 오픈과 US 오픈에서도 우승해 그해 3개 메이저 대회를 휩쓸었다. 윔블던에서 기권하지 않았더라면 1988년의 그라프에 이어 3년 만에 그랜드슬램 위업을 달성할 수 있었다. 셀레스가 기권한 그 윔블던에서 그라프는 그해 겨우 메이저 대회 1승을 건졌다.

18세가 된 1992년 셀레스는 4대 메이저 대회 결승전에 모두 올라 3곳에서 우승을 차지했다. 여기서 그라프와 펼친 대결은 점입가경이었다. 프랑스 오픈 결승전에서 치열한 접전을 벌인 끝에 셀레스가 이겼고, 윔블던에서는 반대로 그라프가 막강한 포핸드를 앞세워 셀레스를 무릎 꿇렸다. 셀레스는 US 오픈에서 아란차 산체스 비카리오Arantxa Sanchez Vicario를 꺾고, 호주 오픈에서 메리 조 페르난데스Mary Joe Fernandez를 꺾고 우승했다. 이듬해 호주 오픈 결승에서 또 숙적 그라프를 만나 패배를 안기며 8번째 메이저 대회 타이틀을 차지했다. 그녀의 나이 19세가 채 되기 전이었다.

10대 시절 이 정도의 우승 페이스를 보인 선수는 남녀 통틀어 셀레스가 처음이었다. 2년 연속으로 여자 테니스 세계 1위를 굳건히 지킨 셀레스가 얼마나 더 많은 메이저 대회 타이틀을 추가할지가 관심사였다. 나이와 흐름을 감안하면 당시 마거릿 코트의 독보적인 기록, '메이저 대회 통산 24회 우승'을 뛰어넘는 것도 불가능한 일이 아닌 것처럼 보였다.

트로피 수도 관심사였지만 무엇보다 셀레스가 20대 중반의 전성기를 맞은 여제 그라프를 이렇게 빨리 무너뜨리라고는 아무도 예상하지 못했다. 그라프의 팬 입장에서 셀레스라는 존재는 눈엣가시일 수밖에 없었다.

이런 가운데 1993년 프랑스 오픈 대격돌이 다가오고 있었다. 프랑스 오픈은 그라프와 셀레스 둘 모두 강세를 보이는 코트였다. 흐름은 완연히 셀레스 쪽으로 기울어 있었다. 그러나 1993년 프랑스 오픈에서 두 지존의 맞대결은 끝내 이뤄지지 못했다. 바로 그 사건 때문이다.


### 1993년 4월 피습 사건

세계 최고 선수들은 메이저 대회를 중심으로 일정을 짜게 마련이다. 1년 메이저 대회 4곳을 중심에 놓고 나머지 투어 일정을 결정한다. 1년 중 유일하게 클레이 코트에서 열리는 5월 프랑스 오픈을 앞두고 선수들은 이른바 '워밍업' 대회에 출전한다. 프랑스 오픈과 가장 유사한 환경에서 실전을 치르는 의미가 있고 좋은 성적을 거둬 상승세를 이어가겠다는 뜻이다.

프랑스 오픈을 한 달쯤 앞두고 열리는 함부르크 오픈에 독일 출신인 그라프는 물론이고 셀레스가 출전한 건 어쩌면 당연한 일이었다. 우승 후보 셀레스는 순항했고 4월 30일 불가리아의 마그달레나 말레에바Magdalena Maleeva와 8강전을 치르게 됐다. 함부르크에서 열린 대회

답게 독일 팬들이 관중석의 다수를 차지하고 있었지만 그래도 세계 1위 셀레스가 화려한 플레이를 선보일 때마다 박수를 아끼지 않았다.

1세트, 말레에바가 잘 싸웠지만 한창 물이 오른 셀레스를 감당하기는 어려웠다. 셀레스가 6-4로 가볍게 세트를 선취했다. 셀레스는 특유의 괴성을 질러대며 상대와 관중들을 압박했다. 사실 여자 테니스에서 괴성 하면 요즘 팬들은 마리아 샤라포바Maria Sharapova를 떠올리지만 그 원조는 셀레스였다. 괴성의 정도가 어찌나 심했는지 대회 측의 공식 항의를 받기도 했다. 1992년 윔블던 결승전에서 셀레스가 그라프에게 완패를 당했을 때 사실 이면에는 4강전에서 나브라틸로바가 그녀의 괴성에 대해 강력히 항의한 탓도 있었다. 윔블던 조직위원회로부터 지적을 받고 나서 셀레스는 결승전에서 조용한 모습을 유지하며 경기를 치렀는데 거짓말처럼 형편없는 경기력을 펼치고 완패를 당했다.

셀레스는 2세트 초반 말레에바의 강한 도전을 받아 먼저 서브를 내줬지만 이내 평정을 되찾고 4-3으로 앞서갔다. 서브권을 지킨 뒤 벤치에서 1분 30초의 휴식을 취하고 있을 때였다.

그것은 중계 카메라 화면에 잡히지도 않을 만큼 순식간에 벌어진 일이었다. 셀레스가 날카로운 비명을 질렀고 관중석이 웅성거렸다. TV 화면에 한 중년 남자가 경호원과 일부 관중들에 의해 제압되는 모습이 잡혔다. 셀레스는 극심한 고통을 호소하며 한쪽 팔로 등을 만지고 있었다. 칼에 찔린 것이다! 셀레스는 벤치에 앉아 있지 못하고 흙바닥 코트에 쓰러졌다. 고통의 눈물을 흘리며 도움을 청했다. 곧이

셀레스가 괴한에게 습격을 받은 뒤 코트 바닥에 주저앉아 고통을 호소하고 있다.
사진 함부르크 오픈 유튜브 영상

어 셀레스는 들것에 실려 병원으로 이송됐다.

중년 남성이 휴식을 취하고 있는 셀레스의 등 뒤로 몰래 다가가 칼로 1.5인치 정도 깊이의 찰과상을 낸 것이다. 귄터 파르셰라는 이름의 38세 독일인이었다. 경찰 조사에서 범행 동기를 추궁하는 중에 세상을 발칵 뒤집는 소식이 전해졌다. 파르셰가 자신은 그라프의 열혈 팬이며 그녀를 제치고 세계 1위에 오른 셀레스를 막기 위해 습격했다고 자백한 것이다.

테니스를 넘어 세계 스포츠 역사에서 유례를 찾아보기 어려운 희대의 사건이었다. 자신이 좋아하는 선수를 위해 그 천적을 제거하려는 행위. 당시만 해도 지구촌에 테러 행위가 그렇게까지 유행하지 않았음을 감안하면 이 사건이 스포츠계에 가져다준 충격은 이루 말할 수 없었다. 더 나아가 사건 이후 그라프와 셀레스의 라이벌 구도는 더욱 세계적인 스포트라이트를 받게 됐다.

당시 같은 함부르크 오픈에 출전하고 있던 그라프는 병원을 직접 찾아 셀레스를 위로하기도 했다. 그라프에게도 충격적인 일이었다. 비록 자신을 좋아하는 팬이 저지른 광기 어린 짓이었지만 가책을 느꼈다. 설상가상 범죄자 파르셰는 정신이상자임이 밝혀져 무거운 처벌을 피하게 됐다. 셀레스 측이 항의했지만 소용없었다. 2년여 동안 테니스 코트에 입장을 불허하는 정도로 처벌이 마무리됐다. 이는 셀레스의 정신적 상처를 더욱 깊게 만든 요인이 됐고 이 과정에서 아버지가 암에 걸려 세상을 떠나는 안타까운 비극이 더해졌다.

1993년에 벌어진 테니스 최악의 스캔들은 또 다른 사건의 모티브가 되기도 했다. 이듬해 전 세계를 충격과 전율로 몰아넣은 토냐 하딩 Tonya Harding 사건이다. 미국 피겨 스케이팅 선수 토냐 하딩이 괴한에게 사주해 자신의 라이벌인 낸시 캐리건 Nancy Kerrigan을 대회 도중 공격하게 했는데 이는 훗날 영화로 제작되기도 했다. 물론 이 사건은 토냐 하딩이라는 악한이 비겁한 방법으로 라이벌을 제거하려 한, 선과 악이 뚜렷이 갈리는 구도였으므로 셀레스 피습 사건과는 양상이 달랐다.

셀레스가 몸에 입은 상처는 사실 깊지 않았다. 칼이 살점에 박히기는 했지만 당시 진찰 소견으로 한두 달이면 회복될 수 있는 수준이었다. 하지만 셀레스가 코트로 돌아오기까지는 훨씬 더 많은 시간이 걸렸다. 심리적 후유증을 거쳐 1993년 4월 30일 사건이 벌어지고 28개

월이 지나서야 투어 무대에 복귀할 수 있었다. 하지만 다시 돌아온 셀레스는 예전의 모습이 아니었다.

## 복귀와 은퇴

셀레스가 2년 동안 투어 무대에 등장하지 않게 되면서 다시 그라프의 시대가 도래했다. 그라프는 셀레스가 빠진 1993년 프랑스 오픈에서 당연히 우승을 차지하고 이어진 윔블던과 US 오픈까지 싹쓸이했다. 이후 1999년 은퇴할 때까지 총 22회 메이저 대회 단식 타이틀을 손에 넣으며 역사상 가장 위대한 선수라는 찬사를 한 몸에 받았다.

스무 살이 채 되기 전 8개 메이저 대회 타이틀을 획득한 셀레스는 복귀해 은퇴할 때까지 우승 트로피 한 개를 추가하는 데 그쳤다. 1996년 호주 오픈이었다. 셀레스가 1990년부터 4년 남짓한 기간에 8개 메이저 대회에서 우승을 차지한 것을 감안하면 이런 결과는 참사에 가깝다. 실제로 많은 전문가가 1993년 셀레스가 괴한에게 피습당하지 않았다면 그라프나 나브라틸로바를 능가하는 성공을 거두었을 것이라고 입을 모은다.

그래도 셀레스가 여자 테니스에 남긴 유산은 1990년대 중반 이후 확고부동한 트렌드를 형성했다. 파워 테니스였다. 21세기 여자 테니스를 주름잡은 윌리엄스 자매와 샤라포바, 린지 데븐포트Lindsay Davenport와 킴 클레이스터르스Kim Clijsters 등은 셀레스를 롤 모델로 삼아 성장한 선수들이었다. 셀레스가 경기 내내 보여준 파이팅 넘치는 괴성과 포핸드와 백핸드를 가리지 않고 늘 힘이 실린 강타를 때리는 경기 전략은 후세 테니스의 새로운 이정표로 자리 잡았다.

셀레스와 그라프의 라이벌 구도는 그 후 어떻게 됐을까. 2년 만에 복귀한 셀레스는 애석하게도 예전처럼 그라프에 대한 절대 지배력을 발휘하지 못했다. 미디어의 지대한 관심 속에서 열린 1995년 US 오픈 결승전에서 둘의 대결은 그라프의 2-1 승리로 마무리됐다.

물론 그라프가 2년의 시간 동안 셀레스를 능가할 강력한 테니스를 장착했을 수도 있다. 하지만 그보다는 셀레스의 공백에 대한 진한 아쉬움이 남는 경기였다. 당시 경기를 지켜본 전문가들은 셀레스의 부활이 대단하기는 하지만 과거 압도적 일인자였던 시절의 모습은 많이 희석됐다고 봤다.

경기가 끝나고 두 선수가 승패에 상관없이 네트 앞에서 끌어안고 격려하는 훈훈한 모습은 최악의 스캔들로 생긴 상처를 치유하는 장면이기도 했다. 물론 셀레스의 입장에서 완전한 치유란 불가능했지만.


## 정신 건강에 대한 인식의 전환점

사건이 발생하고 30년이 지난 지금 셀레스 피습 사건은 육체보다 정신 건강 측면에 초점이 맞춰져야 마땅하다. 등에 박힌 칼자국과 달리 정신적 상처는 2년이 지나도 온전히 복구되지 않았다. 2008년 공식 은퇴 선언을 하는 날까지 셀레스는 결코 잔인한 4월의 상처를 극복할 수 없었다. 셀레스는 현역에서 은퇴하고 미국 ABC 방송과의 인터뷰에서 다음과 같이 말했다. 여기서 정신적 고통에서 벗어나 신체적 기능을 회복하는 것이 얼마나 어려운 일인지 알 수 있다.

"칼에 찔린 부상 자체는 몇 개월 지나 나을 수 있었습니다. 하지만 정신은 회복되지 않았어요. 나는 한밤중에 햄버거, 감자칩, 타코벨, 프리첼 등을 마구 먹기도 했어요. 현실을 마주하기 싫었던 것 같아요. 코트에 복귀한 뒤 몸무게가 눈에 띄게 늘었는데 미디어와 팬들이 이 점을 자주 지적해 더욱 어려움을 겪었습니다. 게다가 내가 다시 복귀한 1990년대 후반과 2000년대 초반 새로운 세대들이 뜨고 있었죠. 그들은 내가 속한 세대보다 훨씬 키가 크고 빠르고 힘이 좋았을 뿐 아니라 외모까지 아름다웠죠."

요즘엔 비단 테니스뿐 아니라 스포츠 전체에서 프로 선수들의 정신 건강이 강조되고 있다. 미국의 10대 체조 스타 시몬 바일스Simone Biles는 메달 획득에 대한 과도한 스트레스 때문에 2020년 도쿄올림픽 출전을 포기했고, 일본이 낳은 세계적인 테니스 스타 나오미 오사카Naomi Osaka는 정신적 스트레스를 이유로 경기 뒤 공식 기자회견을 거부해 파문을 낳기도 했다. 오사카가 주장한 핵심은 '선수들의 정신 건강을 보호하자'였다.

피습 사건 이후 셀레스는 한동안 정신적 방황을 겪으며 불행한 삶을 이어갔다. 그러던 중 테니스가 아니라 다른 쪽에서 삶의 의미를 찾기 시작했다. 코트 밖에서 다양한 사회적 활동을 꾸리면서 지난날 불행을 잊고 행복 찾기에 나섰다. 미국 TV 프로그램 '댄싱 위드 더 스타'에 출연해 열정을 불태웠고 전 세계 주니어 선수들을 직접 찾아가 테니스를 가르치며 보람을 되찾았다.

2009년 셀레스가 테니스 명예의 전당에 헌액될 때 그녀는 자신의 등 뒤에 새겨진 상처를 마침내 극복한 듯 보였다. 만면에 웃음을 띤 채 지나간 테니스 인생 항로를 돌아보면서 후회 없고 행복한 시절이었다고 말했다. 무엇보다 라켓을 여섯 살 처음 잡았을 때부터 '재미'를 위해서였는데 그 재미를 마지막 순간까지 느낄 수 있어 좋았다며 연설을 마쳤다.

셀레스 피습 사건 이후 테니스 경기장의 보안은 한층 강화됐다. 오늘날 코트 한편에서 선수 뒤에 서 있는 안전 보안 요원들을 발견할 수 있다. 보안 요원 한 명은 코트를 바라보며 침입에 대비하고 동시에 다른 한 명은 선수 뒤에 서서 관중석을 바라보고 있다. 여기에 두서 명이 추가 배치되어 구석에서 만약의 사태에 대비하고 있다. 여자 테니스가 낳은 최고의 천재이자 불운의 아이콘, 셀레스가 테니스에 남긴 또 하나의 유산이다.

# 12
# 아이 러브 테니스

천신만고 끝에 16강 탈락 위기에서 벗어난 디펜딩 챔피언은 헐떡이는 숨을 부여잡은 채 땅바닥에 뭔가를 그렸다. 코트의 서비스라인과 베이스라인 사이에 걸친 커다란 그림은 다름 아닌 하트 모양이었다. 경기 내내 뜨거운 응원을 보내며 힘을 불어넣은 관중들에게 보내는 사랑의 표시였다. 테니스의 불모지 브라질이 낳은 불세출의 스타 구스타부 키르텡은 그렇게 승리 세리머니의 새로운 장을 열며 프랑스 오픈의 전설 가운데 한 명이 됐다.

### 나달 다음가는 프랑스 오픈의 '셀럽'

프랑스 오픈은 4대 메이저 가운데 유일하게 흙바닥, 클레이 코트에서 열리는 대회다. 요즘이야 라파엘 나달이라는 클레이의 절대 고수가 있어 프랑스 오픈의 우승 후보가 뚜렷이 정립되는 편이지만 과거에는 그렇지 않았다. 누가 우승할지 예측하기 힘든 종잡을 수 없는 대회에 가까웠다. 그 시대 대부분 실력자들은 잔디와 하드 코트에 최적화된 스타일(서브와 발리, 강력한 포핸드 공격)로 경기했기에 클레이 코트가 낯설 수밖에 없었다.

1970년대부터 시대를 주름잡은 강자들의 면면을 살펴보면 로드 레이버, 지미 코너스, 비에른 보리, 존 매켄로, 보리스 베커, 피트 샘프러스가 쉽게 떠오른다. 이들 가운데 레이버와 보리 정도를 빼놓고는 프랑스 오픈에서 성적을 내기가 쉽지 않았다. 클레이 가운데서도 특히 공의 속도가 느리고 바운스가 높은 프랑스 오픈 앙투카 코트에만 서면 이들 강자들은 고개를 숙였다.

그런데 1997년 프랑스 오픈에 지구 반대편 남반구 나라에서 온 정체불명의 청년이 나타났다. 라켓을 휘두르기도 힘들어 보이는 191센티미터의 깡마른 체구에 '아줌마 파마'를 한 듯한 독특한 헤어스타일. 세계 랭킹 66위에 불과했던 키르텡은 당시 클레이의 최강자로 불리던 토마스 무스터Thomas Muster(오스트리아)를 3회전에서 물리치는 깜짝쇼를 펼치더니 결승까지 파죽지세로 올라가 단숨에 우승을 차지했다. 프랑스 오픈 역사상 가장 낮은 순위의 선수가 남자 단식 정상에 오른 일대 사건이었다. 1970년대 아르헨티나 출신의 기예르모 빌라스Guillemo Vilas 이후 처음으로 남미 대륙의 선수가 메이저 대회 챔피언에 오른 위업이었다.

구스타부 키르텡은 테니스의 불모지라
할 수 있는 브라질 출신, 하지만 프랑스
오픈에서 3차례 우승을 차지한 클레이
코트의 강자였다.
**사진 프랑스 오픈 유튜브 영상**

키르텡의 테니스는 그로부터 3년이 지난 2000년 프랑스 오픈에서
다시 우승하며 정점을 찍고 있었다. 키르텡은 테니스 역사에서도 손
꼽히는 원 핸드 백핸드의 강자였다. 라켓 그립을 극단적으로 왼쪽으
로 돌려 잡는 웨스턴 그립을 바탕으로 테니스공의 밑면을 아래에서
위로 커다란 궤적을 그리며 때리는 백핸드였다. 이는 엄청난 회전이
가미된 톱스핀을 양산해냈는데 특히 클레이 코트와 찰떡궁합을 자랑
했다. 아마도 키르텡은 포핸드보다 백핸드가 더 강하고 공격적인 몇
안 되는 선수 중 하나일 것이다. 또 그는 프로테니스 사상 최초로 폴
리에스테르 재질의 줄을 라켓에 사용해 속도와 회전을 동시에 잡아
냈다. 당시엔 혁명적인 기술 발전의 단초였다.

이전에 찾아볼 수 없는 스타일로 키르텡은 2000년 11월 포르투갈
리스본에서 열린 왕중왕전에서 1990년대를 주름잡은 샘프러스와 앤
드리 애거시를 연속으로 물리치는 괴력을 발휘해 우승하며 그해를

세계 랭킹 1위로 마무리했다. 2001년 5월 프랑스 오픈에 참가한 그는 디펜딩 챔피언이자 가장 강력한 우승 후보였다.

경기 전만 해도 키르텡과 16강에서 맞붙게 된 미국의 무명 선수 마이클 러셀Michael Russell이 대회 역사에 남을 만한 명승부를 만들리라고는 아무도 짐작하지 못했다. 키 173센티미터의 러셀은 프로 선수 가운데 가장 작은 축에 속했고 세계 랭킹은 122위에 불과했다. 하지만 예선을 치르고 본선에 이름을 올린 러셀은 생애 최고의 테니스를 펼치며 처음이자 마지막으로 메이저 대회 16강에 진출하는 불꽃같은 기세를 자랑했다. 마치 4년 전 키르텡이 그랬던 것처럼 그 역시 프랑스 오픈 신데렐라 스토리의 주인공이 될 준비를 마쳤다.

### The Game

뚜껑을 열고 보니 러셀의 기세가 생각보다 만만치 않았다. 키르텡의 장기인 백핸드 대각선 공격을 끄떡없이 맞받아칠 뿐 아니라 먼저 방향을 바꾸며 공격의 주도권을 잡아나갔다. 작은 키가 약점이지만 그만큼 빠른 발을 자랑했다. 키르텡이 강력한 톱스핀을 걸어 코트 밖으로 휘어져 나가는 강타를 날렸지만 그때마다 러셀은 비교적 짧은 다리를 양쪽으로 죽 찢어가며 역공을 펼쳤다. 작은 고추가 맵다는 말처럼 러셀은 1세트부터 키르텡의 파상 공세를 꿋꿋이 견뎌냈다.

순식간에 키르텡의 서브권을 두 차례나 빼앗아 게임 스코어를 4-1까지 벌렸다. 관중들은 웅성거렸다. 몇몇 올드 팬들은 1989년판

마이클 러셀이 2011년 프랑스 오픈 남자 단식에서 강력한 포핸드 공격을 준비하고 있다.
**사진** Yann Caradec

다윗과 골리앗의 싸움인 이반 렌들과 마이클 창의 대결을 떠올렸다. 173센티미터의 작은 거인이 자신보다 20센티미터나 더 큰 챔피언을 사정없이 몰아붙이는 파이팅 넘치는 플레이에 뜨거운 박수를 보냈다.

　1세트의 마지막 포인트가 압권이었다. 5-3으로 앞서 있던 러셀이 키르텡이 시도한 회심의 발리를 악착같이 쫓아가 막아낸 뒤, 이어진 공에서 깨끗한 백핸드 다운 더 라인으로 세트 포인트를 가져왔다. 2세트에서도 같은 패턴이 반복됐다. 키르텡은 라켓을 휘두를 때마다 아랫배에서 올라오는 괴성을 내지르며 혼신의 힘을 다해 강타를 날렸지만 날다람쥐같이 빠른 러셀의 철벽 수비를 뚫을 수 없었다. 좌우 코너를 찌르는 키르텡의 공격을 경이적인 수비로 다 막아낸 러셀은 결국 2세트 역시 1세트 때와 마찬가지로 호쾌한 백핸드 다운 더 라인 득점으로 마무리했다. 세트 스코어 2-0. 디펜딩 챔피언의 16강 탈락을 알리는 암운이 드리워졌다.

챔피언은 심기일전했지만 흐름을 쉽게 바꿀 수 없었다. 앞선 상태에서 긴장감까지 사라진 러셀의 테니스는 더욱 무서워졌다. 역회전을 걸어 짧게 네트 앞으로 떨어뜨리는 드롭샷으로 키르텡을 유인해 가까스로 받아내게 만든 뒤, 러셀은 상대를 농락하듯 하늘 위로 높이 로브샷을 올려 3세트 첫 브레이크 포인트를 잡아냈다. 이미 키르텡의 심사는 틀어질 대로 틀어져 있었다. 잡고 있던 라켓을 바닥에 내동댕이치며 분을 삭이지 못했다. 항복의 표시였을까, 아니면 반전의 다짐이었을까.

키르텡은 결국 벼랑 끝까지 내몰렸다. 3세트 5-3으로 앞선 러셀은 마침내 매치포인트에 도달했다. 자신의 서브권이었다. 한 포인트만 보태면 디펜딩 챔피언을 탈락시키고 생애 처음으로 메이저 대회 8강에 오를 수 있었다. 하지만 절체절명의 순간 키르텡은 챔피언다운 모습을 회복했다. 무려 26회 이어진 기나긴 랠리에서 키르텡은 침착함과 집중력을 잃지 않고 득점에 성공해 첫 번째 매치포인트를 지워냈다. 이 포인트가 마지막이라는 생각보다는, 뒤에 어떤 일이 펼쳐질지 모르지만 이것만은 꼭 지켜내겠다는 결기가 엿보였다.

이때부터 승부의 방향이 크게 바뀌었다. 기사회생이었다. 러셀의 서브권을 가져온 키르텡은 요단강을 건넜다 살아 돌아온 사자死者처럼 거칠 것이 없었다. 이전 세트에 러셀에게 당한 걸 한풀이라도 하듯 연거푸 백핸드 다운 더 라인을 작렬하며 점수를 차곡차곡 쌓아갔다. 3세트를 타이브레이크까지 몰아간 끝에 7-3으로 마감한 다음부터는 경기가 일방통행에 가까웠다.

3세트에서 챔피언을 매치포인트까지 몰아붙였던 러셀은 마침표를 찍는 데 실패하면서 역으로 초조함에 몰렸다. 초반 키르텡의 공격을 받아내기 위해 오버 페이스를 펼쳤던 빠른 발에도 결국 균열이 생겼다. 키르텡은 마음껏 러셀을 공략한 끝에 4세트와 5세트까지 가져오며 결국 3-2(3-6, 4-6, 7-6, 6-3, 6-1) 역전 드라마를 완성했다.


## 승리보다 위대한 셀러브레이션

이 경기의 진짜 하이라이트는 마지막 순간에 숨겨져 있었다. 천신만고 끝에 역전승을 거둔 키르텡은 갑자기 라켓을 들고 코트 한가운데에 들어가더니 흙바닥 위에 라켓으로 금을 긋기 시작했다. 양쪽으로 커다란 포물선이 완성되어가자 관중석에서 갑자기 뜨거운 환호와 박수갈채가 쏟아졌다. 흙바닥에 거대한 하트 모양이 나타났다. 키르텡은 곧바로 무릎을 꿇고 손키스를 보내며 팬들의 환호에 답례했다.

코트에서 처음 보는 생경한 광경이었다. 자유분방한 성격의 터프가 이 키르텡이 아니면 생각해낼 수 없는 기발한 발상이기도 했다. 또 프랑스 오픈 같은 클레이 코트에서만 가능한 승리 세리머니였다. 그런데 키르텡이 고안한 이 창의적인 세리머니는 한 번에 그치지 않았다.

일주일 뒤 결승전에서 스페인의 알렉스 코레자Alex Corretja를 물리치고 대회 2연패이자 통산 3번째 프랑스 오픈 우승을 확정한 뒤 키르텡은 다시 라켓을 들고 코트 바닥에 관중에 대한 사랑을 표시했다. 완성

키르텡이 2001년 프랑스 오픈에서 우승한 뒤 코트 바닥에 거대한 하트 모양을 그린 뒤 바닥에 드러누워 승리를 만끽하고 있다. **사진 프랑스 오픈 유튜브 영상**

도도 높아졌다. 거대한 하트를 라켓으로 그린 뒤 자신이 가장 아끼고 사랑하는 프랑스 오픈의 붉은색 흙바닥에 대자로 누워버린 것이다.

키르텡의 '러브 세리머니'를 보고 있노라면 테니스의 기원에 대한 생각으로 이어진다. 사실 테니스는 사랑이 출발점이다. 테니스는 '러브'부터 외치며 시작하지 않는가. 테니스에 막 입문한 이들이 빼놓지 않고 던지는 질문이 한 가지 있다. "왜 테니스는 0을 제로라고 하지 않고 러브라고 부르나요?"

숫자 0을 러브라고 읽는 테니스만의 수수께끼를 풀다 보면 이 종목의 기원과 역사를 이해할 수 있다. '러브(Love)'라는 말은 달걀을 뜻하는 프랑스어 '뢰프(L'œuf)'에서 비롯되었다는 것이 정설이다. 0의 형태가 달걀 모양과 닮아 먼 옛날 테니스를 즐긴 프랑스 귀족들이 붙인 용어라는 설명이다.

이런 설명에 고개가 끄덕여진다면 괴이하기 짝이 없는 테니스의 스코어 표기도 납득할 수 있다. 먼저 한 포인트를 얻으면 피프틴(15), 두 포인트를 획득하면 서티(30), 3번째 득점에 도달하게 되면 포티(40)라고 한다. 그리고 4번째 득점에 성공하면 게임의 승자가 된다. 왜 이렇게 15점 혹은 10점씩 더하게 됐을까. 이에 대한 테니스 역사학자들의 설명 역시 어딘지 과학적이면서 원시적이다. 해시계의 원리를 따랐다는 것인데 과거 분침으로 돌아가는 시계가 없었던 시절 태양의 고도에 따른 막대 그림자의 변화로 시간을 측정하던 중세 이전의 방식이다. 즉 1시간인 60분을 4개 쿼터로 나눠 첫 번째 쿼터에 도달하는 시간이 15분이라면 두 번째 쿼터는 30분, 그리고 45분에 이어 4번째 쿼터에서 한 바퀴를 돌아 완결된다는 설명이다.

러브를 가슴속에 간직한 키르텡의 유산은 20년이 지난 현재까지 이어지고 있다. 2016년 노박 조코비치가 프랑스 오픈 결승전에서 앤디 머리를 물리치고 마침내 4대 메이저 대회를 모두 정복하는 커리어 그랜드슬램을 달성했을 때 그 역시 코트 바닥에 커다란 하트를 그리고 바닥에 벌러덩 드러누웠다. 키르텡을 향한 오마주였다. 물론 팬들에게 사랑을 고백함과 동시에 자신도 키르텡처럼 프랑스 오픈의 아이콘으로 사랑받고 싶다는 뜻이기도 했다.

사실 키르텡은 기나긴 프랑스 오픈 역사에서 그렇게까지 압도적인 선수는 아니었다. 남자 단식 우승 횟수는 나달(14회)과 비에른 보리(6회)에 훨씬 미치지 못한다. 3차례 우승한 이반 렌들과 마츠 빌란데르Mats Wilander 정도와 동일 선상에서 비교될 수 있다. 실제로 그가 프랑스 오픈에서 8강 이상의 호성적을 거둔 건 우승을 차지한 1997년과 2000년, 2001년 3차례뿐이다. 그런데도 키르텐은 나달이 등장하기 전까지 프랑스 오픈의 아이콘 같은 존재로 대접받아왔다.

키르텐은 고관절 부상 등의 여파로 2004년 이후 급격한 내리막길을 걷기 시작했다. 투어 출전 자체가 불가능할 정도였다. 결국 2008년 자신의 현역 마지막 경기를 '선택'해야 했다. 프랑스 오픈 주최 측이 단식 1회전 출전을 배려한 덕분이다. 어느덧 그의 랭킹은 대회 예선조차 뛸 수 없는 1141위까지 떨어져 있었지만 파리의 붉은 흙은 그와의 마지막 작별 인사를 간절히 원하고 있었다.

프랑스 오픈의 메인 코트인 필리프 샤트리에서 펼쳐진 키르텐의 은퇴 경기에는 1만 5천 명의 관중이 꽉 들어찼다. 키르텐은 마지막 순간까지 팬서비스를 잊지 않았다. 1997년 프랑스 오픈 첫 우승의 영광을 안았을 당시의 행운의 유니폼을 그대로 입고 등장한 것이다. 관중들은 파도타기 응원까지 펼치며 그의 별명인 "구가Guga"를 외쳤고 그가 환상적인 백핸드 샷을 간간이 보여줄 때마다 환호성을 내질렀다. 비록 폴앙리 마티외Paul-Henri Mathieu에게 0-3 완패를 당하기는 했지만 그날의 주인공은 승자가 아니라 패자였음은 두말할 나위도 없다.

키르텐은 자신이 가장 사랑한 프랑스 오픈의 앙투카 코트에서 뜨거운 눈물을 쏟으며 그 어떤 레전드보다 화려하고 감동적인 은퇴 경기로 13년 현역 생활에 마침표를 찍었다. 키르텐과 프랑스 오픈의 러브 스토리는 그보다 더 좋을 수 없는 해피 엔딩으로 끝났다.

# 13
# 2등을 기억하는 세상

인생을 살다 보면 영화보다 더 영화 같은, 동화보다 더 동화 같은 감동 스토리를 접하게 된다. 체코슬로바키아 출신 야나 노보트나의 인생 이야기를 들여다보면 누구라도 스포츠가 주는 벅찬 감동에 젖게 된다. 처음에는 좌절과 슬픔으로 시작된다. 가슴이 따뜻해지는 위로가 치유해주는 듯했지만 다시 아픈 실패에 무릎을 꿇는다. '3번째에 행운이 온다(third time lucky)'는 표현이 거짓말처럼 실현돼 해피엔딩으로 끝날 것 같던 그녀의 스토리는 끝내 비극적 죽음으로 엔딩 크레딧을 올리고 만다. 테니스 역사상 가장 뭉클한 경기, 1993년 노보트나와 슈테피 그라프의 윔블던 결승전이다.

## 전설들의 틈바구니에서

여자 테니스 역사를 빛낸 전설은 아니지만 노보트나는 1980년대 후반에 등장해 10년 동안 단식과 복식에서 뛰어난 성적을 거둔 선수 가운데 하나다. 단식과 복식을 합해 100개가 넘는 타이틀을 소유한 그녀는 초창기에 복식 전문 선수로 명성을 떨쳤다. 단식에 눈을 뜬 건 1990년대 초반이었다. 여자 선수로는 드물게 서브 앤 발리를 구사하는 유형이었기에 마르티나 나브라틸로바와 마찬가지로 윔블던 잔디를 좋아했다. 물론 철녀 나브라틸로바처럼 힘의 테니스를 구사하는 것과는 거리가 멀고 감각적인 슬라이스 샷 등으로 상대를 괴롭히는 유형의 선수에 가까웠다.

1993년 노보트나는 전성기를 맞았다. 윔블던 결승에 오르는 과정에서 엄청난 적수들을 차례로 꺾었다. 아르헨티나 출신으로 1988년 서울 올림픽 결승전에서 그라프와 격돌한 가브리엘라 사바티니Gabriela Sabatini를 8강에서, 자신의 우상이자 선배 나브라틸로바를 4강에서 물리치고 결승에 진출했다. 생애 첫 메이저 대회 단식 타이틀을 따기까지 남은 경기는 단 하나. 마지막 관문에 그라프가 버티고 있었다.

당시 24세의 그라프는 이미 테니스 여제였다. 앞선 세대인 나브라틸로바의 전설을 하나씩 깨나가고 있었다. 특히 윔블던에서는 1988년부터 1992년까지 5번 출전해 4차례 우승을 차지한 절대 강자였다. 1990년 준결승전에서 지나 개리슨Jina Garrison에게 불의의 일격을 당해 우승을 놓쳤지만 윔블던 잔디와 그녀 특유의 춤추는 듯한 빠른 풋워크는 궁합이 너무도 잘 맞았다.

1993년 그라프는 예상대로 승승장구하며 결승에 올라 3연패이자 통산 5차례 우승을 눈앞에 두고 있었다. 게다가 난적인 나브라틸로바가 노보트나라는 복병을 만나 떨어졌으니 우승은 떼어 놓은 당상처럼 보였다.

다만 이 시기 그라프의 테니스는 서서히 무적의 기미가 상쇄되는 조짐을 보이고 있었다. 무엇보다 그라프에게 실질적인 위협을 가하는 젊은 경쟁자가 등장했다. 그녀의 이름은 모니카 셀레스였다. 왼손잡이에 보기 드문 파워 스트로크를 구사해 그라프를 큰 무대에서 종종 물리치곤 했다. 특히 프랑스 오픈에서 그라프의 발목을 잡았다. 무적의 선수가 한번 약한 모습을 보이게 되는 순간이 바로 내리막의 시작 아닌가. 셀레스의 등장과 더불어 지난 오륙 년간 절대 왕조를 형성한 그라프의 시대는 분명 위기를 맞고 있었다.

그런데 1993년 4월 셀레스가 대회 중에 괴한의 습격을 받으면서 상황이 달라졌다. 그해 윔블던 결승전에서 그라프의 우승을 의심하는 이는 거의 없었다. 상대는 까다로운 서브 앤 발리 스타일이지만 같은 유형의 나브라틸로바보다는 명백히 등급이 한 단계 낮았다. 윔블던 센터 코트에 들어선 관중들은 당연히 여제가 치르는 또 한 번의 대관식을 보고 싶었을 것이다. 하지만 그들의 눈앞에 펼쳐진 결승전은 전혀 다른 스토리가 기다리고 있었다.

## The Game

언더독인 노보트나가 그라프에 맞서 싸우는 방법은 하나뿐이었다. 가급적 자주 네트 앞으로 나가 발리로 해결하는 것. 1세트부터 노보트나의 뚜렷한 전략은 효과를 보는 듯했다. 좀처럼 그라프가 자신의 장기인 포핸드를 앞세워 공격을 이끌지 못했다. 노보트나의 작전이 그라프의 장기를 봉쇄하는 형국이었다. 노보트나는 나브라틸로바가 즐겨 쓰는 공격 공식, 즉 슬라이스로 상대의 백핸드 쪽으로 깊게 공을 보내고 그 사이 천천히 가는 공의 시간차를 틈타 빠르게 네트 앞을 점령하는 방식으로 재미를 봤다.

그래서 1세트엔 예상 밖의 접전이 이뤄졌다. 두 배나 강한 서브와 포핸드를 갖고 있는 그라프였지만 노보트나의 영리한 작전, 자신의 약점인 그라운드 스트로크를 최대한 피하고 네트 앞에서 포인트를 마무리 지으려는 게임 플랜에 부딪쳐 팽팽한 승부가 이어졌다.

노보트나는 1세트에서 근사한 샷을 연발하며 센터 코트의 관중들 일부를 자신의 편으로 끌어들였다. 그라프가 높게 띄운 로빙 볼에 후진 스텝으로 빠르게 물러나 오버헤드로 받아내더니 곧바로 이어진 그라프의 포핸드 강타를 동물적인 반사 신경으로 받아쳐 득점했다. 3-5로 뒤진 상황에서 그라프의 서브를 브레이크한 결정적 포인트였다.

1세트는 타이브레이크 승부로 접어들었다. 노보트나는 절묘한 발리 기술로 계속 그라프의 맹공을 버텨내고 있었다. 6-5로 승기를 잡았지만 그라프의 강력한 서브 에이스에 밀려 6-6. 살 떨리는 마지막 순간에 도달했을 때 노보트나가 미세한 흔들림을 보였다. 1세트 내내 그렇게 그라프의 서브를 잘 받아냈건만 마지막 순간 어이없이 리턴 범실을 저질렀다. 세트 포인트에 몰린 노보트나는 용감히 서브를 넣고 돌진해 발리를 시도했지만 그라프의 백핸드 패싱샷을 놓치며 1세트를 내주고 말았다.

졌지만 놀랄 만한 선전이었다. 최고의 선수와 맞붙어 대등한 승부를 벌인 노보트나는 2세트에 들어 스윙에 더욱 자신감이 붙었다. 네트 앞으로 그라프를 끌어들인 뒤 감각적인 로빙 볼을 띄우는 식으로 약 올리듯 점수를 차곡차곡 쌓았다. 천하의 그라프도 흔들리는 기색이 역력했다. 순식간에 노보트나가 4-0으로 앞서나갔다. 긴장감을 떨쳐낸 노보트나는 거침없이 내달렸다. 2세트를 6-1로 마무리 지었을 때 관중석에선 침묵과 웅성거림이 뒤섞였다. 관중들도 이변을 예감하고 3세트에 대한 기대감을 높였다.

3세트에서도 노보트나의 기세는 이어지고 그라프의 부진은 계속됐다. 2세트와 마찬가지로 노보트나의 변칙 플레이에 해법을 못 찾은 그라프는 초반부터 서브를 내주며 끌려갔다. 그라프는 어이없이 더블폴트를 범하며 두 번째 서브 브레이크도 내줬다. 노보트나가 마지막 세트를 4-1로 앞서가게 됐다. 그녀가 자신의 서브권을 지킨다면 사실상 승부는 끝나는 셈이었다. 그 게임에서 노보트나는 30-0까지 밀어붙였다.

그런데 여기서 최악의 붕괴 사건이 벌어진다. 미스터리하게도 이때부터 노보트나는 급속도로 무너졌다. 40-30에서 노보트나의 세컨드서브가 아웃됐다. 서비스라인에서 2미터 넘게 벗어나버린 서브였다. 프로 선수 레벨에서 나올 수 없는 안타까운 장면이었다. 여기가 끝이 아니다. 바로 이어진 듀스에서 노보트나는 또 한 번 아마추어 동호인들도 하지 않을 끔찍한 발리 실수를 연발했다. 브레이크 포인트에서도 노보트나는 그라프가 힘겹게 올린 로빙 샷을 오버헤드 스매시로 처리하지 못하고 네트에 처박았다. 노보트나가 '멘붕'에 빠진 듯 보이면서 거의 승부를 포기하던 그라프는 역전의 기회를 잡았다.

이후부터는 노보트나에게 악몽 같은 시간이었다. 3세트 4-1, 30-0로 앞서던 노보트나는 거짓말처럼 내리 5게임을 내주고 4-6으로 패했다. 이 과정에서 노보트나는 큰 폭의 범실을 밥 먹 듯했고 네트 앞에서 그토록 민첩하고 과감했던 움직임은 신기루처럼 사라졌다. 노보트나의 윔블던은 그것으로 끝이 났다.

여기서 스토리가 끝나면 그라프의 2-1 극적인 승리가 이 승부의 주제가 됐을 것이다. 또 경험이 부족한 선수가 윔블던 결승전 우승 트로피를 목전에 두고 극도의 초조함과 긴장감을 이겨내지 못해 무너진 사례로도 볼 수 있다. 하지만 1993년 윔블던 여자 단식 결승의 백미는 승패가 결정된 뒤 시상식에서 벌어졌다.

메이저 대회 시상식에선 늘 준우승자를 먼저 호명한다. 주인공은 맨 마지막에 등장하는 법이니까. 다 이긴 경기를 놓쳐버린 노보트나의 이름이 먼저 불렸다. 무대 앞에는 늘 윔블던의 시상식을 해마다 책임진 켄트 공작부인 캐서린이 기다리고 있었다. 공작부인은 준우승 쟁반을 받으러 온 노보트나의 손을 다정히 잡았다. 그리고 이렇게 속

1993년 첫 번째 윔블던 결승 도전에서
아픔을 겪은 노보트나를 위로하는
켄트 공작부인.
**사진** 윔블던 유튜브 영상

삭였다.

"노보트나, 당신이 언젠가 꼭 우승할 거라고 믿습니다."

공작부인의 따뜻한 위로를 듣는 순간 노보트나는 가까스로 부여잡고 있던 감정의 끈을 놓고 말았다. 참고 있던 가슴속 서글픔을 담아 억울한 눈물을 쏟아냈다. 인자한 모습의 공작부인은 따뜻이 패자를 끌어안았다. 공작부인의 어깨에 기대어 흐느껴 우는 준우승자의 모습에 관중들은 뜨거운 박수갈채를 보냈다. 우승자인 그라프조차 패자의 아픔과 공작부인의 품격 높은 위로에 기꺼이 공감의 박수를 쳤다.

## 3번째에 오는 행운

노보트나의 윔블던 스토리 1부는 이렇게 마무리됐다. 공작부인의 예언은 한동안 이뤄지지 않았다. 하지만 노보트나는 윔블던의 문을 두드리는 걸 멈추지 않았고 4년 뒤 마침내 기회를 잡았다. 1997년 윔블던 결승전에 다시 올랐을 때 이번에는 그라프가 없었다. 결승전 상대는 그라프의 뒤를 이어 새로운 대세로 떠오르고 있던 10대 소녀, 마르티나 힝기스Martina Hingis였다.

어느덧 백전노장이 된 노보트나는 시작부터 힝기스를 몰아붙여 6-2로 1세트를 따냈다. 바야흐로 4년 만에 꿈이 이뤄지는 순간이 다가오고 있었다. 변함없이 윔블던 로열석에는 캐서린 부인이 자리를 지키고 앉아 4년 전 슬픔의 눈물을 자신의 어깨 위에 쏟아낸 선수를 응원하고 있었다.

하지만 윔블던의 여신은 이번에도 잔인한 선택을 내린다. 노보트나는 힝기스의 젊은 파워를 감당하지 못하고 끝내 세트 스코어 1-2(6-2, 3-6, 3-6)로 역전패를 당한다. 그래도 4년 전 첫 결승전에서 맛본 패배만큼 치명적이지는 않았다. 노보트나가 경기를 망쳤다기보다 힝기스의 기세가 워낙 강했다.

시상식은 이번에도 캐서린 공작부인의 몫이었다. 노보트나는 이번에는 울지 않았다. 담담한 표정으로 공작부인으로부터 준우승 쟁반을 받아 들었다. 캐서린 부인은 또다시 노보트나의 귀에 의미심장한 한마디를 남겼다. "나는 3번째에 행운이 올 거라고 믿습니다."

1998년 윔블던에서 노보트나는 마지막으로 결승전에 올랐다. 이

마침내 삼세번 도전 끝에 윔블던 정상에 선 노보트나에게
켄트 공작부인이 웃음을 띤 얼굴로 축하하고 있다. **사진 윔블던 유튜브 영상**

번에는 그라프도 힝기스도 없었다. 나탈리 토지아<sub>Nathalie Tauziat</sub>라는
프랑스 출신의 무명 선수가 돌풍을 일으키며 결승까지 진출했다. 노
보트나는 삼세번의 기회를 놓치지 않았다. 2-0(6-4, 7-6)으로 승리하
며 마침내 3번 도전 끝에 윔블던 정상의 꿈을 이뤘다. 역시 관중석에
서 선글라스를 낀 채 노보트나의 감동적인 우승을 지켜보고 있던 공
작부인은 흐뭇한 미소를 지었다.

시상식에서 둘은 반갑게 두 손을 맞잡았다. 공작부인은 이번에는
위로 대신 아낌없는 축하 인사를 건넸다. 2전 3기 끝에 우승의 감격
을 맛본 노보트나는 우승 트로피를 번쩍 들고 벅찬 환희의 미소를 지
어 보였다.

2018년 윔블던 조직위원회는 노보트나와 공작부인의 감동적인 사

II 역사

연을 2분 30초짜리 짧은 영상에 담아 다시 공개했다. 윔블던 역사상 가장 따뜻하고 감동적인 우승 스토리를 접한 팬들은 그러나 가슴 한편에 먹먹함을 안고 그 영상을 곱씹어야 했다. 1년 전인 2017년 노보트나가 암으로 49세의 아까운 나이에 세상을 떠났기 때문이다. 노보트나는 암 투병 사실을 대중에게 공개하지 않고 조용히 가족들이 지켜보는 가운데 숨을 거뒀다. 윔블던 잔디에 설 때마다 지켜보는 이들을 감동시킨 그녀다운 마지막이었다.

## 이인자를 위한 무대

테니스에는 '이인자 스피치(loser's speech)'라는 독특한 전통이 있다. 메이저 대회이든 작은 규모의 오픈 대회이든 준우승자에게 먼저 시상하고 장내 마이크를 건네 한마디 할 기회를 부여한다. 이 과정에서 준우승자는 패배의 아픔을 온 관중이 지켜보는 가운데 감내하고 받아들여야 한다.

노보트나의 윔블던 스토리는 1993년 비운의 준우승 뒤에 이뤄진 이인자 시상식에서 비롯된 것이었다. 승자 그라프보다 더 많은 시선을 사로잡은 신 스틸러였다.

노보트나는 장내 마이크를 잡고 이인자 스피치를 하기 전부터 감정을 주체하지 못하고 무너진 경우였다. 하지만 진짜 가혹한 순서는 마이크를 잡았을 때다. 속으로 별의별 생각이 다 들 것이다. 아까 왜 그랬을까, 다른 샷을 쳤으면 지금 이 자리에 서 있지 않을 텐데. 그래도 프로테니스 선수라면 감내해야 하는 고통이고 통과의례다.

여기서 잠깐 로저 페더러의 유명한 일화를 소개한다. 2009년 호주 오픈 결승전에서 페더러는 이 가혹한 전통의 희생양이 됐다. 당시 페더러는 라파엘 나달과 5세트 접전을 벌인 끝에 아쉽게 2-3(5-7, 6-3, 6-7, 6-3, 2-6)으로 석패했는데 그로서는 받아들이기 힘든 결과였다. 준우승 트로피를 받고 난 뒤 마이크를 잡은 페더러는 한동안 말을 잇지 못했다. 이미 감정이 복받쳐 오른 상태였다. 그때 관중 한 명이 페더러의 가슴에 불을 지른다. "페더러, 우리는 당신을 사랑합니다!"

페더러는 더는 마이크를 잡지 못하고 고개를 푹 숙인 채 흐느꼈다. 2003년 이후 무려 6년간 세계 테니스계를 주름잡은 절대 권력이 완전히 무너지는 순간이었다. 경기장은 숙연해졌다. 승자 나달 역시 승리를 표현하기는커녕 페더러의 아픔에 공감했는지 표정이 이루 말할 수 없이 어두워졌다. 3분가량 이어진 페더러의 눈물에 대회 조직위원회도 당황할 수밖에 없었다.

결국 페더러가 힘을 냈다. 다시 마이크를 잡고 "패자인 내가 더는 시상식을 망칠 수 없습니다. 나달은 정말 대단했고 챔피언이 될 자격이 충분했습니다"라고 힘겹게 소감을 밝힌 뒤 단상에서 내려왔다. 여기서 승자 나달이 마이크를 잡기 전 페더러에게 다가가 어깨동무를 하며 위로하는 모습은 '매너가 사람을 만든다'라는 영화 대사처럼, 테니스가 얼마나 신사적인 스포츠인지를 실감케 만든 명장면이기도 하다. 지금도 2009년 호주 오픈은 나달의 첫 번째 하드 코트 메이저 대회 우승이라는 기록보다 황제 페더러의 눈물로 기억된다.

관중들이 짓궂게 이인자를 울린 경우는 또 있다. 이번에는 노박 조코비치 차례였다. 조코비치는 2015년 프랑스 오픈 결승전에서 스탄 바브링카Stan Wawrinka에게 1-3 패배를 당해 준우승에 그쳤다. 2012년부터 4년 연속으로 숙원인 커리어 그랜드슬램 달성을 위해 애썼지만 번번이 문턱에서 좌절한 조코비치였다. 관중들은 그런 안타까움을 잘 알고 커다란 공감대를 이뤘다. 조코비치가 시상식에서 이인자 스피치를 막 시작하려는 순간 관중들은 약속이나 한 듯 기립 박수를 치며 "조코비치"를 연호했다. 끝날 줄 모르는 박수 세례는 사이보그처럼 냉철한 조코비치의 마음조차 뒤흔들었다.

뜨거운 눈물이 쏟아졌다. 그러고 나서 2분여간 더 기립 박수는 이어졌다. 조코비치는 눈물을 글썽이며 힘겹게 말했다. 내년에 꼭 이 자리에 다시 서겠다고. 결국 그의 눈물 섞인 다짐은 1년 뒤 결실을 맺었다.

프로테니스는 더없이 외로운 스포츠다. 다른 종목과 달리 코치의 도움을 받을 수 없고 작전 타임도 존재하지 않는다. 철저히 혼자 해결해야 한다. 승리의 기쁨도 패배의 아픔도 오롯이 자기 혼자의 몫이 된다. 하지만 테니스 코트는 따뜻한 공간이기도 하다. 승자 못지않게 패자도 함께 위로받는 아름다운 세상이 펼쳐진다. 스웨덴의 팝그룹 아바의 노래 제목처럼 '승자가 다 가지는' 일은 없다. 세상은 1등만을 기억한다고? 천만에, 테니스는 2등을 기억하는 세상이다.

# 14
# 나비처럼 날아 벌처럼 쏘다

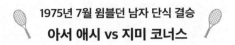

**1975년 7월 윔블던 남자 단식 결승**
## 아서 애시 vs 지미 코너스

8회까지 그저 로프에 기대 서 있을 뿐이다. 전의를 상실한 것처럼 보인다. 그런데 눈빛은 살아 있다. 툭툭 무성의하게 건네는 잽에 은근히 무게가 실려 있다. 딱 한 번 찾아온 상대의 허점을 그는 놓치지 않았다. 전광석화처럼 퍼붓는 펀치 세례. 코너에 몰려 있던 무하마드 알리는 순식간에 핵주먹 다섯 방을 작렬해 조지 포먼을 케이오로 이겼다. 1974년 10월 30일 콩고 킨샤샤에서 열린 세기의 대결에서 알리는 '살인 펀치' 포먼을 때려눕히고 승리를 거뒀다.

그로부터 1년 뒤 '테니스의 무하마드 알리'는 윔블던의 기적을 완성했다. 그가 바로 윔블던 최초의 흑인 챔피언, 아서 애시다.

## 테니스에서 가장 거대한 이름

아서 애시. 지구상에서 가장 큰 테니스 경기장의 이름이다. 1997년 뉴욕 플러싱 메도에 완성된 2만 명 규모의 이 경기장은 꼭대기에서 내려다보면 아찔할 정도로 높아 코트 위에서 경기하는 선수들이 흡사 개미들이 움직이는 것처럼 보인다. US 오픈 조직위원회는 4년 전인 1993년 불의의 사고로 사망한 미국 테니스의 전설 아서 애시를 기리기 위해 경기장에 그의 이름을 따 붙였다. 기라성 같은 전설들 가운데 왜 그를 선택했을까. 그것은 애시야말로 테니스의 무하마드 알리 같은 존재였기 때문이다.

키 1미터 85센티미터로 당시 기준에서는 장신이었던 애시는 피부색 때문에 더욱 주목을 받았다. 지금도 흑인 테니스 선수는 많지 않은 편이지만 1970년대는 더욱 심했다. 잠시 테니스 태동기로 돌아가 보자. 20세기 초 프랑스의 르네 라코스테Rene Lacoste라는 스타가 출현하기 전까지 선수들의 복장은 운동복이라기보다 사교계 파티 의상에 가까웠다. 남자 선수는 반바지 차림이 허용되지 않았고 여자는 발목까지 내려오는 길고 단정한 치마를 입고 땀을 흘려야 했다. 그처럼 테니스는 인종 차별 시대에 흑인들이 접근할 수 있는 스포츠가 아니었다. 게다가 1968년 마틴 루서 킹 목사가 피살되는 등 당시 미국 사회는 흑인에 대한 차별이 만연해 있었다. 애시와 같은 흑인 테니스 스타의 탄생은 기적에 가까운 일이었다.

애시의 테니스 인생도 순탄치 않았다. 그는 1968년 오픈 시대 첫 US 오픈 챔피언에 오르고 2년 뒤 호주 오픈 정상에 오르면서 이미 로

US 오픈의 메인 경기장인 아서 애시 스타디움은 지구상에서 가장 큰 테니스장이다.
2021년 US 오픈이 열렸을 당시의 아서 애시 스타디움 전경. 사진 Beyond My Ken

드 레이버와 켄 로즈월, 로이 에머슨 등과 더불어 최정상을 다투는 실력자로 통했다. 하지만 애시는 편견의 희생자였다. 남아프리카공화국에서 주최하는 최고 등급의 투어 대회에 두 차례나 단지 흑인이라는 이유만으로 출전하지 못했다. 당시 남아프리카공화국은 인종 차별 정책인 아파르트헤이트가 기세등등할 때였다.

애시는 메이저 대회에서 꾸준히 성적을 내지 못하고 어느덧 삼십 줄을 넘어 1975년 여름 32세 생일을 목전에 두고 있었다. 그의 평생 숙원인 윔블던 트로피를 향해 집중에 집중을 거듭한 끝에 마침내 처음으로 결승전에 오를 수 있었다.

그런데 결승에서 맞닥뜨린 상대가 흡사 공포의 핵주먹 조지 포먼과 같은 존재였다. 미국 일리노이주 태생의 지미 코너스는 별명이 스트리트 파이터였다. 테니스를 칠 때 싸움닭처럼 사납기 그지없고 상대를 질리게 만드는 승부욕으로 악명 높았다. 하지만 기량만큼은 당대 으뜸이었다. 그것도 압도적이었다.

1974년 코너스는 프랑스 오픈을 제외한 나머지 메이저 대회를 모두 휩쓸며 세계 랭킹 1위에 올랐다. 사실 그랜드슬램에 가까운 위업이었다. 코너스가 월드팀테니스(WTT)라는 단체와 출전 계약을 맺었는데 이것이 당시 국제테니스연맹의 승인을 받지 못한 일이라는 이유로 프랑스 오픈 출전 금지라는 제재를 받았다. 당시 기세로 봤을 때 코너스가 프랑스 오픈에서 우승할 가능성은 충분했다는 것이 중론이다. 그해 93승 4패를 기록해 언론으로부터 '테니스의 헤비급 챔피언'이라는 찬사를 받았을 때 그의 나이는 불과 22세였다. 1970년대 중반은 기존의 최강자 그룹이었던 레이버와 로즈월 등 호주 출신 선수들이 미국으로 대권을 이양하는 시기였고 그 바통을 이어받은 첫 번째 선수가 바로 코너스였다.

1975년 윔블던 대회전을 앞둔 코너스와 애시의 맞대결은 여러모로 1년 전 킨샤샤의 기적으로 불린 포먼과 알리의 대결을 떠올리게 했다. 최전성기에 이른 백인 코너스와 내리막길에 접어든 32세 흑인 애시의 대결. 모두가 애시의 도전을 계란으로 바위 치기로 여겼다. 그러나 알리가 모든 이의 예상을 뒤집었던 것처럼 윔블던 센터 코트에서도 대반전의 기운이 감돌고 있었다.

**The Game**

1세트가 시작된 지 얼마 되지 않아 윔블던 센터 코트에 모여든 관중들은 충격과 놀라움에 휩싸였다. 애시가 코너스를 거세게 밀어붙이며 순식간에 5-1까지 앞선 것이다. 더욱 관중들을 경악하게 만든 건 애시가 코너스를 다루는 방식이었다. 애시는 일부러 온몸의 힘을 빼고 치는 것처럼 보였다. 때릴 테면 때려보라는 듯 힘을 들이지 않고 가볍게 툭툭 라켓으로 공을 건네줄 뿐이었다. 특히 애시는 포핸드와 백핸드 양쪽 모두 강타가 아니라 슬라이스로 넘겼는데 그때마다 코너스는 이상하게 범실을 저지르며 자멸했다.

또 한 가지, 관중들의 눈길을 사로잡은 건 애시의 로빙 볼이었다. 하늘 위로 5미터 이상 공을 올려 코너스로부터 숱한 오버헤드 스매시 범실을 이끌어냈다. 이를테면 이런 방식이었다. 코너스가 날카로운 서브를 넣으면 애시는 큰 힘을 들이지 않고 백핸드 슬라이스로 깎아 넘긴다. 깊숙하지 않지만 상대 서비스라인 근처에, 짧지만 역회전을 실은 바운드가 아주 낮게 들어갔다. 코너스는 서둘러 앞으로 나와 이 공을 받아야 하는데 이미 세게 칠 타이밍을 놓쳐, 포핸드 슬라이스로 가볍게 깎아 치고 네트 앞으로 나가는 어프로치샷으로 애시를 압박했다. 하지만 애시는 이미 작전을 간파한 듯했다. 네트 앞으로 뛰어나온 코너스를 비웃기라도 하듯 보기 좋게 로빙 볼을 띄워 다시 상대를 베이스라인 뒤로 후퇴하게 만들었다. 코너스가 황급히 뒤로 돌아가 그라운드 스매시를 때리지만 이미 밸런스를 잃은 상태에서 친 샷이라 아웃되고 된다.

아서 애시는 1970년대 보기 드문 흑인 테니스 선수였는데 각종 편견과 차별을 이겨낸 스포츠 스타이기도 했다.
1975년 3월 로테르담 오픈에 출전한 애시의 모습. 사진 Rob Bogaerts

재미있는 건 애시가 탄탄한 체격 조건을 갖춘 강타자였다는 것이다. 큰 키에서 나오는 서브는 강력했고 포핸드와 백핸드 양쪽에서 힘의 스트로크를 치는 유형의 선수였다. 그런데 애시는 자신보다 힘 센 코너스를 상대하면서 힘으로 맞서는 전법을 포기했다. 심지어 애시는 1세트 초반 포핸드 위너를 칠 찬스에서 이를 과감히 포기하고 동호인들이나 할 법한 문볼moonball(공이 높은 포물선을 그리도록 상대 코트 깊숙이 던져놓는 것)을 시도하기도 했다.

애시의 작전은 명료했다. 자신의 강점을 포기하는 대신 상대로 하여금 싫어하는 볼을 치게 만드는 것이었다. 투 핸드 백핸드 스트로크에 능한 코너스를 베이스라인에서 힘으로 제압하기는 불가능했던 터

지미 코너스의 최대 강점은 투 핸드 백핸드였다. 당시만 해도 원 핸드 백핸드가 대세였다. 1978년 로테르담 오픈에 출전한 코너스의 모습.
**사진 Koen Suyk**

라 1세트부터 예전에는 잘 사용하지 않던 게임 플랜을 적용한 것이다. 종전까지 코너스에게 3전 전패를 당했던 경험에서 나온 궁여지책이었다. 하지만 놀랍게도 애시는 1세트는 물론 2세트 역시 6-1 압도적인 스코어로 따내며 세트 스코어를 2-0으로 벌렸다.

힘을 빼고 상대의 강타에 맞서지 않는 전법은 무하마드 알리가 조지 포먼을 상대로 사용한 복싱 전략과 흡사했다. 링의 로프에 기대어 상대의 강펀치를 마치 무협 영화의 취권처럼 흐느적거리며 흡수하다가 상대가 과도한 공격으로 지칠 때를 기다려 반격하는 이른바 '로프 어 도우프rope-a-dope' 전략이다.

실제로 코너스는 1세트와 2세트 지나치게 의욕을 앞세워 공격을

II 역사

일삼다 숱한 범실을 쏟아내며 자멸했다. 파워 테니스의 상징과도 같았던 애시가 예상 밖에 슬라이스와 로빙 볼, 문볼 등을 섞어가며 정면 승부를 피하자 당혹스러웠던 것이다.

사실 이는 애시가 정상 정복을 위해 치밀히 준비한 결과였다. 애시는 경기를 앞두고 자신의 국가대표팀 코치였던 데니스 랠스턴Dennis Ralston과 장시간 통화하면서 예상되는 게임 플랜 10가지 정도를 메모했다. 그리고 최종적으로 추린 6가지 필수 전략을 쪽지에 적어두고 경기 도중 휴식 시간마다 라켓 가방에서 몰래 꺼내 읽곤 했다. 애시는 이 전략 메모에 기초해 서브를 넣을 때마다 철저히 코너스의 약점인 백핸드 쪽에 집중했고 힘이 실린 긴 스트로크 대신 약한 볼을 보내 상대로 하여금 강타를 치지 못하게 만들었다. 특히 코너스의 포핸드 쪽을 짧은 공으로 집중 공략했다.

세트 스코어 2-0, 벼랑 끝에 몰렸지만 당대 최고의 선수답게 코너스는 3세트에 다시 전열을 가다듬고 나와 대등한 승부를 만들어나갔다. 애시는 이전 세트의 상승세가 잠시 꺾인 듯 보였다. 승리를 눈앞에 둔 도전자들이 늘 그렇듯 애시 역시 초반에 효과를 본 게임 플랜을 3세트까지 뚝심 있게 밀어붙이지 못하고 흔들렸다. 여기에 코너스의 최대 강점인 리턴도 3세트 들어 드라마틱하게 살아나기 시작했다. 코너스가 3세트를 7-5로 가져오면서 승부는 4세트로 이어졌다.

4세트 초반 코너스가 먼저 상대의 서브권을 브레이크했을 때 센터 코트에 운집한 관중들은 파이널 세트까지 갈 것임을 예감했다. 게임 스코어 4-1까지 코너스가 앞서갔다. 전년 윔블던에서 우승한 그의 압도적인 파워가 제대로 실리고 있었다. 반면 애시는 위기에 몰렸다. 자신보다 열 살 어린 세계 1위와 5세트까지 치르는 경기는 승산이 많지 않기에 다시 마지막 힘을 내야 했다. 1세트와 2세트에 재미를 봤던 전략을 다시 4세트 중반에 끌어내 최선을 다한 끝에 4-4 동점을 만들었다.

여기서 애시는 코너스의 약한 고리를 또다시 물고 늘어졌다. 코너스의 서브를 정교한 백핸드 슬라이스 리턴으로 받아 짧게 떨어뜨렸다. 코너스는 네트 앞으로 빠르게 전진하다가 속도를 이기지 못하고 허무하게 범실을 저질러 브레이크 포인트를 내주고 말았다. 5-4. 이제 애시는 챔피언 등극을 향한 마지막 서브권만 남겨놓게 됐다.

마지막 서브권에서도 애시의 '힘 빼기 전략'은 돋보였다. 30-15에서 애시는 속도를 의도적으로 줄여 밋밋한 서브를 티 존으로 넣었다. 강서브를 예상하고 있던 코너스가 탄탄한 투 핸드 백핸드로 받아 넘겼지만 공은 그대로 네트를 맞고 떨어져버렸다. 지능적인 서브였다. 애시는 40-15 상황에서 이날 경기 내내 효과를 본 서브로 마무리했다. 슬라이스로 깎아 쳐 왼손잡이 코너스의 백핸드 구석을 찌른 와이드 서브였다.

애시는 코너스를 3-1로 물리치고 윔블던 결승전 역사상 최대 이변의 주인공 가운데 하나가 됐다. 이로써 애시는 윔블던 역사상 최초의 흑인 남자 단식 우승자로 기록됐다.

## 부드러움이 강함을 제압한다

이 승부는 윔블던 40주년을 맞아 다시 조명됐다. 2015년 윔블던 조직위원회는 테니스 분석 전문가들과 함께 만든 프로그램에서 아서 애시의 승리를 상대에 맞춰 철저히 준비한 게임 플랜의 결과라고 소개했다. 7차례 메이저 대회 우승을 거머쥔 마츠 빌란데르는 프로그램에 출연해 이렇게 분석했다.

"40년이 지났지만 지금도 많은 톱 플레이어가 애시의 전술을 이용한다. 앤디 머리와 로저 페더러도 애시가 사용한 이 전략을 즐긴다. 핵심은 공의 속도를 줄여 적절한 지점에, 상대가 싫어하는 곳에 떨어뜨리는 것이다. 물론 페더러나 라파엘 나달의 포핸드처럼 강점이 있는 지점에 떨어뜨리면 안 되겠지만, 그들의 약한 곳에 약한 공을 줘 파워를 스스로 만들어내게끔 유도하는 것은 여전히 효과 있는 전술이다."

애시와 코너스의 맞대결은 1970년대 테니스 전체의 흐름을 바꿔놓았다. 세상을 집어삼킬 것 같았던 코너스의 테니스는 이후 과거의 압도적 위력을 상실해버렸다. 애시와의 경기를 통해 자신의 약점이 만방에 드러난 이유도 있었을 것이다. 애시는 1985년 인터뷰에서 당시 승부의 역사적 의미를 이렇게 되돌아봤다.

"만약 내가 1975년 윔블던에서 코너스에게 졌다면 아마도 비에른 보리가 윔블던에서 5회 연속으로 우승하고 프랑스 오픈 챔피언에 6차례 오를 일은 없었을 겁니다. 코너스가 나를 이겼다면 그해 US 오픈 결승전에서도 마누엘 오란테스Manuel Orantes를 쉽게 물리쳤을 것이

1975년 윔블던 결승전에서 애시는 코너스를 물리치고 윔블던 역사상 최초의 흑인 남자 단식 우승자로 기록됐다. **사진 윔블던 유튜브 영상**

고 적어도 보리라는 새로운 얼굴이 최강자로 떠오르는 걸 몇 년간 저지할 수 있었을 겁니다. 그러나 윔블던에서 내게 패하고 US 오픈에서도 오란테스에게 지면서 코너스는 보리가 치고 들어올 문을 활짝 열어준 셈이 돼버렸죠."

반면 애시는 윔블던에서 승리하고 전혀 다른 위상의 선수가 됐다. 역사적 관점에서 볼 때 윔블던과 US, 호주 오픈에서 각각 한 번씩 정상에 오른 애시는 사실 그렇게 독보적인 존재는 아니다. 하지만 윔블던 최초 흑인 우승자가 갖는 상징성, 거기에 오랜 기간 인종 차별과 싸워온 투사의 이미지가 겹치면서 애시는 일약 손꼽히는 영웅으로 추앙받았다. 무하마드 알리가 단순히 헤비급 챔피언 타이틀을 계속 방어했다는 이유로 복싱 황제로 꼽히는 것이 아니듯 애시도 테니스 성적을 뛰어넘는 존재가 됐다.

1979년 36세가 된 애시는 현역에서 은퇴했다. 여전히 세계 7위의 수준급 선수였지만 그를 은퇴로 내몬 건 건강 이상이었다. 심장 마비 증세가 심각해져 더는 뛸 수 없었다. 4년 뒤 또 심장 마비가 찾아왔고 1988년에는 오른손 마비 증상으로 뇌수술까지 받았다. 그런데 이 무렵 세계 테니스계를 슬픔에 빠뜨리는 비보가 전해진다. 애시가 심장 수술을 받던 도중 잘못 수혈된 피로 인해 후천성면역결핍증에 걸렸다는 청천벽력과 같은 소식이었다. 결국 그는 1993년 50세를 일기로 세상을 떠난다.

불꽃같은 삶을 살다 간 그를 기리기 위해 1997년 US 오픈 조직위원회는 아서 애시 스타디움을 완공했다. 애시의 말에 따르면 흑인들에게 자신의 존재는 전성기의 복서 조 루이스와 재키 로빈슨에 곧잘 비교됐다고 한다. 그는 선수 활동 외에도 흑인들의 인권 향상과 차별 금지를 위해 목소리를 높이고 에이즈를 퇴치하는 운동에도 힘썼다. 흑인도 테니스를 통해 커다란 성공을 이루고 사회적 존중을 받을 수 있다는 걸 알린 선구자이기도 했다. 확실히 애시는 테니스계의 무하마드 알리로 불리기에 모자람이 없었다.

# 15
# 마음을 훔치다

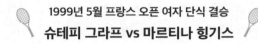

### 1999년 5월 프랑스 오픈 여자 단식 결승
## 슈테피 그라프 vs 마르티나 힝기스

　1990년대 끝자락에 들어 테니스 여제 슈테피 그라프는 팬들과 기나긴 작별 인사를 준비하고 있었다. 무대는 자신이 10대 시절 첫 영광의 메이저 대회 타이틀을 품에 안았던 프랑스 오픈이었다. 상대는 떠오르는 태양이자 자신의 후계자로 지목된 마르티나 힝기스였다. 10대 후반 그라프가 그러했듯 힝기스는 이미 18세 나이에 5차례 메이저 대회 타이틀을 획득했을 뿐 아니라 명실상부 세계 랭킹 1위에 올라 있는 절대 강자였다.

　하지만 노장은 죽지 않고 영롱한 향기를 남긴다는 말처럼 그라프는 눈부신 마지막 춤을 펼치며 자신보다 열두 살 어린 후계자에게 쓰라린 1-2 역전패를 안기고 생애 마지막으로 메이저 대회 트로피를 높이 치켜들었다. 힝기스는 이 전투에서 역사상 최고 여자 선수뿐 아니라 또 다른 적들과도 상대해야 했다.


## 관중을 사로잡아라

리들리 스콧 감독의 할리우드 영화 '글래디에이터'에서 로마군의 총사령관이자 마르쿠스 아우렐리우스 황제의 총애를 한 몸에 받던 막시무스는 황태자 코모두스의 흉계에 빠져 하루아침에 역적의 누명을 쓰고 노예로 전락한다. 그라프와 힝기스의 1999년 프랑스 오픈 여자 단식 결승전은 막시무스와 코모두스의 마지막 결투를 떠올리게 한다.

테니스판 콜로세움이라고 할 수 있는 롤랑가로스의 필리프 샤트리에 코트. 이곳에 운집한 1만 6천 명 관중들은 일방적으로 그라프의 이름을 외쳤다. 그들에게는 삼십 줄에 접어들어 이제 코트와 작별을 고할 때가 얼마 남지 않은 그라프야말로 '로마의 영웅'이고 아직 채 스무 살도 되지 않아 온갖 최연소 기록들을 갈아치우던 힝기스는 황제를 몰아내고 권력을 휘어잡은 코모두스처럼 달갑지 않은 존재였을 것이다. 막시무스가 극한의 정신력을 발휘해 온갖 역경과 불리함을 딛고 코모두스에게 최후의 일격을 날린 영화의 라스트 신처럼, 실제이 경기는 반전에 반전을 거듭한 끝에 그라프의 마지막 승리로 기록될 수 있었다.

독일이 낳은 최고의 테니스 재능 그라프는 대한민국과 인연이 제법 깊다. 무엇보다 그녀의 인생을 설명하는 데 1988년 서울 올림픽을

슈테피 그라프의 백핸드
슬라이스는 요즘 선수들은
흉내조차 내기 어려운
독특한 기술이었다. 무엇보다
춤을 추는 듯한 풋워크가
압권이었다. 그라프가
2009년 윔블던 센터 코트에
이동식 지붕이 설치된 기념
이벤트 경기에 출전한 모습.
사진 Chris Eason

빼놓을 수 없다. 테니스에서 단 한 번 기록된 전무후무한 '골든 슬램'
의 역사가 완성된 무대였다. 지금도 서울 올림픽공원 테니스 센터 코
트를 방문하면 당시 그라프의 우승 장면을 찍은 사진이 전시돼 있을
뿐 아니라 역사 기록 보전을 위해 출전 선수들의 대진표가 새겨진 대
형 전광판이 그 자리에 그대로 남아 있다. 그 대진표에서 최후까지 살
아남은 선수가 바로 그라프였다.

그라프는 1987년 프랑스 오픈 결승에서 당대 최강이었던 마르티나
나브라틸로바의 아성을 물리치고 처음 챔피언에 올랐다. 이때 그녀
의 나이 불과 18세였다. 이듬해 더욱 인상적인 행보를 이어갔다. 호
주 오픈부터 프랑스 오픈, 윔블던, US 오픈을 차례로 정복한 데 이어
9월에 열린 서울 올림픽에 출전해 금메달을 획득했다. 스무 살이 채
되기도 전에 세계 테니스를 완벽히 정복한, 유례를 찾을 수 없는 경우

였다.

그라프는 1999년 은퇴할 때까지 메이저 대회에서 총 22개 트로피를 수집했다. 마거릿 코트(24회)와 세리나 윌리엄스(23회) 다음가는 기록이다. 그녀가 보유한 '총 377주간 세계 1위'는 아직도 남녀 통틀어 깨지지 않는 기록이다. 그라프는 1980년대 중반 나브라틸로바와 크리스 에버트라는 양대 산맥을 뛰어넘는 새로운 테니스를 장착하고 등장해 1990년대 중반까지 모니카 셀레스, 아란차 산체스 비카리오 등과의 치열한 라이벌 구도에서 우위를 지켰고 선수 말년에는 힝기스와 윌리엄스 자매라는 신흥 강자들과 승패를 주고받으며 경합했다. 한 세대가 아니라 강산이 두 번 변하는 시대의 도도한 흐름 속에서도 변함없이 세계 최강자의 자리를 지켰다.

그라프 테니스의 장점은 크게 3가지로 요약된다. 맨 먼저 풋워크를 빼놓을 수 없다. 현재와 과거를 통틀어 그녀처럼 코트 위에서 빠르고 우아한 발놀림을 보여준 여자 선수는 없다. 그녀가 윔블던 잔디에서 미끄러지듯 움직이는 모습을 보고 있노라면 테니스를 치는 것이 아니라 댄스 플로어 위에서 춤을 추는 것처럼 느껴진다. 이렇게 부드러운 풋워크에 토대해 두 번째 장점인 포핸드가 폭발한다. 누구보다 빠르고 유연한 움직임을 가진 그라프는 그 어떤 공이 넘어와도 포핸드로 연결시킬 수 있었다. 힘이 가득 실린 포핸드는 제대로 터지기만 하면 누구도 막을 수 없다. 세 번째 장기는 자신만의 색채가 가득 담긴 독창적인 백핸드 슬라이스다. 그라프는 거의 모든 백핸드를 슬라이스로 쳤는데 보통의 슬라이스와는 전혀 다른 성질의 기술로 승화시켰다. 수비가 아니라 공격의 수단으로 삼은 것이다. 남녀를 통틀어 그라프처럼 공격적인 백핸드 슬라이스를 구사한 선수는 없다.

여자 테니스의 새로운 장을 열어젖힌 그라프이지만 시간 앞에 장사는 없는 법이다. 서서히 작별의 시간이 다가오고 있었다. 그라프는 사실 1990년대 중반부터 갖가지 부상에 시달리면서 전성기 때의 지배력을 상당 부분 잃은 상태였다. 승보다 패가 많아진 가운데 1996년 이후 단 하나의 메이저 대회 타이틀도 추가하지 못했다. 1997년에는 무릎을 다쳐 수술대에 올랐고 이듬해가 돼서야 윔블던부터 다시 뛸 수 있었다. 1999년 세기말로 향하는 시점에서 '지는 해' 그라프에게 기대를 거는 이는 별로 없었다. 그 어느 때보다 낮아진 기대감 속에서 자신의 마지막 프랑스 오픈 열차에 승선했다.

하지만 꺼지기 직전 촛불이 가장 화려한 빛을 발한다고 하지 않는가. 1990년대 마지막 프랑스 오픈에서 그라프는 눈부신 투혼을 펼쳤다. 16강에서 미녀 스타로 각광받고 있던 러시아의 안나 쿠르니코바 Ana Kournikova를 물리쳤고 8강에서 린지 데븐포트와 풀세트까지 간 끝에 살아남을 수 있었다. 1990년대 초반 팽팽한 라이벌 구도를 형성했던 3번 시드 모니카 셀레스와 4강에서 부딪쳤지만 이마저 극복하고 3년여 만에 메이저 대회 파이널에 진출하는 감격을 누렸다.

16세 나이에 1997년 1월 호주 오픈에서 역대 최연소 메이저 타이틀을 획득한 힝기스는 그라프의 완벽한 대체자처럼 보였다. 이미 같은 해 윔블던과 US 오픈까지 정복한 힝기스의 당면 과제는 4대 메이저 대회 모두에서 우승하는 '커리어 그랜드슬램'이었다. 프랑스 오픈만 우승하면 임무 완수였다. 그래서 더욱 1999년 프랑스 오픈에 참가하면서 의욕에 불탔고 실제로 그녀는 압도적 세계 1위의 위용을 과시하며 승승장구했다. 준결승전에선 디펜딩 챔피언 산체스 비카리오와 맞붙어 일방적으로 유린했는데 기습적인 서브 앤 발리와 드롭샷, 로빙까지 겸비한 올 라운드 플레이의 진수를 선보였다. 결승까지 올라오는 동안 단 한 세트도 내주지 않으면서 완벽한 게임 운영을 보인 힝기스는 결승전 그라프와의 매치업에서도 마찬가지로 절대 우위가 점쳐졌다.

### The Game

결승전 뚜껑이 열리자 이런 예측이 어느 정도 현실로 드러났다. 힝기스는 코트 위에서 날다람쥐처럼 빠른 움직임으로 그라프의 막강한 포핸드 공격을 받아냈고 자신의 장기인 각도 깊은 투 핸드 백핸드로 상대를 압박했다. 눈 깜빡할 사이 1세트 5-2까지 밀어붙이면서 힝기스는 손쉽게 세트를 가져가는 듯했다.

하지만 그라프는 일방적으로 몰리는 중에도 차분히 반격을 생각하고 있었다. 1세트 말미에 그라프는 힝기스의 집중력이 떨어지는 틈을 놓치지 않았다. 4-5까지 따라붙었다. 끝내 세트를 4-6으로 내주기는 했지만 일방적인 경기 흐름에 제동을 걸었다는 데 의미가 있었다.

비록 힝기스가 1세트에서 앞서기는 했어도 경기 흐름은 그렇게 간단치 않았다. 무엇보다 힝기스에겐 그라프의 백핸드 슬라이스가 참으로 생소한 기술이었다. 그라프 외에 그 어떤 선수도 슬라이스를 그런 식으로 치지 않았다. 또 한 가지 힝기스의 1세트 획득에 일말의 불안감이 형성된 이유는 이렇게 슬라이스를 맞받아치다 보면 체력이 급속도로 소진된다는 점이다. 슬라이스 역회전이 걸리면 코트 바닥에 테니스공이 낮게 깔리는데 이를 안정적으로 넘기려면 자세를 낮추고 역회전에 대응하는 톱스핀 회전을 많이 실어야 하므로 힘이 들어갈 수밖에 없었다.

일단 2세트 초반까지 신구 대결의 양상은 크게 변하지 않았다. 그라프의 깎아치기 슬라이스를 힝기스는 심혈을 기울여 한 템포 빠른 그라운드 스트로크로 강하게 받아쳤다. 그라프는 힝기스의 빠르고 날카로운 공격을 좌우로 열심히 뛰어다니며 막아봤지만 기세를 멈추기에는 역부족이었다. 결국 먼저 서브권을 내줘 2-0으로 끌려갔다. 패배가 엄습하고 있었다.

그런데 이 상황에서 경기의 중요 변곡점이 나왔다. 힝기스의 포핸드가 아웃 선언이 됐는데 여기에 그녀가 크게 반발하면서 경기장이 한순간 소란스러워졌다. 심판의 판정을 믿을 수 없다며 힝기스는 대회 주최 측 감독관에게 설명을 요구했다. 그리고 아예 경기를 중단하고 벤치에 앉아버렸다.

바로 그때였다. 관중석에서 힝기스를 향한 야유와 그라프를 향한 응원이 동시에 터져 나왔다. 관중들은 이 경기를 선악의 구도로 바라보기 시작했다. 경기를 지연해 보는 재미를 떨어뜨린 힝기스를 코모두스로, 위기에 몰린 상황에서 묵묵히 반격을 준비하는 그라프를 막시무스로 치환해냈다. 힝기스의 판정 항의에 격분한 관중들은 야유를 퍼부었고 연신 "슈테피"를 외치며 노장에게 힘을 북돋웠다. 경기 지연 행위로 경고까지 받아 페널티 점수를 내주자 힝기스의 멘털은 조금씩 흔들렸다.

아마도 힝기스에게는 받아들이기 어려운 상황이었을 것이다. 사실 스위스 요정이라는 별명이 있을 정도로 힝기스는 이미 세계적 스타였다. 수려한 외모에 빠르고 공격적인 테니스를 장착해 팬들의 선호도가 가장 높은 유형의 선수였다. 그런데 프랑스 오픈 결승전에서 힝기스는 순식간에 악역의 위치로 전락해버린 것이다. 15년 넘게 테니스 팬들의 절대적 지지를 받아온 살아 있는 레전드 그라프 앞에서, 그동안 자신이 받아온 뜨거운 응원과 성원은 흔적도 없이 사라져버렸다.

이런 상실감이 머릿속을 지배했기 때문일까. 2세트 그 순간부터 힝기스는 급격히 흔들렸다. 5-7로 역전패를 당한 뒤 정신력은 물론 체력까지 빠르게 쇠퇴해갔다.

3세트의 승부는 초반에 결정됐다. 전의를 상실한 힝기스는 2-5까지 끌려가 패색이 짙었다. 정신 차리고 반격하려 했지만 몸이 말을 듣지 않았다. 그라프의 백핸드 슬라이스가 서서히 힝기스의 체력을 고갈시키고 있었다. 범실이 쏟아지면서 힘없이 무너졌다.

몸과 마음이 와르르 무너져 내린 힝기스는 자포자기 심정을 코트에서 온몸으로 표현했다. 챔피언십 포인트에 몰린 순간 언더암 서브를 구사한 게 대표적인 예였다. 이때 또 어김없이 악인 힝기스를 향한 야유가 폭발했다. 힝기스는 마지막까지 악역에 충실했다. 또다시 심판에게 다가가 관중들의 소란 때문에 집중할 수 없다고 항의했다. 보다 못한 그라프까지 이번에는 심판에게 다가가 "테니스를 치는 겁니까, 토크쇼를 하는 겁니까"라며 비난했다. 결국 평정심을 또 한 번 잃은 힝기스는 허무하게 점수를 내주며 무릎을 꿇었다. 그라프 생애 마지막 메이저 대회 트로피였다.

## 적은 네트 건너편에만 있는 것이 아니다

"관중을 사로잡아라(win the crowd)." 영화 '글래디에이터'에서 막시무스를 검투사로 변신시킨 노예상 프록시모가 한 유명한 대사다. 과거 자신이 검투사였던 시절 겪은 바를 들려주며 콜로세움에서 살아남아 자유를 얻으려면 상대를 제압하는 것을 넘어 관중들의 마음을 빼앗아야 한다고 강조한다.

은퇴를 바라보는 그라프의 기량이 결코 떠오르는 태양 힝기스보다 뛰어났다고 말할 수 없었다. 1세트와 2세트 초반처럼 힝기스가 평정심을 유지했다면 결과는 달라질 수 있었다. 하지만 프로 데뷔 20년에 이르는 그라프와 아직 성인식도 제대로 치르지 못한 힝기스는 경기 운영의 묘에서 명백한 차이를 보였다. 위기에 몰리더라도 매너와 침착함, 품격을 잃지 않은 그라프는 관중들의 마음을 훔칠 수 있었고 작은 판정에 흥분해 경기를 그르친 힝기스는 마음을 훔치기는커녕 밉상으로 전락해버렸다.

경기 뒤 시상식에서도 두 선수의 희비는 뚜렷이 갈렸다. 그라프를

1999년 프랑스 오픈에서 경기가 끝나고 라커룸으로 들어가버렸던 힝기스(왼쪽)는
어머니의 부축을 받고 다시 나와 시상식에 참석했다. 사진 프랑스 오픈 유튜브 영상

향해 일방적으로 응원하는 관중에 화가 난 힝기스는 패배가 확정된 뒤
관중석을 향해 잔뜩 인상을 찌푸린 채 서둘러 가방을 메고 라커룸으로
들어가버렸다. 보통 결승전에서 승자와 패자 모두 시상식이 끝날 때까
지 자리를 뜨지 않지만 감정을 추스르지 못한 힝기스는 그대로 나가버
렸다. 몇 분 뒤 힝기스는 눈물을 펑펑 흘리며 어머니의 부축을 받은 채
경기장에 재입장했는데 관중들도 차마 이때는 악역을 향해 야유를 보
내지 않았다. 그 대신 따뜻한 위로와 격려의 박수를 보냈다.

테니스에서 관중의 역할은 어디까지일까. 분명 축구와 야구 같은
종목과는 다를 것이다. 테니스는 모든 스포츠를 통틀어 가장 정숙한
관전을 요구한다. 인플레이 상황에서 관중들은 소음을 낼 수 없고 관
중석 주변을 돌아다니는 것도 금지된다. 테니스 경기는 매 2게임마다

60초 휴식 시간이 선수들에게 주어지는데 이때 비로소 경기장 밖에서 대기하고 있던 관중이 입장할 수 있다. 그만큼 조용한 환경에서 선수들이 플레이 하나하나에 집중할 여건을 만드는 셈이다. 그런데도 때로 관중의 열광적인 성원이 승패를 바꿔 놓는 경우가 적지 않다. 그라프의 마지막 프랑스 오픈 우승의 경우가 정확히 여기에 해당된다.

또 테니스는 축구와 야구, 농구, 배구 등과 달리 홈과 원정의 구분이 거의 없다. 전 세계 도시 곳곳에서 투어라는 형식을 빌려 열리는 종목이므로 각 대회의 관중들은 일단 중립적 관점에서 선수들의 경기를 지켜본다. 물론 예외는 많다. 로저 페더러와 라파엘 나달, 세리나 윌리엄스와 마리아 샤라포바 같은 글로벌 인기 스타는 어느 곳에 가든 팬들의 성원을 받으며 기량을 마음껏 펼칠 수 있다.

흥미로운 광경은 2012년 런던 올림픽에서도 펼쳐졌다. 남자 단식 결승전 매치업이 페더러와 앤디 머리로 결정됐다. 영국 국적의 머리와 최고 인기 스타 페더러의 맞대결이 성사된 가운데 대다수 영국 관중은 누구를 응원했을까. 국가 대항전 성격이 강한 올림픽의 성격 때문인지 머리를 향한 일방적 응원이 경기장 안팎에서 울려 퍼졌다. 결승전은 페더러가 가장 좋아하는 윔블던 잔디 코트에서 열렸지만 놀랍게도 머리가 3-0 완승을 거두는 이변을 연출하며 금메달을 목에 걸었다. 대영제국 국기를 흔드는 영국 국민들의 일방적 응원이 아무래도 영향을 미친 게 아닌가라는 해석이 가능하다.

그렇다고 꼭 일방적 응원을 받는 것이 좋은 것만은 아닌 것 같다. 팬들의 응원이 때로 부담스럽다는 의견도 있다. 이겨야 한다는 부담을 오히려 가중한다는 것이다. 오히려 관중이 상대에게 응원을 보내고 자신에게 야유를 퍼부을 때 힘을 내는 유형의 선수도 있다. 노박 조코비치는 관중들로부터 야유를 받을 때 오히려 그들의 코를 납작하게 만들어주고 싶어 더 기를 쓰고 이기려 한다는 내용의 인터뷰를 한 적이 있다.

그러나 관중들의 마음에 적의를 품게 해서는 안 된다는 것이 1999년 프랑스 오픈 여자 단식 결승전이 남긴 작은 교훈일 것이다. 승승장구하던 힝기스는 이 대회 이후 미스터리할 정도로 슬럼프에 빠졌다. 테니스 역사상 손꼽히는 천재였지만 그때 그라프와의 대결 이후 너무 일찍 하강 곡선을 그렸다. 18세에 이미 메이저 대회 타이틀 5개를 보유한 힝기스가 최종적으로 은퇴할 때 몇 개의 우승 트로피를 남겼을까. 놀랍게도 5개 그대로였다. 순간의 평정심을 잃어 팬들의 마음을 가져오지 못한 대가치고는 너무 가혹했다.

# 16

# GOAT
## : 테니스 삼국지

2021년 6월 프랑스 오픈 남자 단식 준결승
### 노박 조코비치 vs 라파엘 나달

최근 남자 테니스를 10년 이상 즐겨 본 팬들이라면 마치 〈삼국지〉에서 위, 촉, 오 삼국 간에 끝도 없이 이어지는 전쟁을 지켜보는 느낌이 들 것이다. 중국 후한 말기 황실을 장악하고 군웅할거의 봉건 호족들을 대부분 제압해 위나라를 일으킨 조조(로저 페더러)와 강동의 비옥한 영토를 바탕으로 양자강 이남을 장악한 손권(라파엘 나달), 그리고 이 양대 산맥의 틈바구니에서 제3의 국가를 서촉 일대에 건국한 유비(노박 조코비치), 이렇게 세 주인공이 코트에 등장하는 양상이다. 빗댈수록 절묘한 비유 아닌가. 국적을 살펴봐도 페더러는 북유럽의 스위스이고 나달은 지중해에 인접한 남부 유럽 스페인, 조코비치는 유럽의 변방이라고 할 수 있는 동쪽의 세르비아여서 더욱 그렇다.

페더러와 나달, 조코비치 '빅 3'가 벌이는 전투는 남자 테니스 최고의 황금기를 이끌며 온갖 명승부와 기록들을 남겼다. 그러면 누가 가장 위대한 선수, 즉 GOAT(greatest of all times)일까. 다양한 답변이 나올 것이다. 적어도 이들 셋 모두 현역에서 은퇴해야 정답에 접근할 수 있을 텐데 삼십대 중반을 훌쩍 넘긴 그들은 아직도 멈추지 않는다. 바로 이 경기, 2021년 파리 롤랑가로스에서 열린 건곤일척의 승부는 GOAT 논쟁을 새로운 국면으로 끌어올렸다.

## 누가 테니스의 GOAT인가

21세기 스포츠에선 종목을 막론하고 가장 위대한 선수가 누구인지 따지는 논쟁이 식을 줄 모른다. 아마 포문은 축구가 열었을 것이다. 브라질의 축구 황제 펠레와 아르헨티나의 영웅 디에고 마라도나 둘 가운데 누가 20세기 가장 위대한 선수인가를 국제축구연맹(FIFA)이 팬 투표로 선정했는데 결과는 싱겁게도 무승부였다. 펠레와 마라도나를 나란히 축구의 공동 GOAT로 정의 내린 것이다. 최근 들어 두 전설의 아성에 맹렬히 도전장을 던진 리오넬 메시라는 또 한 명의 축구 황제가 등장해 이제 GOAT 논쟁은 삼파전으로 접어들었다.

복싱에서는 무하마드 알리가 흔히 가장 위대한 선수로 알려져 있지만 전문가들 사이에서는 다른 의견, 예컨대 슈거 레이 로빈슨이나 5체급 석권에 빛나는 슈거 레이 레너드, 핵주먹 마이크 타이슨도 거론되고 있다. 골프에서는 타이거 우즈와 잭 니클라우스가 우열을 가리기 힘든 비교 대상이 된다. 아마도 반박하기 어려운 압도적 GOAT

는 농구의 마이클 조던 정도밖에 없을 것이다. 그만큼 GOAT는 치열한 논쟁의 영역이고 갑론을박을 본질적 특성으로 삼는다.

불과 몇 해 전만 해도 테니스 역시 농구와 마찬가지로 GOAT 논쟁이 비교적 명확한 편이었다. 페더러라는 불세출의 영웅이 있었기 때문이다. 페더러는 테니스계의 마이클 조던이었다. 독보적 기록과 대중적 인기에서 그와 대적할 상대가 없었다. 페더러는 이전 세대 영웅들의 업적을 가볍게 뛰어넘었다. 2009년이 페더러에겐 그렇게 반짝반짝 빛난 해였다. 앤디 로딕과 맞붙은 윔블던 결승전에서 승리하고 메이저 대회 통산 15회 우승을 달성하면서 피트 샘프러스가 보유한 종전 기록(14회)을 넘어섰다.

단순히 메이저 대회 우승 횟수에 그치지 않고 완벽하고 약점 없는 선수라는 찬사까지 더해졌다. 샘프러스가 일찍이 우승 트로피를 들어보지 못한 클레이 코트 메이저 대회인 프랑스 오픈에서도 정상에 올랐다. 게다가 페더러는 누구보다 오래 전성기를 유지했다. 2018년 1월 호주 오픈에서 37세 나이에 마린 칠리치Marin Čilić를 꺾고 메이저 대회 20번째 우승 트로피를 진열장에 전시했다.

물론 페더러가 삼십대 중반을 넘어서까지 도전을 멈추지 않은 데는 다른 이유가 있다. 대여섯 살 어린 후배들의 추격이 무서웠기 때문이다. 20대 중반까지 클레이 코트에서만 잘하는 줄 알았던 나달이 야금야금 메이저 대회 우승 트로피를 획득해가더니 결국 2020년 프랑스 오픈에서 페더러의 기록과 어깨를 나란히 하게 됐다. 프랑스 오픈 13번째 우승을 차지하면서 도합 20회 메이저 대회 우승을 완성한 것이다.

그런데 나달 또한 쫓기는 신세였다. 그보다 한 살 어린 조코비치가 기하급수적으로 메이저 대회 우승 트로피를 늘려가고 있었다. 2010년 이후 10년간 총 15개 메이저 대회를 휩쓸면서 가히 일세를 풍미했다. 더 인상적인 건 조코비치는 코트 표면의 성질을 가리지 않았다는 점이다. 잔디와 하드, 클레이를 가리지 않고 모든 곳에서 강한 면모를 보였다. 2017년 팔꿈치 부상을 당해 잠시 여파가 있었을 뿐 조코비치는 이듬해 완벽히 부활해 페더러와 나달을 턱밑까지 추격하는 데 성공했다.

2021년 프랑스 오픈에서 나달과의 4강전을 앞둔 시점, 조코비치는 총 18회 메이저 대회 우승을 거둬 앞선 두 선수에게 2개 차로 따라붙었다. 바야흐로 '천하 삼분지계'의 완성은 물론 '역전 천하 통일'까지 노릴 수 있는 위치에 올라서 있었다.

신출귀몰한 전략 전술 덕분일까. 조코비치는 페더러와 나달보다 더 완벽한 테니스를 갖고 있었다. 페더러의 정교한 서브와 나달의 끈질긴 디펜스를 겸비하고 기술적 약점도 전혀 없었다. 승부처에서 더욱 강해지는 특유의 집중력과 정신력은 오히려 한 수 위였다.

2021년 5월 프랑스 오픈 개막을 앞두고 조코비치는 34세를 넘어서고 있었지만 여전히 2위와 넉넉한 격차를 보이는 세계 랭킹 1위였다. 그런데도 나달과의 준결승전에서 조코비치는 도전자 신세였다. 전장이 오나라 손권의 텃밭인 '양쯔강이 흐르고 있는' 앙투카 클레이 코트였기 때문이다. 테니스에서 가장 어렵다는, 나달을 클레이 코트 위에서 꺾어야 하는 '미션 임파서블'이 기다리고 있었다.


### The Game

테니스에 수많은 라이벌 구도가 있지만 나달과 조코비치의 대결은 가장 꼭대기에 있는 용호상박 라이벌전이다. 2022년 프랑스 오픈 8강전까지 합해 59차례(30-29 조코비치 우위) 맞붙었는데 이는 크리스 에버트와 마르티나 나브라틸로바의 라이벌전(80회)을 제외하고 최다 맞대결 기록이다.

다만 페더러과 나달의 라이벌전에 비해 다소 평가 절하되는 측면이 있다. 워낙 페더러와 나달의 전성기 시절 라이벌 구도가 뚜렷했고 한 명은 잔디와 하드에서, 다른 한 명은 클레이 코트에서 강하다 보니 서로 영역이 다른 대비 효과까지 더해져 지상 최대의 라이벌전이라는 수식어가 따라붙었던 것이다. 그래도 실제 내용에서 가장 치열하고 우열을 가리기 힘든 라이벌 구도는 나달과 조코비치의 대결이다.

둘은 숱한 명승부를 함께 만들어왔다. 2012년 호주 오픈 결승전에서 5시간 53분의 경기 시간을 기록하며 메이저 대회 결승전의 신기원을 열었다. 메이저 대회에서 이들이 승패를 주고받은 전적을 살펴보면 다음과 같다.

| 2006년 | 프랑스 오픈 8강 | 나달 승 |
|---|---|---|
| 2007년 | 프랑스 오픈 4강 | 나달 승 |
| 2007년 | 윔블던 4강 | 나달 승 |
| 2008년 | 프랑스 오픈 4강 | 나달 승 |
| 2010년 | US 오픈 결승 | 나달 승 |
| 2011년 | 윔블던 결승 | 조코비치 승 |
| 2011년 | US 오픈 결승 | 조코비치 승 |
| 2012년 | 호주 오픈 결승 | 조코비치 승 |
| 2012년 | 프랑스 오픈 결승 | 나달 승 |
| 2013년 | 프랑스 오픈 준결승 | 나달 승 |
| 2013년 | US 오픈 결승 | 나달 승 |
| 2014년 | 프랑스 오픈 결승 | 나달 승 |
| 2015년 | 프랑스 오픈 8강 | 조코비치 승 |
| 2018년 | 윔블던 4강 | 조코비치 승 |
| 2019년 | 호주 오픈 결승 | 조코비치 승 |
| 2020년 | 프랑스 오픈 결승 | 나달 승 |

메이저 대회로 국한하면 나달이 상대 전적에서 10승 6패로 앞서 있었다. 나달이 거둔 10승 가운데 7번이 프랑스 오픈이었다. 그만큼 프랑스 오픈에서 둘의 전력 차는 비교적 뚜렷했다. 프랑스 오픈으로 국한하면 2021년 준결승전은 9번째 격돌이고 이때까지 나달이 7승 1패의 우위를 보였다.

이에 따라 대다수 전문가들의 예측은 나달의 승리 쪽으로 기울었다. 이 예측을 강화한 또 하나의 사례가 불과 1년 전에 있었다. 2020년 프랑스 오픈 결승전에서 나달은 조코비치에게 3-0 완승을 거뒀는데 이때 1세트에서 상대에게 굴욕적인 0-6 완패, '베이글 스코어'를 안겼다.

과연 전년의 악몽을 조코비치가 씻을 수 있을까. 1세트 초반부터 조코비치 팬들의 간절한 바람은 산산이 부서졌다. 순식간에 나달이 게임 스코어 5-0까지 앞서나갔다. 전년과 달라진 게 없었다. 프랑스 오픈에서 나달의 승리는 과학에 가까웠다.

하지만 조코비치는 반격에 성공해 나달의 서브권을 한 차례 빼앗아 3-5까지 추격했다. 추격 과정에서 경기의 흐름이 미묘하게 바뀌었다. 일방적인 공격을 퍼붓던 나달의 기세가 주춤한 사이 조코비치의 경기력이 본궤도를 찾아가고 있었다. 그래도 1세트는 나달이 6-3으로 따냈다. 얼핏 일방적인 스코어로 보이지만 내용에서는 접전 양상이었다.

이런 흐름은 2세트 들어 더욱 뚜렷해졌다. 조코비치의 끈질긴 리턴이 나달의 서브를 집요하게 물고 늘어졌다. 조코비치의 게임 플랜에도 한 가지 주목할 지점이 있었다. 바로 드롭샷 구사였다. 테니스공에 역회전을 걸어 짧게 떨어뜨리는 드롭샷을 조코비치는 1세트 초반부터 줄기차게 구사했다. 누구보다 발이 빠른 나달은 네트 앞쪽으로 신속히 달려와 드롭샷에 역공을 가했지만 조코비치의 노림수는 단순히 한 포인트에 그치지 않았다. 더 큰 그림을 그리고 있었다. 드롭샷을

2021년 프랑스 오픈 8강전에서
나달의 모습. **사진 si.robi**

계속 받아내느라 나달은 많이 뛰어야 했다.

테니스 선수는 좌우로 움직이는 것보다 앞뒤로 뛰는 것이 더 힘들다. 테니스의 특성에서 그 이유를 찾을 수 있다. 스트로크를 주고받는 동안 좌우로 움직이며 사이드 스텝을 많이 밟게 되고 선수들은 이런 훈련에 자연스럽게 익숙해 있다. 하지만 앞뒤로 뛰는 움직임, 특히 스프린트를 해야 하는 상황엔 덜 단련돼 있다. 조코비치는 비록 드롭샷이 실패로 끝나더라도 나달을 가급적 네트 앞뒤로 많이 뛰게 하는 작전을 펼쳐 경기 후반 체력이 소모되는 점을 노렸다. 코트의 제갈공명다운 영리한 계책이었다.

2세트는 반대로 조코비치가 6-3으로 따냈다. 이제 승부처이자 어쩌면 메이저 대회를 통틀어 가장 치열하면서도 수준 높은 '한 세트'가 다가오고 있었다. 축구 전후반 시간을 합한 것과 맞먹을 정도로 90분

넘게 소요된 세 번째 세트였다.

들도 보도 못한 수준의 격렬한 스트로크 교환이 이어졌다. 나달이 짐승처럼 포효를 내지르며 시속 100킬로미터의 파워 포핸드를 이곳 저곳 찔러 넣으면 조코비치가 악착같이 공을 쫓아가 더 강력한 스트로크로 반격에 나섰다.

나달과 조코비치는 20대 중반 팔팔할 때부터 수많은 명승부를 남겼다. 삼십대 중반에 접어든 이들의 체력과 에너지가 그때만큼은 출중하지 않았을 것이다. 하지만 숱한 대규모 전투를 치른 백전노장들의 기술과 정신력은 10년 전보다 더 뛰어났다. 경기를 중계 방송하던 미국의 앤디 로딕은 3세트를 보고 자신의 트위터에 "적어도 내게는 이 경기가 역사상 최고다"라고 적었다.

3세트를 보고 난 로딕의 반응은 납득하기 어렵지 않다. 그만큼 90분에 걸친 대혈투는 치열함 그 자체였다. 3세트 초반 먼저 위기를 맞은 건 디펜딩 챔피언이었다. 게임 스코어 2-2, 자신의 서브권에서 15-40로 더블 브레이크 포인트 위기에 직면했다. 뛰어난 수비 능력으로 간신히 두 차례 브레이크 포인트를 지웠지만 조코비치는 집요했다. 전체 경기의 향방을 가를 승부처라 판단했는지 각도 깊은 포핸드 크로스 공격을 퍼부으며 나달의 서브권을 빼앗아 왔다.

하지만 잠시뿐이었다. 이 순간의 중요성을 절감하고 있던 나달 역시 조코비치의 서브를 악착같이 달려들어 빼앗아 다시 동률을 만들었다. 조코비치가 리턴에 집중해 다시 한 번 나달의 서브를 브레이크했다. 게임 스코어는 5-4, 조코비치의 '서빙 포 더 세트'였다. 조코비치가 순조롭게 두 포인트를 획득해 30-0까지 앞서갔다. 하지만 이어진 포인트에서 조코비치의 범실과 나달의 절묘한 패싱샷이 터지면서 다시 5-5 동점이 됐다. 승리의 여신은 타이브레이크를 원하고 있었다.

운명의 타이브레이크를 앞두고 나달의 발은 미세하게 피곤함을 노출하고 있었다. 조코비치가 1세트와 2세트에서 뿌려놓은 씨앗이 기능을 발휘했다. 팽팽하게 3-3까지 점수를 주고받았지만 결국 마지막에 웃은 건 체력적으로 좀 더 앞서 있던 조코비치였다. 믿기지 않게도 나달이 3-4 접전 상황에서 기초적인 발리 실수를 저지르면서 최대 승부처인 타이브레이크에서 무너지고 말았다.

3세트를 접전 끝에 7-6으로 따낸 조코비치는 4세트에서 먼저 서브권을 나달에게 내주며 불안하게 출발했다. 관중들은 이번에도 레전드들의 전설적인 5세트 경기를 예상했다. 하지만 조코비치는 강했다. 나달의 발이 무거워진 반면 조코비치의 에너지는 끝이 없어 보였다. 결국 0-2로 뒤지던 상황에서 내리 6게임을 따내 뒤집기에 성공하며 4세트를 6-2로 마무리했다.

조코비치에게는 1년 전의 완패를 설욕하고 프랑스 오픈에서 '흙신'을 2번째 꺾은 날이었다. 이 승부가 얼마나 중요했는지를 보여주는 일화가 있다. 당시는 여전히 프랑스 전역에 코로나19가 기승을 부릴 때였다. 무관중으로 진행한 2020년보다는 사정이 나아졌지만 그래도 밤 11시가 넘으면 귀가해야 하는 일종의 통행금지 조치가 있었다. 하지만 희대의 명승부를 보다가 중간에 일어나 집으로 돌아갈 관중은 없었다. 프랑스 오픈 조직위원회는 과감히(?) 방역 조치 위반을 무릅

조코비치가 2021년 프랑스 오픈 4강전에서 나달을 3-1로 물리친 뒤 기뻐하고 있다.
**사진 프랑스 오픈 유튜브 영상**

쓰고 승부의 현장을 만끽할 수 있게 배려했다. 그 정도로 역사적인 경기였다.

조코비치는 4강에서 나달을 물리친 뒤 결승전에서 또 한 번 기적을 일으켰다. 스테파노스 치치파스Stefanos Tsitsipas에게 먼저 두 세트를 내주고 끌려가다 내리 세 세트를 따내는 3-2 리버스 스윕을 달성한 것이다. 자신보다 열 살 어린 젊은 피를 상대해 거둔 대역전 드라마였다. 이로써 조코비치는 19번째 메이저 대회 우승에 성공해 역대 최다 우승 기록에 1승 차로 다가갔다. 사람들은 조코비치를 바라보며 이렇게 말하기 시작했다. 조코비치야말로 GOAT가 아닐까?

## 경쟁에서 한발 앞서다

2021년 프랑스 오픈에서 조코비치가 나달을 꺾고 우승을 차지한 건 단순히 메이저 대회 우승 트로피를 하나 더 추가하는 것 이상의 가치가 있었다. 나달을 클레이 코트에서 꺾은 것은 곱씹을수록 대단한 업적이었다. 그만큼 나달은 프랑스 오픈에서 난공불락의 강자였다. 나달은 2005년 프랑스 오픈에서 데뷔하자마자 그해 우승을 차지했다. 2021년 조코비치를 만나기 전까지 프랑스 오픈에서 100승 2패를 기록하고 있었다. 98퍼센트의 경이적인 승률이다. 테니스는 물론 스포츠에서 두 번 다시 반복되기 어려운 수치다.

그 두 번의 패배는 스웨덴 출신의 로빈 쇠델링Robin Söderling에게 일격을 당한 2009년 16강전과 조코비치에게 진 2015년 8강전이었다. 다만 2015년 나달은 부상 후유증이 뒤따라 극도의 슬럼프를 겪고 있던 시기였다. 하지만 이번에는 달랐다. 여전히 나달은 4강에 올라올 때까지 승승장구하며 디펜딩 챔피언다운 모습을 잃지 않았다. 여전히 건재한 나달을 상대로 조코비치는 1세트 0-5로 끌려가는 절망적인 상황에도 포기하지 않고 반격에 성공해 결국 대어를 낚는 데 성공했다.

나달과 조코비치, 페더러가 서로 물고 물리는 테니스 삼국지는 사실 천적과 먹이사슬의 구조가 반영돼 있다. 앞서 언급한 것처럼 나달은 페더러의 천적이었다. 그런데 흥미롭게도 나달에게는 조코비치가 천적이었다. 페더러를 상대할 때 그토록 위력적인 나달의 왼손 포핸드는 조코비치의 물 샐 틈 없는 투 핸드 백핸드를 만나면 고양이 앞의

쥐가 된다. 나달의 톱스핀이 듬뿍 실린 왼손 포핸드는 클레이 코트 위에서 높은 바운드를 형성하며 조코비치의 어깨 높이까지 솟구쳐 오르지만, 두 손으로 백핸드를 치는 조코비치는 이를 어렵지 않게 막아낼 수 있었다.

한 달 뒤 조코비치는 나달이 결장을 선언하고 페더러가 8강에서 탈락해버린 윔블던에서 손쉽게 정상에 오르며 메이저 대회 통산 20회 우승에 도달했다. 이제 셋은 '메이저 대회 20승 클럽'의 공동 회원이 됐다. 마침내 천하 삼분지계가 결실을 맺게 된 순간이다.

이 시점에서 조코비치의 천하 통일을 낙관하는 건 자연스런 일이었다. 그해 남은 US 오픈에서 마저 우승하면 4대 메이저 대회를 한 시즌에 모두 우승하는 캘린더 그랜드 슬램을 1969년 로드 레이버 이후 52년 만에 처음으로 달성하는 것이었다. 하지만 운명의 여신은 절묘한 균형 감각을 발휘했다. 조코비치에게 메이저 대회 21승과 그랜드슬램이라는 최고의 영예를 한 번에 허락하지 않았다. 조코비치는 2021년 US 오픈 결승에서 다닐 메드베데프에게 세트 스코어 0-3으로 완패하며 캘린더 그랜드슬램 문턱에서 아쉽게 주저앉고 말았다.

그런데도 2021년을 기점으로 테니스 GOAT의 패권은 페더러와 나달에서 조심스럽게 조코비치 쪽으로 넘어가는 흐름이었다. 조코비치 우위론의 핵심 가운데 하나는 페더러와 나달이 각각 가장 강세를 보이는 코트 표면에서 그들에게 가장 가슴 아픈 패배를 안겼다는 점일 것이다. 윔블던 결승에서 페더러를 3번 만나 모두 승리를 거뒀고 프랑스 오픈에서 나달에게 2번 패배를 안겼다.

2016년 로마 오픈 8강전에서
나달과 조코비치가 치열한
승부를 펼치고 있다.
사진 Jacky Cheong

또 나달은 잔디 코트에 약한 편이고 페더러는 클레이에서 승률이
다른 곳보다 현격히 떨어진다. 오직 조코비치만이 잔디, 하드, 클레이
코트를 가리지 않고 모두 강한 면모를 보인다. 그래서 조코비치만이
가능한 대기록이 하나 있다. 메이저 대회 다음가는 규모와 권위를 갖
는 9개 마스터스 시리즈에서 전부 우승한 것이다.

통계와 기록으로 따져본다면 조코비치가 GOAT에 가장 가깝다.
조코비치는 ATP 투어 랭킹 1위를 가장 오랜 기간 보유하고 있다.
2023년 12월 기준 총 402주간 세계 1위를 유지했다. 이 부문에서 페
더러(310주)와도 벌써 90주 이상의 격차가 벌어졌다. 상대 전적에서
도 나달과 페더러에게 모두 앞선다. 통산 누적 상금 1위도, 물론 물가

상승분을 감안해야 하지만 조코비치의 몫이다. 그렇다면 조코비치가 삼국 통일의 과업을 완수했다고 자신 있게 말할 수 있을까?

테니스 삼국지는 그렇게 간단치 않다. 조코비치가 메이저 대회 통산 20회 우승을 달성하고 GOAT 등극을 눈앞에 두었을 때 이번에는 나달이 반격에 나섰다. 2022년 1월 호주 오픈에서 메드베데프를 3-2로 꺾고 우승 트로피를 들어 올리면서 가장 먼저 메이저 대회 통산 21회 우승을 달성한 것이다. 페더러는 부상을 당해 신음하고 조코비치는 코로나19 백신을 접종하지 않았다는 이유로 출전 길이 막혔을 때였다. 더 나아가 나달은 2022년 6월 프랑스 오픈 결승전에서 카스페르 루드Casper Ruud를 3-0으로 완파해 대회 14번째 우승을 거두면서 메이저 대회 통산 22회 우승 고지에 올랐다.

그즈음 무릎 부상으로 1년 넘게 대회에 나서지 못하던 페더러는 2022년 9월 마침내 자신의 소셜 미디어를 통해 은퇴를 발표했다. 2022 레이버컵 복식 경기에 나달과 한 조가 되어 출전한 그는 은퇴 경기를 마친 뒤 뜨거운 눈물을 흘렸다. 관중은 뜨거운 박수로 '황제'의 마지막을 함께했다.

물론 조코비치는 승수를 계속 늘려갔다. 2022년 7월 윔블던 결승전에서 닉 키리오스를 꺾고 메이저 대회 통산 21회 우승을 달성했고, 2023년 1월 호주 오픈 결승전에서 스테파노스 치치파스를 완파하고 나달과 최다 우승 타이를 기록했다. 2023년 6월 프랑스 오픈에서는 나달이 부상으로 불참한 가운데 준결승에서 카를로스 알카라스Carlos Alcaraz를, 결승에서 루드를 꺾고 우승해 23번째 메이저 대회 타이틀을 따냈다. 역대 최고령 프랑스 오픈 우승이었다. 그리고 2023년 9월 US 오픈 결승에서 메드베데프를 다시 만나 세트 스코어 3-0으로 완파하며 2021년 결승 패배를 설욕했다. 메이저 대회 통산 24회 우승 달성!

과연 조코비치는 속도를 늦추지 않고 전인미답의 경지로 나아갈까? 나달은 "2024년은 아마 내가 테니스 선수도 뛰는 마지막 해가 될 것"이라며 은퇴 연도를 거론하기도 했다. 아마도 2024년 프랑스 오픈이 나달의 고별 무대가 될 가능성이 크다.

이 전쟁의 진정한 승자는 따로 있다. 페더러도 나달도 조코비치도 아니라 팬들이다. 비유컨대 지금 테니스 팬들은 펠레와 마라도나, 리오넬 메시가 한 운동장에서 뛰고 있는 챔피언스리그 축구 경기를 관람하고 있다. 무하마드 알리와 마이크 타이슨이 링 위에서 수시로 격돌하고, 포뮬러 원 자동차 경주의 전설 미하엘 슈마허와 새로운 황제 루이스 해밀턴이 그랑프리 대회에 나란히 출격해 속도 전쟁을 벌이는 모습을 실시간으로 만끽한다. 마이클 조던과 르브론 제임스가 서로 슬램덩크를 주고받는 상상 속의 장면? 윔블던과 프랑스 오픈, 호주 오픈에서 테니스 팬들은 수시로 접하는 광경이다.

삼국지에서 천하 통일의 영광은 조조도 손권도 유비도 아니라 엉뚱한 인물에게 돌아갔다. 조조의 책사였던 사마의의 후손인 사마염이 진나라를 세워 삼국을 통일한 것이다. 하지만 테니스 삼국지에서 사마의의 등장은 당분간 쉽지 않아 보인다. 워낙 빅 3가 드리운 그림자가 거대해서다.

앞서 말했지만 GOAT 논쟁은 본질적으로 주관적이다. 평가 기준과 관점에 따라 누가 더 위대한 선수인지는 얼마든지 달라질 수 있다. 어쩌면 테니스 GOAT는 빅 3의 막내 격인 조코비치가 현역에서 은퇴할 때까지 확실한 결론을 내기 어려울지도 모른다.

# III

## 전술과 테크닉

**T E N N I S**
**FIVE-SET CLASSIC**

# 17
# 지상 최고의 서비스

1996년 11월 하노버 월드 투어 챔피언십 결승
**보리스 베커 vs 피트 샘프러스**

서브가 테니스에서 가장 강력한 공격 수단이라는 데 이의를 달기 힘들 것이다. 시속 200킬로미터를 훌쩍 넘는 강서브를 다른 기술들과 비교하는 것 자체가 무의미하다. 그런데 서브의 어원을 따라가면 '공격'과는 전혀 다른 의미에 닿게 된다. 서브는 말 그대로 'serve', 즉 대접하는 행위에서 비롯된 동작이다. 상대가 공을 잘 받아칠 수 있게 먼저 랠리를 열어주는 시작점이었다. 하지만 배구와 탁구 등 다른 종목과 마찬가지로 현대 스포츠로 접어들면서 서브는 가장 적극적이고 파괴적인 공격 기술로 변모했다. 1996년 남자 테니스의 대미를 장식한 보리스 베커와 피트 샘프러스의 대결은 누가 진정한 서브 마스터인지를 가리는 경연장이었다. 1990년대 중반은 서브가 가장 중요한 기술로 대접받던 시기이기도 하다.

## 독일이 낳은 최고의 테니스 천재

선진국 독일이 테니스에서 상당히 오랜 기간 뒤쳐져 있었다는 사실을 알게 된다면 놀랄 것이다. 독일은 1930년대 고트프리트 폰 크람 Gottfried von Cramm이라는 탁월한 챔피언이 프랑스 오픈을 두 차례 석권하고 은퇴한 뒤 거의 50년 넘게 암흑기를 겪었다. 영국과 프랑스, 스페인, 심지어 이탈리아에서도 곧잘 메이저 대회 챔피언을 배출하던 시기에 독일은 조용했다. 그 침묵을 깬 장본인이 바로 보리스 베커다.

베커는 1985년 윔블던 챔피언십에서 17세 나이에 일약 최연소 챔피언이라는 기록을 세우며 혜성같이 나타났다. 마이클 창 역시 17세인 1989년 프랑스 오픈에서 우승했지만 금발의 반항아적인 이미지를 듬뿍 뿜으며 파괴적인 강서브와 공격적인 발리를 앞세운 베커의 등장은 훨씬 충격적이었다.

윔블던 역사에서 16명 시드를 배정받지 않은 선수가 우승한 첫 사례였고 토너먼트 과정에서 베테랑 4명을 물리쳤다. 당시 서브 머신으로 각광받고 있던 남아프리카공화국의 케빈 커런Kevin Curren을 결승전에서 3-1로 꺾고 단숨에 윔블던 정상에 올랐다. 새파란 나이의 베커가 보여준 샷이 얼마나 강력했으면 '붐붐Boom Boom'이라는 닉네임이 바로 붙어버릴 정도였다.

베커의 서브는 독특한 매력이 있었다. 와인드업 자세에서 무릎을 과도하게 많이 굽혔고 타격을 위해 앞으로 치고 나가 팔로 스루를 마무리하는 자세 또한 박력이 넘쳤다.

베커는 강력한 서브 능력을 바탕으로 이듬해 또 윔블던 정상에 올라 2연패를 달성했다. 당시 결승전 상대는 세계 1위로 군림하던 이반 렌들이었다. 1989년 또 결승전에 올라 당시 라이벌 구도를 형성하고 있던 스웨덴의 스테판 에드베리를 물리치고 3번째 윔블던 트로피를 거머쥐었다.

1980년대 윔블던 우승을 가장 많이 차지한 남자 선수는 나란히 3차례 시상대 꼭대기에 선 존 매켄로와 베커였다. 베커는 호주 오픈과 US 오픈에서도 정상에 올라 총 6회 메이저 대회 챔피언을 차지했지만 1980년대와 1990년대 강서버들이 흔히 그랬듯 클레이 코트에서 열리는 프랑스 오픈과는 끝내 인연을 맺지 못했다.

1980년대 윔블던을 정복한 베커도 세월의 흐름을 비껴가지 못했다. 1990년대 들어 베커보다 젊고 빠르고 에너지 넘치는 재능들이 잇달아 등장하면서 서서히 밀리기 시작했다. 그 가운데 1990년 US 오픈에서 19세 나이에 깜짝 우승을 차지한 피트 샘프러스의 존재가 가장 두드러졌다. 둘은 스타일이 유사해 비교의 대상이 되기도 했다.

1991년 호주 오픈 우승을 끝으로 한동안 메이저 대회에서 재미를 보지 못하던 베커는 이십대 후반에 접어든 1995년 각성의 기회를 잡을 수 있었다. 그해 윔블던 결승에 오랜만에 다시 올랐다가 자신의 후계자로 이미 입지를 확고히 다진 샘프러스와 맞붙은 끝에 1-3으로 패해 우승 트로피를 건네줬다. 당시 베커는 1세트를 간신히 타이브레이크로 따낸 뒤 내리 세 세트를 힘없이 내주고 물러났다. 경기 뒤 "1980년대 윔블던 센터 코트는 내 것이었다. 하지만 지금은 샘프러스의 차지가 돼버렸다"고 말하며 패배를 깨끗이 인정했다.

하지만 베커는 그 무렵 부활의 기미가 완연했다. 1996년 1월 호주 오픈에서 마이클 창을 꺾고 5년 만에 메이저 대회 우승 트로피를 자신의 진열장에 올려놓을 수 있었다. 그해 윔블던에 참가했다가 부상을 당해 중도 하차하고 그 여파로 US 오픈에 불참했지만 베커의 테니스는 시즌 후반, 특히 실내 하드 코트 대회에서 전성기를 능가하는 위력을 보여줬다.

1996년 10월 슈투트가르트에서 열린 '슈퍼 9'(메이저 대회 다음가는 권위와 상금 규모를 가진 9개 특급 이벤트, 현재의 마스터스 시리즈) 결승전에서 샘프러스와의 5세트 접전 끝에 3-2 승리를 거두고 우승을 차지했다. 이 경기에서 베커는 무려 29개 서브 에이스를 터뜨려 14개에 그친 샘프러스를 압도했다. 강한 서브 한 방으로 승부를 뒤집을 수 있는 가능성은 잔디 코트에서보다 실내 하드 코트에서 더 컸다.

그래서 1996년 11월 베커의 홈이라고 볼 수 있는 독일 하노버에서 열린 월드 투어 챔피언십 결승전은 진정한 서브 일인자가 누구인지 가릴 수 있는 최적의 장소였다. 신구 에이스들이 역대 최고의 서버 자리를 두고 격돌하는 '헤비급 타이틀 매치'가 다가오고 있었다.

### The Game

독일은 전시회의 나라라고 해도 과언이 아니다. 메세로 불리는 박람회장이 주요 도시 곳곳마다 포진해 있다. 베커와 샘프러스의 결투는 하노버의 대형 박람회장에서 1만 3천여 팬들이 운집한 가운데 치러졌는데 이 정도는 윔블던이나 프랑스 오픈에 결코 뒤지지 않는 규모였다.

여기에 두 선수가 입장 쇼를 펼쳐 더욱 열기를 지폈다. 마치 복싱 선수들이 경호원에 둘러싸여 라스베이거스의 특설 링으로 입장하는 것처럼 둘은 나란히 비장한 표정을 지으며 박람회장 꼭대기에서 바닥에 설치된 코트 쪽으로 관중들의 뜨거운 환호를 받으며 내려왔다. 이때 경기장 내에 복싱 영화 '록키 3'의 테마음악인 'Eye of the Tiger'가 강렬한 사운드와 함께 울려 퍼졌으니 '테니스 사상 최고의 헤비급 매치'라는 부제에 딱 들어맞았다.

1라운드 공이 울렸다. 원조 헤비급 챔피언 베커는 시작부터 묵직한 펀치 세례를 날렸다. 붐, 붐, 붐, 붐. 단 4개 서브로 첫 게임을 가져왔다. 모두 에이스였다. 샘프러스는 공에 라켓을 갖다 대지도 못했다. 서브의 귀재 베커의 위력이 그대로 드러난다. 단순히 빠르기만 한 것이 아니라 상대의 예측을 무너뜨리기 위해 절묘한 코스를 공략했다. 첫 번째 서브는 샘프러스의 포핸드 쪽으로 빠지는 와이드 쪽으로 넣어 에이스를 잡아냈다. 두 번째는 티 존으로, 세 번째는 다시 와이드 쪽으로 넣었다. 그리고 마지막 4번째는 샘프러스의 예측을 또 무너뜨리며 와이드 쪽으로 넣었다. 관중들은 감탄사와 환호를 연발했다. 이때가 화려하고 긴 랠리 없이 강력한 서브만으로 관중들의 눈과 귀를 즐겁게 할 수 있는 마지막 시대였다.

그런데 상대인 샘프러스 역시 서브에서 둘째가라면 서러워할 선수였다. 마찬가지로 보란 듯이 4개 서브로 게임을 끝냈다. 베커처럼 전부 에이스를 기록하지는 못하고 첫 서브가 들어가지 않아 세컨드서브를 2개 넣었지만 그래도 베커의 리턴을 하나도 허용하지 않고 러브 게임으로 가져갔다. 베커는 다음 서브 게임에서 0-30 위기를 맞았다. 하지만 이어진 3차례 서브를 노련하게 운용하며 가볍게 위기에서 탈출하고 곧바로 샘프러스의 서브권에 압박을 가했다. 흔들림 없는 베커의 서브에 위축됐는지 샘프러스는 바로 위기에 봉착했다.

샘프러스의 강한 첫 서브를 베커가 두 번 연속 리턴 에이스로 점수를 뽑아낸 것이다. 모 아니면 도 식으로 베커는 베이스라인에 바짝 붙어 샘프러스의 강서브를 한 템포 빨리 끊어냈다. 샘프러스는 첫 서브를 넣고 무조건 네트로 돌진해 발리를 노렸는데 베커가 이렇게 빠른 타이밍으로 리턴을 넣으면 무방비 상태에서 당할 수밖에 없었다.

결국 초반에 샘프러스의 서브를 먼저 브레이크한 베커가 게임 스코어 3-1로 앞서갔다. 실내 하드 코트 대회에서, 그것도 서브의 고수끼리 맞붙은 결승전에서 초반 서브 브레이크는 경기에 커다란 영향을 끼쳤다. 샘프러스도 작정하고 반격해야 했다. 바로 이어진 베커의 서브 게임에서 필사적인 집중력을 발휘해 15-30로 압박하는 데 성공했다.

하지만 여기서 또다시 베커의 천재적인 서브 운용이 펼쳐졌다. 강력한 첫 서브를 연속으로 티 존에 꽂아 넣어 에이스 2개를 만들면서 단숨에 전세를 역전시켰다. 40-30로 앞선 상황에서 이번에는 예상을 뒤집고 상대방 몸 쪽으로 바짝 붙이는 '보디 서브'를 꽂아 넣어 점수를 가져왔다. 이렇게 베커가 1세트를 6-3으로 따냈는데 이로써 일단

1996년 하노버 월드 투어 결승은 역대 최고의 서버 자리를 두고 격돌하는 '헤비급 타이틀 매치'였다. **사진 ATP 테니스 유튜브 영상**

서브 능력에서 판정승을 거뒀다고 볼 수 있었다. 서브 에이스 수에서도 베커가 8개로 3개인 샘프러스를 앞섰다.

　2세트는 먼저 샘프러스의 서브로 시작됐다. 먼저 서브를 하면 유리한 점이 있다. 한 세트 6게임을 먼저 따내는 방식에서, 자신의 서브를 서로 계속 지켜나가기만 한다면 먼저 5-4 고지에 올라 상대에게 마지막 서브 게임을 꼭 지켜야 하는 부담을 줄 수 있기 때문이다. 또 먼저 서브를 브레이크 당한다 하더라도 서브를 먼저 넣으면 반격의 여지가 그만큼 더 생길 수 있다.

　샘프러스는 침착히 자신의 서브 게임을 지켜나갔고 3-2로 앞선 상황에서 마침내 베커의 서브를 브레이크할 절호의 찬스를 잡았다. 더블폴트까지 범하면서 베커가 15-40까지 몰린 것이다.

　그러나 여기서 다시 서브 마스터의 저력이 불을 뿜었다. 서브 에이스를 빵빵 터뜨린 데 이어 완급을 조절하는 코스 공략을 구사해 4포인트 연속 득점에 성공했다. 샘프러스는 허탈할 수밖에 없었다. 두 차례나 브레이크할 기회를 잡았는데 이를 아무렇지도 않게 극복해내는 베커의 서브 능력에 감탄을 금할 수 없었다.

도저히 베커의 서브를 브레이크할 수 없는 샘프러스에게 남은 방도는 타이브레이크 승리뿐이었다. 에이스 수에서 베커에게 밀렸지만 샘프러스는 확실히 우위를 점하는 분야가 하나 있었다. 바로 서브 앤 발리였다. 서브 하나만으로 끝내는 건 베커보다 못하지만 서브와 발리를 하나의 연계 플레이로 구성해 점수를 가져오는 방식에서는 앞서 있었다. 숨 막히는 긴장감 속에 결국 샘프러스가 타이브레이크에서 7-5 간발의 차로 이겨 2세트를 가져올 수 있었다.

흐름을 타자 서브도 덩달아 살아났다. 샘프러스는 3세트 초반 15-40까지 밀려 서브권을 빼앗길 위기에 봉착했지만 베커가 이전 세트에서 그랬던 것처럼 총알처럼 빠른 서브 에이스를 잇달아 꽂아 넣으며 위기에서 탈출했다. 샘프러스보다 네 살 많은 베커는 시간이 흐를수록 흔들리는 모습이 잦아졌다. 특히 첫 서브를 실패하고 세컨드서브를 치고 난 뒤 네트 앞으로 나가지 않고 그대로 베이스라인에 머무는 횟수가 늘어났다.

미세한 자신감 상실은 승부에 결정적 영향을 끼쳤다. 3세트 역시 타이브레이크까지 왔는데 여기서 베커가 소극적인 플레이를 펼치다 발목이 잡힌 것이다. 타이브레이크 4-4에서 결정적인 더블폴트가 나왔다. 세계 1위를 달리던 샘프러스는 기회를 놓치지 않았다. 가장 중요한 3세트를 가져오면서 세트 스코어 2-1로 앞서 나갔다.

그래도 서브가 강한 베커는 쉽게 무너지지 않았다. 4세트 역시 서로 서브권을 지키는 접전 끝에 타이브레이크 승부로 끌려갔다. 세 세트 연속으로 치르는 타이브레이크였다. 그만큼 서브가 강한 두 선수의 우열을 가리기 어려웠다는 뜻이다.

3번째 타이브레이크는 혼돈의 연속이었다. 놀랍게도 서브의 절대 고수인 둘이 초반 4포인트까지 서브권을 서로에게 내주는 일이 벌어졌다. 이런 가운데 승기를 잡은 건 베커였다. 5-3으로 먼저 앞서나갔다. 하지만 샘프러스도 쉽게 물러서지 않고 추격에 성공해 타이브레이크를 장기전으로 끌고 갔다. 7점을 먼저 선취하면 끝나는 타이브레이크가 결국 13-11이라는 장대한 스코어로 마무리됐다. 이 과정에서 베커는 5차례 세트 포인트를 잡았고 이번 세트를 이기면 최종 승자가 되는 샘프러스는 2차례 매치포인트를 잡았다. 하지만 샘프러스는 베커의 노련한 반격에 밀려 마무리하지 못하면서 결국 5세트 승부로 내몰렸다.

독일 홈팬들은 29세 노장 베커에게 찬사를 아끼지 않았다. 최고 전성기를 맞은 샘프러스를 맞아 뛰어난 경기력을 보이는 베커를 향해 아낌없는 성원을 보냈다. 5세트는 신중히 진행됐다. 이렇다 할 서브 위기 없이 게임 스코어 4-4까지 왔다. 베커가 먼저 서브권을 갖고 있어 다소 유리한 상황에 있었다. 하지만 샘프러스는 이번 게임을 반드시 잡아야 승자가 될 수 있다고 믿는 듯했다.

세트 스코어 2-2가 되는 동안 샘프러스는 단 한 번도 베커의 서브 게임을 빼앗아 오지 못했다. 1세트에 자신이 딱 한 번 서브권을 내줬을 뿐이고 2~4세트엔 서로 서브권을 빼앗거나 빼앗긴 적 없이 타이브레이크까지 진행됐던 것이다.

마침내 샘프러스에게 브레이크 포인트 기회가 찾아왔다. 그는 집중했다. 베커 역시 이 서브권을 지키지 못하면 패배와 직결된다는 걸 예감한 듯했다. 신중히 첫 서브를 샘프러스의 약점인 백핸드 쪽으로 넣었다. 샘프러스가 예측하던 대로였다. 베커의 포핸드 쪽으로 짧은 슬라이스 리턴을 시도했고 베커는 낮게 깔린 공이 땅에 닿기 전에 위로 걷어 올리는 로 발리를 간신히 쳐냈다. 베커의 발리는 샘프러스의 백핸드 쪽을 향해 갔고 샘프러스는 완벽한 백핸드 패싱샷 위너를 작렬했다. 경기에서 처음이자 마지막으로 베커의 서브를 브레이크하는 데 성공한 순간이다. 평소 감정을 좀처럼 드러내지 않는 샘프러스가 그 순간 "오, 예"라고 소리치는 모습을 보더라도 이 포인트가 얼마나 승부에 결정적이었는지 알 수 있다.

가장 멋진 샷은 챔피언십 포인트에서 나왔다. 게임 스코어 5-4, 40-30로 앞선 상황에서 샘프러스의 마지막 서브. 무려 24차례 기나긴 랠리를 주고받은 끝에 마지막 순간 베커가 날린 백핸드 샷이 네트에 걸리면서 경기가 마감됐다. 이렇게 4시간에 걸친 접전은 3-2(3-6, 7-6, 7-6, 6-7, 6-4) 샘프러스의 승리로 끝났다. 아이러니하게도 서브의 최고수끼리 벌인 '서브 콘테스트'에 가까운 대결에서, 경기를 대표하는 장면은 서브나 리턴이 아니라 격렬한 그라운드 스트로크였던 셈이다.

승자인 샘프러스는 두 팔을 높이 치켜들고 환호했다. 베커는 고개를 숙이지 않았다. 자신의 모든 것을 쏟아 부어 명승부를 펼쳤기에 후회가 없었다. 베커는 경기 뒤 이렇게 말했다.

"나는 이보다 더 좋은 경기를 할 수 없었습니다. 코트에서 이런 놀라운 감정을 느껴본 적이 없었어요. 내게는 최후의 경기였다고 해야 할까요. 마지막 순간 누가 이겼는지는 중요하지 않았습니다."

베커의 말 그대로였다. 비록 4대 메이저 대회 결승전과 같은 무게감은 없었지만 경기 내용을 보면 전혀 손색이 없었다. 1990년대 중반 하노버의 실내 하드 코트에서 펼쳐진 '헤비급 테니스 결투'는 당시의 테니스 시대상을 정확히 반영한 최고의 클래식이었다. 1960년대부터 수많은 명승부를 직접 지켜본 영국의 저널리스트 리처드 에번스는 이 경기가 끝난 뒤 '테니스 위크' 잡지에 다음과 같이 기고했다.

"만약 보리스 베커가 현대 테니스에서 가장 위대한 경기인 이 승부에서 이겼다면 하노버는 엄청난 열기의 후유증을 감당할 수 없었을 것이다. 이 승부는 실내 하드 코트 대회에서 동시대 가장 강한 두 선수가 벌인 박진감 넘치는 경기였다."

### 역대 최고의 서버는?

승자는 샘프러스였지만 누가 최고의 서버인지 가리는 데선 베커 쪽의 손을 들어 보인 경기였다. 숫자가 말한다. 베커는 서브 에이스 30개를 터뜨려 15개에 그친 샘프러스를 두 배 앞섰다. 첫 서브 득점률, 즉 첫 서브를 넣었을 때 그것이 득점으로 연결된 확률에서도 베커는 무려 90퍼센트를 기록한 반면 샘프러스는 64퍼센트에 머물렀다. 세컨드서브 득점률은 59퍼센트와 58퍼센트로 비슷했다.

전체 점수가 양쪽을 합해 344포인트가 나왔는데 놀라운 건 1~3구 이내에 끝난 점수가 252점이나 된다는 점이다. 서브와 리턴을 주고받는 정도에서 끝난 포인트가 전체의 3분의 2에 육박한다는 뜻이다. 그만큼 서브가 강한 선수들끼리 만난 경기의 특징을 잘 보여주는 수치다. 요즘 선수들의 경기에서 쉽게 볼 수 있는 '10구 이상 롱 랠리'는 단 4차례에 불과했다. 진정한 서브 머신들의 경연 무대였다.

21세기가 한참 지난 지금도 서브의 중요성은 줄어들지 않고 있지만 1990년대 톱 랭커들의 경기에서 서브의 비중은 훨씬 높았다. 서브를 잘 넣는 선수가 의심할 바 없이 그 시대의 최강자로 군림했다. 존 매켄로가 1980년대 초반을 주름잡은 것도 서브의 힘 덕분이었고 그의 뒤를 이은 베커야말로 서브를 기반으로 한 파워 테니스의 완성자였다. 베커의 플레이 흐름을 따라 등장한 샘프러스는 강력한 서브에 빠른 발을 이용한 발리 기술까지 겸비해 완성도를 높이면서 역대 가장 완벽한 서버라는 찬사를 받았다.

서브는 예나 지금이나 단연 테크닉 1순위일 수밖에 없다. 네트 건너편 상대와의 일대일 대결을 기본 골격으로 갖는 이 스포츠에서 유일하게 상대의 샷과 상관없이 스스로 모든 것을 결정할 수 있는 기술이 바로 서브다. 여기서 출발해 테니스의 승패는 조금 극단적으로 말하면 자신의 서브권을 지킬 수 있느냐에 달려 있다. 테니스를 상징하는 용어 '브레이크 포인트'는 서브권을 상대에게 내줄 수 있는 파괴적

피트 샘프러스(오른쪽)가 5세트 접전 끝에 베커를 물리치고 우승을 확정한 순간 두 테니스 전설은
서로 얼싸안으며 최고의 경기를 펼친 상대방을 치켜세웠다. **사진 ATP 테니스 유튜브 영상**

상황을 일컫는다.

테니스의 서브는 다른 종목과 달리 두 번 기회가 주어진다. 첫 서
브는 혼신의 힘을 다한 강타로, 세컨드서브는 안정성을 고려한 샷으
로 흔히 구성된다. 이런 독특한 운영 방식에 따르면서 테니스는 다른
종목에서 찾아볼 수 없는 다양하고 수준 높은 서브의 향연이 펼쳐지
게 된다.

서브의 종류는 크게 보면 두 가지다. 플랫과 스핀 서브다. 플랫 서
브는 야구의 패스트볼, 즉 직구와 같은 개념이다. 최대한의 힘과 속도
를 쏟아 에이스를 노리는 서브다. 주로 첫 서브를 넣을 때 사용한다.
다만 성공 확률이 떨어지는 단점이 있다.

스핀 서브는 공에 회전을 가미해 안정성을 높이고 구질을 다양화
하는 효과가 있다. 스핀의 속성에 따라 슬라이스 서브와 킥 서브로 분

화된다. 슬라이스 서브는 테니스공의 정면이 아니라 측면을 깎아 쳐 사이드 스핀을 형성한다. 속도는 플랫 서브보다 떨어지지만 공의 궤적이 날카롭게 측면으로 휜다. 야구 구종으로 치면 슬라이더에 해당한다. 특히 듀스 코트에서 넣으면 상대방 코트 밖으로 휘어지기 때문에 첫 서브로도 효과적이다.

킥 서브 역시 테니스공의 측면을 깎아 스핀을 형성하지만 성질이 전혀 다르다. 킥 서브는 오른손잡이를 기준해 공의 왼쪽 측면에서 위로 감아올리는 독특한 스윙 궤적을 형성해, 공의 회전이 강하게 위로 걸린다. 이러한 회전 속성 때문에 코트에 착지한 뒤 아주 높은 바운스를 형성하게 되는데 바닥을 강하게 찬다는 의미로 킥 서브라고 부른다. 류현진의 체인지업이 킥 서브와 유사하다. 대부분 프로 선수들은 세컨드서브로 킥 서브를 활용한다.

이 3가지 서브 테크닉에 토대해 최대 9개까지 서브 운용이 가능하다. 각각의 서브를 상대 서브 박스에 따라 방향을 달리해 넣는 식이다. 즉 플랫 서브를 넣을 때 서브 박스의 왼쪽, 가운데, 오른쪽 3가지 코스로 넣을 수 있다. 서브를 리턴하는 입장에서는 늘 이렇게 9가지 경우의 수를 대비해야 하므로 상대의 서브권을 브레이크하기란 쉬운 일이 아니다.

자신의 서브권을 지키려면 우선 서브를 잘 넣어야 한다. 하지만 서브를 잘 넣는 것만으로는 부족하다. 꾸준히 잘 넣어야 한다. 첫 서브와 세컨드서브의 득점률은 큰 차이가 난다. 보통 남자 프로 선수들의 경우 첫 서브가 들어가면 득점 확률이 70~75퍼센트에 육박하지만 세컨드서브를 넣을 때 50퍼센트 미만으로 뚝 떨어진다. 따라서 첫 서브를 성공시키는 능력 자체가 무척 중요하다.

2020년을 전후해 다시 서브의 중요성이 부상하고 있다. 모든 선수가 리턴을 잘하고 그라운드 스트로크가 탄탄해지다 보니 서브에서 차이가 부각된 것이다. 최근 남자 테니스 세계 랭킹 톱 5를 형성하고 있는 다닐 메드베데프, 스테파노스 치치파스, 알렉산더 즈베레프 등은 모두 키가 190센티미터가 넘고 강력한 첫 서브를 구사하는 20대 초중반 선수들이다. 시속 210킬로미터 정도의 파워 서브를 갖고 있지 못하면 적어도 남자 테니스에서 세계적 선수로 성장하지 못한다는 것이 전문가들의 공통된 견해다.

최근에는 서브의 트렌드도 미세하게 변하고 있다. 과거 첫 서브와 세컨드서브는 확연히 구분되는 기술이었다. 첫 서브는 강하게, 세컨드서브는 약하되 안정적으로. 하지만 점점 젊은 선수들을 중심으로 세컨드서브와 첫 서브를 구분하지 않고 똑같이 파워풀하게 넣으려는 시도가 늘고 있다.

사실 우리 인간은 단련하기 나름이다. 설정해놓은 한계를 벗어나는 건 결코 불가능하지 않다. 과거 첫 서브와 세컨드서브에 속도 차를 두고 훈련하는 방식에서 벗어나 한 번에 두 개의 첫 서브를 구사하는 것이 뉴 노멀로 자리 잡지 못하리라는 법은 없다. 일부 선수들은 최근 베이스라인에서 사오 미터 뒤에 서 리턴 위치를 잡는 유행을 역으로 노려 언더암 서브를 구사해 쏠쏠한 재미를 보기도 한다. 서브 전략이 다양해지면서 점점 그 중요성이 커지고 있다.

한국 테니스에서 그동안 서브는 일종의 금기어에 가까웠다. 세계 수준과의 격차가 가장 두드러지는 부분이 바로 서브였기 때문이다. 세계 랭킹 36위까지 오른 한국 테니스의 전설 이형택조차도 전성기 시절 서브가 강력하지 못해 한계에 부딪쳤다. 그와 함께 투어를 누빈 윤용일 코치는 언젠가 "형택이가 서브까지 받쳐줬다면 톱 10에 들었을 것"이라고 말한 적이 있다. 2018년 호주 오픈에서 4강에 오른 정현 역시 서브가 커리어 내내 약점으로 지적됐다. 앞으로 서브의 약점을 극복하지 못하면 세계와의 격차를 줄이기 어렵고, 동양인으로서 신체적 한계가 계속해 우리의 발목을 잡을 것이다.

서브는 프로 선수이든 동호인이든 평생에 걸쳐 노력해 향상시켜야 할 기술이다. 프랑스 오픈에서 총 14회 우승한 라파엘 나달조차 자신의 서브 자세를 커리어에서 크게 4번 이상 바꿨다. 노박 조코비치 역시 마찬가지다. 세계 최고의 선수들조차 이럴진대 국내 엘리트 선수들이 서브의 한계를 느끼고 현실에 안주해서는 곤란하다.

# 18

# 난 왼손잡이야

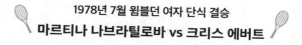

**1978년 7월 윔블던 여자 단식 결승**
**마르티나 나브라틸로바 vs 크리스 에버트**

윔블던 챔피언십은 테니스 선수라면 누구나 꿈꾸는 궁극의 영광이다. 그렇다면 윔블던이 낳은 최고의 선수 한 명을 꼽으라면? 로저 페더러도 피트 샘프러스도 노박 조코비치도 아니다. 정답에 가장 가까운 인물은 왼손잡이 서브 앤 발리의 대가 마르티나 나브라틸로바일 것이다. 그녀가 윔블던에 남긴 단식 총 우승 횟수이자 베토벤의 마지막 교향곡을 떠올리게 하는 'No. 9'은 독보적 기록이다. 1978년 7월 윔블던 결승전은 이제 갓 21세에 접어든 나브라틸로바와 두 살 많은 크리스 에버트가 함께 작곡한 교향곡 1번이었다.

## 이보다 더 치열한 라이벌은 없었다

요즘에는 1970년대 옛 테니스 영상 자료를 유튜브를 통해 쉽게 접할 수 있다. 10대 시절의 에버트는 순정 만화의 주인공처럼 생겼다. 잡티 하나 없어 보이는 새하얀 얼굴에 황금색 머리를 단정히 머리띠로 묶고 나온 자태는 흡사 테니스 여신이라고 불러도 손색없다. 실제로 1970년대 당시 에버트의 애칭이 '옆집 소녀(The girl next door)'였다고 한다.

코트 위에서 보여주는 모습은 이런 환상을 더욱 심화시켰다. 절도 있고 단정한 걸음걸이와 교과서적인 포핸드·백핸드. 때로 잘못되거나 따져볼 만한 심판 판정이 나와도 에버트가 취하는 최대치의 행동은 눈살을 살짝 찌푸리기 정도뿐이었다. 대중을 상대할 때도 교양 있는 미국 여성의 틀에서 벗어나지 않았다. 늘 공손하면서도 사교성 넘치는 인터뷰로 팬은 물론 미디어의 사랑을 한 몸에 받았다.

그러니 1960년대 여성 테니스를 주름잡은 마거릿 코트와 빌리 진 킹의 완벽한 대체자로 에버트를 꼽는 건 너무 당연한 논리적 귀결이었다. 기세로만 보면 이들을 뛰어넘을 가능성도 엿보였다. 1971년 에버트는 불과 16세 나이에 US 오픈 4강에 오른 천재였으며 19세가 된 1974년에는 프랑스 오픈과 윔블던을 차례로 석권하며 넘버원의 자리에 올랐다. 이때 당시 남자 1위였던 미국의 지미 코너스와 연인 관계를 형성하며 '1등 커플'로 공인받아 화제를 뿌리기도 했다. 적어도 앞으로 10년, 여자 테니스는 플로리다 출신인 에버트의 시대가 되리라는 예상이 지배적이었다.

그보다 두 살 어린 나브라틸로바가 등장했을 때 에버트 시대가 도래할 줄 철석같이 믿던 이들은 그야말로 찬물을 뒤집어쓴 느낌이었다. 에버트와 달라도 너무 달랐다. 체코슬로바키아 출신의 나브라틸로바는 웃음기 없는 냉혹한 승부사의 전형으로 비춰졌다. 1970년대가 냉전 시대였던 것을 감안하면 당시 올림픽 등에서 흔히 접하는 동구권의 운동 머신과 같은 느낌이었다.

게다가 테니스 스타일도 정반대였다. 나브라틸로바는 당시에도 흔치 않은 왼손잡이였다. 그라운드 스트로크보다 서브를 넣고 네트 앞으로 치고 나가 발리로 마무리하는 걸 좋아했다. 공격적이고 빠른 호흡으로 승부를 끝내는 방식을 선호했다. 에버트의 완벽한 대척점이다. 탄탄한 투 핸드 백핸드를 바탕으로 스트로크 랠리에 능한 에버트의 키워드는 인내심이었다. 절대 무리한 공격을 하지 않고 참을성 있고 흔들림 없는 플레이를 펼쳐 상대 공격에 카운터를 날렸다. 무리한 공격을 삼간 덕에 범실도 적었다.

사실 테니스 라이벌 열전을 살펴보면 대부분 네트 건너편 두 선수는 서로 상반된 속성을 갖고 있기는 하다. 세련되고 우아함이 넘치는 로저 페더러와 황소 같은 근육질을 자랑하는 라파엘 나달이 그랬고 서브가 강점인 피트 샘프러스는 리턴이 좋은 앤드리 애거시와 정반대 스타일의 경기를 보였다. 하지만 그들의 치열하게 엇갈리는 라이벌 구도조차도 무려 15년 내내 이어진 '나브라틸로바와 에버트' 구도 앞에선 빛을 잃는다.

1974년 첫 대결부터 1988년까지 이들이 맞붙은 횟수는 장장 80회

1980년 네덜란드 헤이그에서
열린 대회에 출전한 나브라틸로바.
나브라틸로바는 왼손잡이라는
희소성을 앞세워 윔블던에서만 무려
9차례 우승하는 대기록을 남겼다.
사진 Hans van Dijk

에 이른다. 남녀를 통틀어 그 어떤 선수들도 테니스 150년 역사에서 이토록 잦은 대결을 벌인 적은 없었다. 최근 지겹다는 소리를 들을 정도로 많이 만난 노박 조코비치와 나달도 59회가 전부다. 나브라틸로바와 에버트는 툭하면 결승에서 만났고 코트 표면의 속성에 따라 희비가 엇갈렸다.

잔디와 하드 코트에서는 나브라틸로바가, 클레이 코트에서는 에버트가 앞섰다. 초창기 맞대결에선 두 살 많은 에버트가 연승 행진을 벌였지만 1980년대 들어 나브라틸로바가 제대로 눈을 뜨면서 전세는 확실히 역전됐다. 이들의 통산 전적은 43승 37패로 나브라틸로바의 근소한 우위로 끝났다.

특히 결승전에서만 60차례 만났는데 1978년 윔블던 여자 단식 결승전은 이 라이벌전의 가장 큰 전환점으로 꼽힌다. 이전까지 나브라틸로바는 에버트의 위압감에 눌린 나머지 잠재력을 제대로 보여주지 못하고 거듭된 연패를 겪으며 자신감이 바닥에 떨어져 있었다. 하지만 이 무렵 자신의 능력을 믿기 시작한 나브라틸로바는 남몰래 갈고 닦은 교향곡 1번을 연주할 준비를 마친 상태였다.


### The Game

윔블던 센터 코트에 에버트와 나브라틸로바가 동시에 입장하자 뜨거운 박수가 쏟아졌다. 당시의 전통은 지금과 조금 달랐다. 여자 선수들은 나란히 거대한 꽃다발을 두 손에 들고 입장했고 동전 던지기가 아니라 라켓 돌리기로 서브권 순서를 정했다. 경기 시작 전까지만 해도 23세와 21세 두 테니스 스타는 서로 페어플레이를 다짐하며 훈훈하기 그지없는 장면을 연출했다.

하지만 나브라틸로바의 첫 서브로 경기가 시작되자마자 전운이 감돌았다. 민소매 차림의 나브라틸로바는 왼손잡이답게 날카롭게 휘어져 들어가는 스핀 서브로 에버트를 위협했다. 왼손잡이를 상대할 때 가장 까다로운 점은 게임 전략을 수립할 때 정반대로 생각해야 한다는 것이다. 보통의 오른손잡이 선수들을 상대할 때 그들의 약점인 백핸드를 공략하는 방식이 왼손잡이를 상대할 땐 통하지 않는다.

1세트 첫 게임에서 에버트는 자신감 넘치는 포핸드 직선 공격을 때렸다. 공은 총알처럼 상대 코트 구석을 찔렀다. 보통의 선수들이라면 넘기기 어려운 공이다. 하지만 나브라틸로바는 사뿐히 자신의 왼손을 이용해 포핸드로 역공을 펼쳤다. 에버트의 표정에는 당황스러움이 역력했다.

요즘 선수들과 달리 1970년대 선수들은 포핸드와 백핸드의 차이가 뚜렷했다. 포핸드는 공격의, 백핸드는 수비의 동의어였다. 이런 전제하에 선수들은 상대의 백핸드 쪽을 주된 공격 타깃으로 삼았다. 백핸드로 주면 적어도 한 템포 쉬고 갈 여유가 생겼다. 상대가 반격할 가능성이 별로 없기 때문이다. 그 작전이 왼손으로 라켓을 잡고 있는 나브라틸로바에게는 통하지 않았다.

그래도 에버트는 그때까지 메이저 대회를 7차례나 석권한 당대 최고의 선수였다. 적어도 이때까지는 상대 전적에서도 나브라틸로바를 압도하고 있었다. 자신감은 충분했다. 나브라틸로바가 날카로운 서브를 넣고 네트로 달려 나왔지만 에버트는 탄탄한 좌우 그라운드 스트로크로 빈 공간을 수시로 찔러댔다. 나브라틸로바가 네트 앞을 점령하면 때때로 공중으로 5미터 넘게 공을 띄우는 로빙 공격으로 맞받았다. 이는 에버트가 서브앤발리어를 골탕 먹이는 방법이기도 했다.

결국 경험에서 아직 한 수 위인 에버트가 6-2로 1세트를 선취했다. 윔블던 3번째 우승에 도전하는 챔피언다웠다. 나브라틸로바는 평정심을 찾기 어려웠다. 특히 1세트 고비마다 에버트가 친 공이 네트를 맞고 떨어지는 경우가 적지 않았는데 야속하게도 번번이 득점으로 연결됐다. 경기가 잘 풀리는 가운데 에버트가 상대를 갖고 노는 듯했다. 특히 5-2로 앞선 상황에서 네트 앞에 공을 짧게 떨어뜨려 유인한 뒤 백핸드 스매시로 내려쳐 나브라틸로바의 얼굴을 맞혔다. 그때 나브라

마르티나 나브라틸로바(왼쪽)와 크리스 에버트는 여자 테니스가 낳은 최고의 라이벌이었다.
사진 1978년 윔블던 유튜브 영상

틸로바의 얼굴엔 '운수 지독히 나쁜 날'이라고 쓰여 있는 것 같았다.

경기가 풀리지 않던 나브라틸로바는 향후 10년간 자신의 주 무기로 각광받게 될 '그 기술'의 사용 빈도를 늘리기로 결단을 내렸다. 바로 '칩 앤 차지'이다. 백핸드 슬라이스로 깎아 쳐 공을 상대 코트 깊숙이 보내는 동시에 네트 앞으로 대시해 발리로 마무리하는 공격 방정식이다. 효과는 서서히 나타났다. 나브라틸로바의 백핸드 슬라이스는 칼로 무를 잘라내듯 날카롭기 그지없었고 역회전이 걸린 공은 코트 표면에 낮게 깔리며 미끄러졌다. 이렇게 되자 에버트는 스트로크로 상대의 빈곳을 찌르는 패싱샷을 구사하기 어려워졌고 설상가상으로 로브의 정확도마저 떨어졌다. 2세트는 6-4 나브라틸로바의 승리로 끝났다.

라이벌전답게 3세트가 승부의 백미였다. 게임 스코어 2-3으로 뒤진 상황에서 나브라틸로바의 서브권. 에버트는 이날 최고의 리턴을 두 방 연속해 터뜨리면서 순식간에 0-40, 트리플 브레이크 포인트 찬스를 만들었다. 나브라틸로바의 첫 서브가 다소 약해진 틈을 타 리턴으로만 두 번 연속으로 득점하면서 압박한 것이다. 절호의 기회를 잡은 에버트는 이어진 30구 롱 랠리에서 멋들어진 백핸드 크로스 위너를 작렬하며 게임을 가져왔다. 4-2로 앞선 상황에서 에버트와 팬들은 승리를 예감한 듯했다.

하지만 첫 번째 메이저 대회 우승을 꿈꾸는 나브라틸로바의 열망은 상상을 뛰어넘었다. 에버트의 서브권을 다시 브레이크하며 4-4 동점을 만들었다. 이 과정에서 칩 앤 차지의 완성도는 절정에 달했다. 백핸드 슬라이스로 공을 쳐낸 뒤 네트 앞을 점령하는 방식으로 에버트의 서브를 2구부터 압박해나갔다. 반대로 에버트는 또다시 '왼손잡이 딜레마'에 빠져들었다. 에버트가 강하게 포핸드 직선타를 때릴 때마다 왼손잡이 나브라틸로바는 포핸드로 가볍게 응수해나갔다.

그렇게 에버트의 어깨에 점점 힘이 들어가고 있었다. 결국 범실이 나올 수밖에 없었다. 최대 승부처인 5-5 상황에서 에버트는 허무하게 3차례 포핸드 범실을 쏟아내며 무너지고 말았다. 6-5로 9부 능선을 넘은 나브라틸로바는 마지막 게임에서 한 포인트도 내주지 않고 완벽한 서브 앤 발리 플레이를 선보이며 감격적인 생애 첫 메이저 대회 타이틀을 획득했다.

**III 전술과 테크닉**

## 어드밴티지, 왼손잡이!

1978년 윔블던 결승전은 결과적으로 여제의 대관식이 돼버렸다. 1987년 슈테피 그라프라는 또 다른 여제가 등장하기 전까지 나브라틸로바는 과거 전설들을 뛰어넘는 성취를 기록할 수 있었다. 메이저 대회 단식만 총 18차례 우승했고 복식과 혼합 복식에서도 천하 통일을 이뤘다. 흔히 4대 메이저 대회 단식을 모두 우승하면 '커리어 그랜드슬램'을 달성했다고 하는데 나브라틸로바는 출전 가능한 모든 종목에서 그 일을 해냈다.

나브라틸로바가 윔블던 역사상 남녀 통틀어 가장 위대한 선수로 꼽히는 데는 그럴 만한 이유가 있다. 경기 스타일이 윔블던 잔디에 너무나 잘 들어맞았다. 서브가 특출한 데다 네트 앞에서 움직임은 차원이 달랐다. 민첩한 반사 신경과 선구안, 유연성, 순발력을 바탕으로 나브라틸로바는 상대의 빠른 공격을 네트 앞에서 발리나 스매시로 철통같이 막아냈다.

전성기 시절 선보인 압도적인 강력함에는 왼손잡이로서의 이점을 빼놓을 수 없다. 테니스는 왼손잡이에게 유리한 점이 가장 뚜렷한 스포츠라고 해도 과언이 아니다. 일단 희소성에서 그렇다. 세계 인구의 10퍼센트 정도가 왼손잡이다. 이 비율은 그대로 프로테니스에도 적용되는데 그만큼 오른손잡이 입장에서 왼손잡이를 상대하는 경우가 흔치 않다는 뜻이다.

게다가 왼손잡이 테니스는 정반대의 속성을 갖고 있다. 오른손잡이가 평범하게 때리는 포핸드 크로스는 역시 같은 오른손잡이의 포핸드 쪽으로 향하지만 왼손잡이가 때리는 포핸드는 오른손잡이의 백핸드 쪽으로 향하게 된다. 보통 프로 선수들은 포핸드보다 백핸드가 다소 약한 편이라 왼손잡이는 상대의 약점인 백핸드를 좀 더 편안히 공략하게 된다.

그렇다면 이런 반론도 가능할 것이다. 오른손잡이도 왼손잡이의 백핸드 쪽을 노리면 되지 않느냐고. 여기서 바로 희소성 원리가 적용된다. 오른손잡이들은 90퍼센트 경기를 오른손잡이와 대결하다 보니 낯선 왼손잡이를 상대하면 평소 즐겨하는 경기 스타일을 바꿔야 하고 무엇보다 불편해진다. 반면에 왼손잡이들은 평소 90퍼센트 경기를 자신과 반대인 오른손잡이들과 대결하기에 전략을 바꾸지 않고 '하던 대로' 하면 된다.

나브라틸로바는 특히 서브에서 강점을 보였다. 왼손잡이가 구사하는 스핀 서브는 회전 방향이 정반대가 된다. 리턴을 하는 입장에서는 평소 받던 방향의 정반대로 꺾여 들어오는 까다로운 서브가 되는 것이다. 특히 이런 까다로움은 테니스의 스코어 방식과 결합해 더 큰 어드밴티지로 증폭된다. 즉 가장 중요한 승부처에서 왼손잡이가 넣는 서브가 더 유리하다는 뜻이다.

보통 테니스에서 가장 중요한 스코어는 30-40 같은 브레이크 포인트 상황이다. 이런 상황에 몰렸을 때는 항상 어드밴티지 코트(베이스라인의 왼쪽 부분, 즉 서브권을 가진 선수가 처음이 아니라 두 번째로 서브를 넣는 위치)에서 서브를 넣게 되어 있는데 왼손잡이는 이 위치에서 바깥쪽으로 빠지는 스핀 서브의 궤적이 훨씬 날카로워진다. 왼손잡이 라파엘 나달도 과거 전성기의 로저 페더러를 상대로 이 전략을 사용해 숱한 브레이크 포인트 위기를 탈출한 바 있다. 나브라틸로바 역시 승패가 결정되는 '빅 포인트'에서 특히 더 강했다.

'철녀'라는 별칭으로 불린 나브라틸로바는 비단 테니스뿐 아니라 여성 스포츠에 한 획을 그은 입지전적 인물이기도 하다. 정교한 기술과 기교로 점철된 여자 테니스에 힘과 체력이라는 남성적 요소를 수혈했다. 여자 선수들 가운데 최초로 '크로스 트레이닝' 개념을 도입한 그녀는 농구장과 헬스장에서도 많은 시간을 쏟으면서 피지컬 테니스의 새 장을 열었다. 49세까지 현역 생활을 유지할 정도로 프로 의식이 투철했으며 체코슬로바키아에서 미국으로 국적을 바꾸는 과정에서 주변의 비난을 꿋꿋이 이겨냈다. 무엇보다 양성애자라는 사실을 떳떳이 밝히고 커밍아웃을 선언하는 등 누구보다 선 굵은 삶을 살아왔다.

나브라틸로바가 들려준 장대한 윔블던 교향곡은 1990년 9번째 우승과 함께 화려한 막을 내렸다. 천적인 슈테피 그라프가 준결승에서 탈락하는 행운이 따랐지만 그녀를 꺾고 올라온 지나 개리슨에게 잔디 테니스의 진면목을 확실히 보여주며 9번째 우승을 완성했다. 장대한 역사를 가진 윔블던에는 수많은 영웅과 신화가 탄생했다. 하지만 윔블던 단식과 복식, 혼합 복식을 합해 20번이나 시상식 꼭대기 위에 선 나브라틸로바야말로 윔블던의 여제를 뛰어넘어 진짜 황제로 불릴 만하다.

# 19
# 여자 테니스의 파워 전성시대

🎾 **2004년 7월 윔블던 여자 단식 결승** 🎾
## 마리아 샤라포바 vs 세리나 윌리엄스

불과 몇 해 전만 해도 세상에서 가장 유명한 테니스 스타는 분명 마리아 샤라포바였다. 테니스에 전혀 관심이 없는 문외한이라 해도 그녀의 이름 넉 자는 넉넉히 들어보고도 남았다. 일찍이 샤라포바처럼 화려한 외모에 뛰어난 실력을 겸비한 선수는 없었다. 축구로 따지면 데이비드 베컴과 같은 존재였다고 해야 할까. 샤라포바의 화려한 신고식은 2004년 윔블던이었다. 향후 15년간 계속될 여자 테니스 라이벌 열전이 시작된 시점이기도 했다. 한 가지 아쉬운 건 역사상 가장 '싱거운' 라이벌전이 됐다는 점이다.

III 전술과 테크닉

### '테니스 요정'의 등장

2004년은 한국에 테니스 열풍이 불어닥친 해로 기억될 만하다. 샤라포바 덕분이었다. 윔블던 단식 챔피언에 오른 17세 테니스 요정이 코리아 오픈 출전을 위해 방한했다. 샤라포바가 올림픽공원 센터 코트에서 내지른 '괴성'은 그 자체만으로 스포츠 신문 1면 톱을 장식했다. 한참 잘나가던 TV 프로그램 '무한 도전'에도 출연해 예능 감각을 마음껏 뽐내며 시청자들의 눈길을 사로잡기도 했다.

샤라포바 못지않게 그녀의 아버지도 주목받았다. 샤라포바의 고향은 러시아 시베리아였다. 혹독한 추위 탓에 테니스를 치기 어려운 고장이다. 아버지 유리 샤라포프는 딸의 재능을 알아보고 일찌감치 테니스 아카데미의 본고장 미국 캘리포니아로 데려가 독보적 명성을 자랑하는 닉 볼리티에리 아카데미에 입학시켰다. 아버지의 헌신적인 뒷바라지는 많은 여자 테니스 스타의 공통점이기도 했지만 샤라포바는 유난히 '딸 바보' 아버지의 덕을 크게 봤다. 그해 딸과 함께 방한한 아버지는 보드카를 좋아하는 전형적인 러시아인답게 한국 특유의 폭탄주 문화에 흠뻑 빠져들었다고 전해진다.

미국 유학의 성과는 2003년 샤라포바가 16세가 되던 해에 본격적인 결실을 맺는다. 어느덧 키가 188센티미터까지 훌쩍 커버렸다. 처음 출전한 윔블던에서 16강까지 오르는 기염을 토하면서 그해 세계 랭킹을 32위까지 끌어올렸다. 큰 체격에서 나오는 강력한 서브와 투핸드 백핸드가 일품이었던 샤라포바는 2004년 윔블던에서 반짝반짝 빛날 준비를 마친 상태였다. 그녀의 상대는 이미 20대 초반에 4대 메이저 대회를 전부 우승해 커리어 그랜드슬램을 일찌감치 달성한 세리나 윌리엄스였다.

언니 비너스 윌리엄스와 함께 윌리엄스 자매로 불리던 둘은 10대 시절부터 또래 주니어 집단에서 적수를 찾을 수가 없어 조기에 프로로 전향했다. 세리나보다 한 살 위인 언니 비너스가 먼저 메이저 대회 우승을 차지하기는 했지만 아버지 리처드 윌리엄스는 줄기차게 "세리나가 비너스보다 훨씬 뛰어난 선수가 될 것"이라고 주장했다. 아버지의 호언장담은 현실로 나타났다.

2002년 프랑스 오픈부터 이듬해 호주 오픈까지 4개 메이저 대회를 연속으로 석권하는 '세리나 슬램'을 달성했다. 비록 한 시즌에 모두 우승하는 캘린더 그랜드슬램은 아니지만 22세 나이에 모린 코널리Maureen Connolly, 마거릿 코트, 마르티나 나브라틸로바, 슈테피 그라프에 이어 4대 메이저 대회를 차례로 휩쓴 대기록이었다.

그렇게 압도적이던 세리나의 기세는 2004년 샤라포바와의 윔블던 대결을 앞두고 다소 주춤한 편이었다. 2003년 여름 무릎 수술을 받고 8개월 공백기를 거친 까닭이다. '세리나 슬램'을 달성할 당시의 압도적 힘을 발휘하기는 어려운 상태였다. 하지만 세리나는 강서브가 큰 위력을 발휘하는 윔블던 잔디에서 승승장구하며 결승까지 올라 3회 연속 우승에 나섰다. 17세 앳된 얼굴의 샤라포바에게 진다는 건 적어도 당시로서는 상상하기 어려운 일이었다.

## The Game

윔블던 센터 코트에 세리나와 샤라포바가 나란히 입장하자 경기장 분위기는 뜨겁게 달아올랐다. 올드 팬들은 아마도 1975년 아서 애시와 지미 코너스의 대결을 떠올렸을 수도 있다. 그때와 마찬가지로 디펜딩 챔피언과 도전자의 구도가 뚜렷하고 피부색에서 흑과 백의 대결이라는 점이 두드러졌다. 둘은 이미 한 차례 맞대결을 가졌었는데 세리나가 2-0 승리를 거뒀다. 하지만 이때까지만 해도 샤라포바는 두려움을 모르는 도전자였고 생애 처음으로 메이저 대회에서 결승에 진출해 어느 때보다 기세가 등등했다.

힘과 힘의 맞대결이었다. 지난날 여자 테니스에선 코트 위에서의 빠른 발과 정교한 기술을 중요하게 여겼지만 두 선수 모두 강한 서브와 포핸드·백핸드의 호쾌한 파워 스트로크로 점수를 따내는 걸 즐겼다. 세리나는 시속 190킬로미터가 넘는 빠른 서브로 샤라포바를 밀어붙였다. 하지만 도전자의 리턴도 만만치 않았다. 세컨드서브가 들어오면 샤라포바는 가차 없이 자신의 강점인 투 핸드 백핸드로 공격적인 리턴을 감행했다. 결국 샤라포바의 공격적인 리턴 게임은 보상을 받았다. 세리나의 강력한 서브를 초반부터 브레이크해 게임 스코어 3-1로 앞서나가며 기선을 제압했다.

오히려 서브의 파워에서 샤라포바가 세리나를 압도하는 형국이었다. 샤라포바는 커리어 중반 어깨 수술을 받은 뒤 서브의 파워가 크게 약해지는 슬럼프를 겪게 되는데 17세의 어깨는 말할 것도 없이 싱싱했다. 파워풀한 서브를 연이어 티 존에 꽂아 넣으며 압박해 들어오

2004년 윔블던 결승전에서 17세의 샤라포바는 세리나를 파워 면에서 압도했다. **사진 2004년 윔블던 유튜브 영상**

는 샤라포바에 맞서 세리나는 리턴 게임에서 이렇다 할 해법을 찾지 못하다 결국 1세트를 불과 30분 만에 1-6으로 내주고 말았다. 디펜딩 챔피언의 자존심이 여지없이 무너져 내렸다.

다만 세리나는 1세트 말미에 샤라포바의 서브 게임을 계속해 듀스 게임으로 몰아가며 실마리를 찾아가는 모습이었다. 2세트 들어 세리나는 차분히 샤라포바와 시소게임을 이어갔다. 호쾌한 서브와 포핸드·백핸드의 파워 스트로크 대결이 이어졌다. 일찍이 보지 못한 엄청난 힘의 향연이었다. 1980년대 나브라틸로바의 현란한 서브 앤 발리, 1990년대 그라프의 부드러운 풋워크, 마르티나 힝기스의 한 템포 빠른 스트로크 등 기존의 윔블던 여제들이 보여준 것과는 다른 유형의 테니스였다. 이렇다 할 네트 플레이 없이 베이스라인에서 순수한 힘의 대결을 보여주는 파워 테니스의 진수였다.

팽팽한 힘의 대결은 2세트를 게임 스코어 4-4까지 끌고 왔다. 여기부터가 진짜 승부처였다. 샤라포바의 투 핸드 백핸드가 폭발했다. 한 번은 리턴 에이스로, 또 한 번은 각도 깊은 백핸드 대각선 공격으로 연속 득점에 성공했다. 15-30 우세한 상황에서 샤라포바가 또 한 번 세리나의 강서브를 신들린 듯한 투 핸드 백핸드로 받아쳐 리턴 득점에 성공했다. 세리나의 명백한 작전 미스였다. 상대의 강점인 백핸드 쪽으로 서브를 넣는 걸 중단했어야 했다. 하지만 이 사실을 깨달았을 때는 이미 승부의 추가 기울어진 뒤였다.

그래도 세리나는 디펜딩 챔피언이었다. 15-40에서 필사적으로 저항해 듀스를 만드는 데 성공했다. 그렇게 2세트 9번째 게임은 긴장의 연속이었다. 둘은 팽팽한 신경전을 벌이며 수차례 듀스 접전을 계속해나갔다. 이 승부에서 키포인트는 샤라포바의 투 핸드 백핸드였다. 힘과 힘의 대결에서 샤라포바의 백핸드가 근소한 차로 앞서 나갔다. 마지막 순간 압박감을 이기지 못한 윌리엄스가 밸런스를 잃고 연이어 스트로크 범실을 쏟아내면서 결국 가장 중요한 서브 게임을 또 잃고 말았다.

2세트 5-4의 40-30 상황에서 샤라포바는 지금은 그녀의 트레이드마크가 되어버린 서브 루틴 동작을 천천히 시도했다. 공을 바닥에 두번 정도 튀기고 양쪽 귀의 머리칼을 쓸어 넘긴 뒤 신중히 숨을 내쉰다. 서브는 세리나의 티 존 쪽으로 빠르게 꺾여 들어갔고 세리나는 가까스로 공을 넘겼다. 곧바로 샤라포바가 포핸드 강타를 날리면서 게

세리나 윌리엄스는 강한 서브와 포핸드를 앞세워 23차례 그랜드슬램 챔피언에 올라, 마거릿 코트(24회)에 이어 역대 2위의 기록을 갖고 있다. 사진은 2013년 언니 비너스와 함께 복식에 출전한 모습. **사진** Edwin Martinez

임 셋 매치. 2-0으로 승리를 확정한 샤라포바는 윔블던 잔디에 무릎을 꿇고 기쁨을 감추지 못했다. 윔블던의 새로운 신데렐라 스토리가 탄생한 순간이었다.

샤라포바는 첫 우승자답게 윔블던의 훌륭한 전통을 그대로 따랐다. 관중석으로 직접 올라가 자신을 지금의 자리에 설 수 있게 해준 아버지와 가슴 벅찬 포옹을 나눴다. 폭탄주의 대가 아버지는 딸을 얼싸안고서 허공을 바라보며 크게 소리를 질렀다.

아직 앳된 나이의 샤라포바는 당대 최강인 윌리엄스를 꺾고 윔블던 정상에 오른 게 믿기지 않았다. 시상식에서 소감을 들어보면 알 수 있다.

"이봐요, 세리나, 미안하지만 내가 1년만 이 트로피를 갖고 있어야

　　　　　**III 전술과 테크닉**

겠어요. 우리 앞으로 계속 윔블던뿐 아니라 다른 그랜드슬램 결승전에서도 만났으면 좋겠습니다. 힘든 경기를 내게 선물해줘서 고마워요, 세리나."

샤라포바의 예감은 틀리지 않았다. 하지만 불길함 예감이었다. 샤라포바는 이후 8차례 더 메이저 대회에서 세리나와 맞붙는데 2019년 은퇴를 선언할 때까지 단 한 번도 그녀를 꺾지 못했다.


### 21세기 파워 테니스의 도래

1999년 슈테피 그라프가 은퇴한 뒤 여자 테니스의 지형은 실질적인 내용에서 크게 변화하기 시작했다. 파워 테니스로 바뀐다. 이전까지 여자 테니스를 주름잡은 선수들은 파워와는 다소 거리가 멀었다. 그라프가 대표적이다. 물론 그녀의 포핸드는 강력했지만 서브와 리턴 등에서 힘으로 승부했다는 평가는 받지 못했다. 그녀의 뒤를 이은 마르티나 힝기스 역시 힘보다 스피드를 강점으로 내세운 스타일이었다.

하지만 윌리엄스 자매가 출현한 20세기 말부터 여자 테니스는 파워가 점차 대세가 되어갔다. 특히 서브에서 압도적 격차를 벌린 세리나 윌리엄스의 부상은 21세기 파워 테니스의 출발을 알린 상징적 사건이었다. 여기에 세리나의 대항마로 2004년 등장한 샤라포바 역시 얌전하기만 했던 여자 테니스에 '힘'을 불어넣었다. 190센티미터에 가까운 키에서 뿜어 나오는 강력한 서브와 타점 높은 백핸드 공격, 무엇보다 공격을 시도할 때마다 코트가 떠나가게 내지르는 괴성까지.

세리나와 샤라포바는 이후 10년 넘게 여자 테니스의 라이벌 구도를 형성하며 시대를 이끌어나갔다.

세리나의 서브는 비단 여자 테니스뿐 아니라 남녀 전체를 통틀어 가장 교과서적인 폼이라는 평가를 받는다. 간결한 토스와 물 흐르듯 부드러운 연결 동작 그리고 마지막 순간 손목을 이용해 라켓 스피드를 끌어올리는 피니시와 팔로 스루까지. 2000년대 후반 몸무게를 늘리는 벌크업을 시도한 뒤 그녀의 서브는 더욱 난공불락이 돼버렸다. 파워 테니스는 그녀가 삼십 줄을 넘어선 2010년대 이후 더욱 완성도가 높아지면서 무적의 시대를 연 원동력이 됐다. 이후 세리나는 메이저 대회 통산 23회 우승을 달성하며 이 부분 최다 기록을 보유한 호주의 마거릿 코트(24회)의 뒤를 바짝 쫓고 있다.

샤라포바는 2004년 윔블던에서 우승한 뒤 적어도 인기에서는 최고 스타 대접을 받았다. 포브스지가 뽑는, 여자 스포츠 종목을 통틀어 가장 돈을 많이 벌어들이는 선수 1위 자리를 무려 10년 넘게 지켰다. 전성기에 누린 세계적 유명세는 웬만한 남자 선수들은 명함도 내밀기 어려운 수준이었다. 샤라포바는 로저 페더러, 라파엘 나달 등과 전성기를 함께했는데 테니스 외적인 면에서 보면 그들 이상의 상품적 가치를 지닌 스타플레이어였다.

다만 2004년 윔블던 승리가 샤라포바에게 독이 된 측면도 있었던 것 같다. 라이벌 세리나가 독기를 품게 되는 결과로 이어졌다. 샤라포바는 그해 연말 여자 테니스 왕중왕 전에서 다시 한 번 세리나를 꺾고 새로운 지존으로서 자신의 위상을 굳건히 하는 듯했지만 이듬해 1월 호주 오픈 4강전에서 풀세트 접전 끝에 세리나에게 패하고 말았다.

이후 샤라포바에게 세리나는 악몽과 같은 존재가 돼버렸다. 무려 18번을 만나 단 한 번도 승리를 거두지 못했다. 18연패 가운데는 호주 오픈과 윔블던, 프랑스 오픈 결승전 등 샤라포바의 커리어를 규정지을 만한 중대한 경기들이 수두룩했다. 샤라포바는 세리나가 부상이나 부진 때문에 잠시 슬럼프를 겪는 사이 그때를 틈타 호주와 프랑스, US 오픈을 우승하며 커리어 그랜드슬램을 달성했지만 15년간 이어진 '세리나-샤라포바 시대'의 영원한 이인자라는 꼬리표를 떼지 못했다.

역대 여자 테니스에는 5~10년 단위로 일인자 자리를 다투는 라이벌 구도가 이어져왔다. 오픈 시대 개막 이후 마거릿 코트와 빌리 진 킹, 크리스 에버트와 마르티나 나브라틸로바, 슈테피 그라프와 모니카 셀레스 등 숱한 승리와 패배를 주고받은 라이벌전이 있었다. 마지막 바통을 이어받은 세리나와 샤라포바 간의 상대 전적은 20승 2패였다. 역대 가장 일방적인 라이벌 구도다.

돌아보면 고질적인 어깨 부상이 샤라포바를 괴롭혔다. 2009년 거듭된 어깨 통증을 이기지 못하고 수술대에 올랐다. 이후 그녀의 가장 큰 강점인 서브가 약해졌다. 속도가 떨어진 건 물론이고 중요한 고비마다 더블폴트를 남발하며 골칫덩어리가 돼버렸다. 2004년 10대 시절 첫 윔블던 우승을 만들어준 강점이 사라져버린 뒤 샤라포바는 더는 세리나의 적수가 되지 못했다.

최근 여자 테니스는 심각한 위기에 빠져 있다. 남자 테니스가 페더러와 나달, 조코비치 같은 희대의 스타들에 힘입어 주가 상한선을 찍는 것과 반대로, 여자 테니스는 스타가 부재한 탓에 위축되고 있다. 4대 메이저 대회는 남녀 간 상금을 동일하게 책정해 양성 평등을 실현하고 있는데 일부 팬과 선수들은 걸핏하면 남녀 간 상금 차별화를 주장하고 있다. 이들이 주장하는 바는 남자 선수들의 경기가 훨씬 팬들의 선호도가 높기 때문에 그만큼 더 보상이 주어져야 한다는 것이다. 이는 테니스만의 독창적 가치를 위협하는 주장이다. 이런 내용은 적어도 샤라포바와 세리나가 건재했을 때는 설 곳이 없었던 주장이다. 앞으로 여자 테니스에 또 다른 우먼 파워가 등장해야 하는 절실한 이유이기도 하다.

# 20
# 백핸드 로맨티스트

 **2013년 5월 프랑스 오픈 남자 단식 16강**
**스탄 바브링카 vs 리샤르 가스케**

테니스 입문자들이 가장 배우기 어려워하는 기술은 무엇일까. 십중팔구 백핸드를 꼽을 것이다. 라켓을 잡은 팔을 반대편으로 꺾어 쳐야 하기에 참으로 불편한 스트로크다. 그래서 프로페셔널 선수들은 묘안을 찾아냈다. 두 손으로 백핸드를 치는 방법을 계발한 것이다. 이후 투 핸드 백핸드가 아슬아슬하고 불안하기만 한 원 핸드 백핸드의 확실한 대안이 되면서 지금은 남녀 모두 그 방법을 애용한다.

하지만 여기에 반기를 드는 복고주의자들이 있다. 2013년 프랑스 오픈에서 이들 원 핸드 백핸드의 수호자들은 왜 테니스에 자신들 같은 존재가 필요한지 제대로 입증해 보였다.

## 왜 원 핸드 백핸드는 사라져가나

시계를 50년 전쯤으로 돌려보자. 아마 윔블던 남녀 단식에 출전한 256명 가운데 두 손으로 백핸드를 치는 선수는 손에 꼽았을 것이다. 오늘날에는 상황이 정반대가 됐다. 2023년 현재 세계 랭킹 100위 안에 드는 여자 선수들 가운데 딱 셋만 원 핸드 백핸드를 사용한다. 남자 테니스는 그리 치우쳐 있지는 않지만 100위 안으로 한정해보면 십여 명이 한 손으로 백핸드를 친다.

왜 투 핸드 백핸드가 대세가 됐을까. 이유는 간단하다. 테니스는 시간이 가면서 힘과 스피드를 강조하는 스포츠로 진화했는데 투 핸드 백핸드가 이에 적합한 기술이었기 때문이다. 투 핸드 백핸드는 원 핸드 백핸드에 비해 장점이 많다. 한 손이 덧붙여지면서 힘과 안정성이 증대된다. 서브 리턴에서 투 핸드는 확실한 우위를 점하고 있다. 클레이 코트에서 높게 튀는 공에 대처하기에도 투 핸드가 더 좋다. 이에 비해 원 핸드 백핸드는 상대적으로 스윙 자세가 크고, 공을 맞히는 타점이 반드시 앞에서 형성되어야 해 좋은 샷을 치려면 완벽한 준비가 돼 있어야 한다. 조금이라도 어긋나면 범실로 이어진다.

로저 페더러가 세계 1위에 오른 2004년 이후 그를 제외하면 원 핸드 백핸드를 구사하는 선수가 넘버원 자리에 오른 적이 없다. 라파엘 나달과 노박 조코비치, 앤디 머리 그리고 최근의 다닐 메드베데프도 예외 없이 투 핸드 백핸드에 기반해 정상 등반에 성공했다. 라켓을 들고 본격적인 프로 세계로 뛰어드는 주니어 유망주들도 대부분 투 핸드 백핸드를 장착하고 있다. 정녕 원 핸드 백핸드는 멸종하고 마는 기술일까?

스위스 출신의 스타 바브링카는 두 가지 점에서 역사책에 기억될 만한 존재다. 우선 대기만성형 스타다. 메이저 대회 우승자들이 거의 대부분 20대 초반에 세계 정상권에 오르는 것과 달리 바브링카는 28세가 되어 2014년 호주 오픈에서 첫 메이저 대회 우승 트로피를 들어 올렸다. 다른 한 가지는 그의 화려한 백핸드 기술이다.

많은 전문가가 그의 원 핸드 백핸드를 역대 최강으로 꼽는다. 가공할 공격력을 자랑하며 약점과 편견을 모조리 극복했다. 원 핸드 백핸드는 범실에 취약하고 공격적이지 못하며 안정성도 떨어진다는 고정관념에 맞서 싸워 이겼다.

바브링카가 본격적으로 세계 무대에 이름을 드높이기 시작한 해가 바로 2013년이었다. 그의 인생에 커다란 전환점이기도 했다. 바브링카는 2012년 스웨덴 국적의 코치 마그누스 노만Magnus Norman을 영입한 뒤 전체적인 경기력이 크게 향상됐다. 원래 강점인 백핸드가 더욱 날카로워졌고 서브와 포핸드, 스태미나까지 총체적인 향상이 이뤄졌다. 2013년 시즌이 시작되자마자 바브링카는 세계를 깜짝 놀라게 만들었다.

그해 1월 호주 오픈 16강에서 강력한 우승 후보인 조코비치와 만나 무려 5시간 넘는 혈투를 벌였다. 3-2(1-6, 7-5, 6-4, 6-7, 12-10) 조코비치의 승. 아무도 예상하지 못한 이 대결은 역대 호주 오픈 중 최고 명승부로 꼽아도 전혀 손색없는 경기였다. 바브링카의 원 핸드 백핸드를 수비의 달인 조코비치조차 감당하지 못하면서 놀랍고 스펙터클한 장면이 계속 쏟아져 나왔다.

바브링카가 테니스에 새롭게 눈을 뜬 경기이기도 했다. 상승세는 이어졌고 특히 클레이 시즌에서 바브링카의 약진이 돋보였다. 그해 마드리드 오픈 결승까지 올라 나달과의 대결 끝에 준우승을 차지했고 기세를 몰아 프랑스 오픈 16강까지 승승장구했다. 클레이 코트의 높은 바운드와 바브링카의 파워풀한 원 핸드 백핸드는 궁합이 너무나도 잘 맞았다.

그런데 바브링카의 프랑스 오픈 16강 상대는 또 다른 원 핸드 백핸드의 고수였다. 프랑스 홈 코트의 이점까지 보유한 세계 랭킹 9위 리샤르 가스케였다. 가스케야말로 어떤 면에서는 백핸드의 덕을 바브링카 이상으로 보고 있는 선수였다. 가스케의 서브와 포핸드는 톱 10 수준에 달한 실력이라고 보기에는 모자랐다. 톱 프로 선수라면 응당 갖춰야 할 포핸드의 공격성이 현저히 떨어졌고 강타를 때리는 플랫 서브 없이 스핀 서브로만 경기를 운영했다. 그런 가운데 가스케가 톱 10까지 치고 올라온 배경에는 원 핸드 백핸드가 있었다.

나달과 동갑내기로 2005년 10대 시절부터 프랑스의 차세대 넘버원을 예약한 가스케는 주변의 기대에는 다소 미치지 못하고 있었다. 어느덧 20대 후반으로 달려가고 있던 그에게 자국에서 열리는 프랑스 오픈은 자신의 존재감을 알릴 절호의 기회였다. 하지만 상대는 2013년 들어 무서운 상승세를 타고 있는 바브링카였다. 원 핸드 백핸드의 진정한 지존을 가리는 바브링카와 가스케의 대결은 남자 단식 16강전 가운데 빅 매치로 단연 뜨거운 관심을 모았다.

**Ⅲ 전술과 테크닉**

## The Game

원 핸드 백핸드의 지존을 가리는 맞대결은 메인 코트가 아니라 두 번째로 큰 쉬잔 랑글렌 코트에서 열렸다. 1920년대 세계 랭킹 1위로 군림했던 프랑스 여자 테니스의 전설 쉬잔 랑글렌Susanne Lenglen에게 헌정한 코트였는데 비록 메인 코트인 필리프 샤트리에보다 규모는 작지만 선수들을 좀 더 가까운 위치에서 관전할 수 있는 최적의 장소였다. 프랑스 관중들은 당연히 가스케를 응원했지만 바브링카의 슈퍼 플레이가 이어지면서 경기장에 두 선수 모두에게 아낌없는 박수를 보내는 분위기가 형성됐다.

뚜껑을 열어보니 기대 이상이었다. 둘은 서로 자신들의 전매특허인 원 핸드 백핸드를 앞세워 화끈한 공격 테니스를 마음껏 펼쳤다. 바브링카가 먼저 강력한 스핀이 담긴 백핸드 대각선 공격을 시도하면 가스케 역시 똑같이 한 손 백핸드로 맞받아쳤다. 마치 거울을 보는 듯 '어디 누구 백핸드가 더 강력한가 보자'는 식의 플레이가 펼쳐졌다. 초반에는 바브링카의 백핸드가 다소 우세한 것처럼 보였다. 대각선 공격을 주고받던 중 바브링카가 먼저 백핸드 다운 더 라인 공격으로 방향을 바꾸며 랠리의 주도권을 가져갔다.

하지만 가스케에게는 바브링카가 갖지 못한 장점이 있었다. 네트 플레이였다. 가스케는 바브링카의 베이스라인 공격에 힘으로 맞서다가도 고집하지 않고 지혜롭게 네트 앞으로 전진해 발리로 끊어냈다. 둘의 백핸드 능력은 거의 우열을 가리기 힘들었다. 바브링카가 서브와 포핸드에서 앞선다면 가스케는 발리를 앞세운 네트 플레이에서 우위를 보였다. 이렇게 엇비슷한 능력치를 보이는 선수들끼리 맞붙다 보니 당연히 치열한 접전이 이어질 수밖에 없었다. 1세트 승부를 가리려면 타이브레이크가 필요했다.

1세트 타이브레이크는 엄청난 서스펜스를 선사했다. 백핸드 강타 맞대결이 수시로 이어졌다. 힘에서 다소 앞선 바브링카가 거의 포인트를 획득하는가 싶었지만 가스케가 절묘한 디펜스로 맞섰다. 5-4로 앞선 상황에서 가스케는 바브링카가 포핸드와 백핸드 양쪽으로 가공할 공세를 퍼부을 때마다 다람쥐처럼 좌우로 뛰어다니며 다 막아냈다. 결국 바브링카가 마지막 순간 날린 회심의 백핸드 다운 더 라인이 아웃되면서 1세트는 가스케의 품에 안겼다.

1시간 가까운 접전 끝에 그것도 살얼음판 걷는 타이브레이크에서 승리하면 승자는 기세가 올라가고 패자는 흐름이 꺾이는 법이다. 이 법칙에 따라 2세트 첫 게임에서 가스케가 서브 브레이크에 성공했다. 주도권을 잡은 가스케의 원 핸드 백핸드는 거침없었다. 1세트 경합 상황에서 바브링카가 공격의 주도권을 쥐었다면 2세트에서는 가스케가 먼저 방향을 바꾸는 공격을 자유롭게 시도하며 상대를 유린했다. 두 차례나 연속으로 바브링카의 서브를 브레이크해 3-0으로 앞서갔다. 설상가상 바브링카는 오른쪽 허벅지 통증을 호소하며 메디컬 타임을 요청했다. 승패는 거의 갈린 것처럼 보였다.

하지만 빈사 상태에 빠져 있던 바브링카가 2세트 중반부터 서서히 살아나기 시작했다. 가스케의 서브를 한 차례 브레이크해 한 게임 차로 좁힌 다음 집요하게 추격했다. 가스케가 마지막 서브권을 힘겹게

2013년 프랑스 오픈
16강전에서 가스케가
바브링카를 상대로
원 핸드 백핸드를
구사하고 있다.
사진 Mamiejeanjean

지켜 6-4로 2세트를 가져가며 세트 스코어 2-0으로 앞섰지만 경기장
의 분위기는 묘하게 바뀌어가고 있었다.

곧이어 심판 판정 과정에서 논란이 일었는데 그것이 결정적 변수
로 작용했다. 3세트 게임 스코어 2-2에서 바브링카는 30-40로 서브권
을 빼앗길 위기에 놓였다. 강서브를 가스케가 가까스로 받아 넘겼는
데 리턴된 공이 서브 박스 안에 떨어져 바브링카에게 찬스 볼이 됐다.
바브링카가 포핸드 강타를 날리며 득점에 성공한 순간 바로 동시에
선심의 콜이 선언됐다. "폴트!"

누가 봐도 뒤늦은 판정 콜이었다. 주심이 심판석에서 내려와 직접
서브의 폴트 여부를 확인했다. 그런데 폴트가 아니라 서브가 들어간
것으로 확인됐다. 주심은 플레이 무효 선언을 내려버렸고 바브링카
는 황당해했다. 그도 그럴 것이 선심의 판정 콜이 명백히 늦었고 이미

포인트를 획득한 상황에서 리플레이를 하게 됐으니 바브링카의 어필은 이해할 만했다. 바브링카는 경기 감독관까지 나올 것을 요구하며 강하게 반발했지만 한번 내려진 판정을 번복할 수는 없었다.

그래도 바브링카는 경기 도중 발생한 분노를 경기력으로 연결시키는 챔피언 마인드를 갖고 있었다. 다시 재개된 바브링카의 서브는 티존으로 강하게 꽂혀 득점으로 연결됐다. 브레이크 포인트 위기에서 탈출한 바브링카는 연이어 포핸드 위닝 샷을 터뜨리며 완벽히 살아났다. 결국 10번째 게임에서 백핸드와 포핸드 연타를 좌우로 퍼부으며 가스케의 서브권을 브레이크해 3세트를 6-4로 따냈다.

둘의 대결이 프랑스 오픈 최고의 명승부로 꼽힌 이유는 4세트 때문이다. 원 핸드 백핸드 장인들이 보여줄 수 있는 최고의 경지였다. 게임 스코어 4-3으로 바브링카가 앞선 상황에서 8번째 게임이 백미였다. 경기를 중계 방송하는 해설자는 감탄사를 아끼지 않았다.

"놀라운 수준의 테니스를 두 선수가 보여주고 있습니다. 이렇게 많은 위너가 나오는 게임은 처음 봤습니다. 경기 전체가 아니라 한 게임만 놓고 얘기한다면 아마도 이 게임을 역대 최고로 부를 수 있을 겁니다."

백핸드와 백핸드의 치열한 랠리가 이어졌고, 공이 조금이라도 짧아지면 둘 중 한 명이 빠르게 포핸드로 돌아 쳐 강력한 위너를 날리는 방식으로 무한 듀스가 반복됐다. 서브권을 갖고 있는 가스케는 엄청난 압박에 시달렸지만 과감하기 이를 데 없는 백핸드 다운 더 라인으로 위너를 터뜨리며 위기에서 탈출했다. 무려 8차례 듀스와 브레이크

　　　　　**III 전술과 테크닉**

포인트를 넘나든 14분 30초의 혈투는 결국 가스케의 승리로 마무리됐다. 프랑스 오픈 역사상 가장 치열하고 수준 높았던 하나의 게임이었다.

하지만 바브링카가 숨 막히는 접전 끝에 4세트를 7-5로 따냈다. 승부는 다시 바브링카 쪽으로 기울어졌다. 경기 시계는 어느덧 4시간을 가리키고 있었다. 이제부터는 체력과 정신력의 싸움이었다. 바브링카의 별명 중 하나인 '스타니멀Stanimal'은 '스탄'과 '애니멀'의 합성어인데 짐승 같은 힘과 체력을 갖고 있다는 찬사가 담긴 별명이다. 결국 마지막 5세트에서 바브링카의 야수 같은 에너지가 프랑스 신사 가스케를 무너뜨렸다. 세트 스코어 3-2(6-7, 4-6, 6-4, 7-5, 8-6)의 대접전이었다. 바브링카가 먼저 두 세트를 내준 뒤 승부를 뒤집은 리버스 스윕 클래식인 동시에 역대 최고의 원 핸드 백핸드 장인들이 벌인 그림 같은 명승부였다.


## 백악기 공룡의 운명을 밟을까

2013년은 원 핸드 백핸드를 사용하는 로맨티스트들에게 작은 위로가 된 해이기도 하다. 그해 US 오픈 16강 진출자 가운데 40퍼센트 가까운 선수들이 한 손으로 백핸드를 쳤다. 페더러와 바브링카, 가스케, 토미 로브레도Tommy Robredo, 미하일 유즈니Mikhail Youzhny, 필립 콜슈라이버Philipp Kohlschreiber 등 6명이 16강에 나란히 이름을 올렸다. 이들의 공통점은 또 하나가 있다. 바로 나이가 많은 편이었다는 점이다.

이것이 뜻하는 바는 무엇일까. 그만큼 젊은 선수들은 더는 과거의 유물에 가까운 원 핸드 백핸드를 사용하지 않았다.

원 핸드 백핸드에 좋은 점은 없을까. 결코 그렇지는 않다. 우선 두 손을 사용하는 것보다 한 손으로 백핸드를 치면 수비 범위가 넓어진다. 생각해보라. 만약 당신이 오른손잡이고 투 핸드 백핸드를 사용해 측면으로 빠지는 샷을 막아내려면 두 손을 함께 뻗어야 하므로 리치가 짧을 수밖에 없다. 또 원 핸드 백핸드를 사용하면 공에 역회전을 걸어 깎아 치는 슬라이스를 능숙히 활용할 수 있고, 그립을 빠르게 바꿔 쥘 수 있어 네트 플레이도 강해진다.

그런데 이렇게 적어놓고 보니 원 핸드 백핸드의 장점은 곧 단점으로 읽힌다. 앞서 언급한 수비와 슬라이스, 네트 플레이가 과거 테니스에서는 승패를 가르는 핵심적인 요소였지만 파워와 안정성을 추구하는 현대 테니스에선 중요성이 떨어졌기 때문이다. 지금의 테니스는 엄밀히 말해 베이스라인에서 강한 힘이 실린 스트로크를 통해 상대를 압박하고 그러면서 동시에 범실이 적어야 하는 테니스다. 원 핸드 백핸드는 스트로크의 메커니즘 특성상 타점이 반드시 앞쪽에서 형성되어야 하고 스윙의 궤적이 크므로 조금이라도 타이밍이 맞지 않으면 범실을 쏟아내기 쉽다. 떨어지는 안정성이 치명적 약점이 되는 것이다.

그런데도 원 핸드 백핸드는 근근이 명맥을 이어가고 있다. 최근 20대 초반의 선수들 중에도 원 핸드 백핸드를 쓰는 이들이 간간이 눈에 띈다. 도미니크 팀Dominic Thiem과 스테파노스 치치파스, 데니스 샤

바브링카의 원 핸드 백핸드가 공격적인 이유는 스트로크를 마쳤을 때 양쪽 팔을 완전히 뒤로 젖힐 정도로 전신의 힘을 집중시키기 때문이다. 2011년 프랑스 오픈에 출전한 바브링카가 조윌프리드 송가와의 맞대결에서 화려한 백핸드를 구사하는 모습. **사진 Carine06**

퍼발러프Denis Shapovalov, 로렌초 무세티Lorenzo Musetti 등은 원 핸드 백핸드에 파워와 안정성을 담아내 정글 같은 투어 무대에서 생존에 성공한 경우다. 다만 여전히 여자 테니스에서는 원 핸드 백핸드를 사용하는 새 얼굴이 등장하지 않고 있다. 2023년 현재 세계 100위권으로 국한하면 타티아나 마리아Tatjana Maria, 빅토리아 고루빅Viktorija Golubic, 다이앤 페리Diane Parry 셋만이 외로운 싸움을 이어나가고 있다.

과연 미래엔 어떻게 될까? 원 핸드 백핸드 로맨티스트 계보는 힘드나마 명맥을 이어갈 수 있을까? 유감스럽게도 전망은 어둡다. 원 핸드 백핸드를 쓰는 선수로 메이저 대회 우승을 차지한 마지막이라고 할 수 있는 도미니크 팀조차 최근 '테니스 매거진'과의 인터뷰에서

원 핸드 백핸드 로맨티스트 계보는 계속 명맥을 이어갈 수 있을까? **사진 프랑스 오픈 유튜브 영상**

"다시 테니스를 배운다면 투 핸드 백핸드를 선택할 것"이라고 말했다. 많은 것을 시사하는 발언이다.

원 핸드 백핸드의 미래를 가늠해보기 위해 조금 다르지만 비슷한 예인 탁구로 눈을 돌려보자. 1980년대 중반 서울 아시안게임을 전후해 국내에서 탁구 열풍이 일었을 당시 대부분 탁구장에는 펜홀더 라켓이 진열돼 있었다. 양영자와 현정화부터 유남규, 2004년 아테네 올림픽 금메달리스트 유승민까지 모두 사용한 펜홀더 라켓은 한국 탁구의 상징이었다. 하지만 지금은 어떤가. 국내 등록 선수 전부가 셰이크핸드 라켓을 사용한다. 펜홀더는 사실상 멸종됐다.

펜홀더 라켓이 사라진 이유는 적자생존 원칙이 적용됐기 때문이다. 셰이크핸드 라켓은 앞뒷면을 동시에 사용해 백핸드와 속공에 곧

바로 대응할 수 있어 확실한 비교 우위가 있다. 탁구의 셰이크핸드 라켓과 테니스의 투 핸드 백핸드는 빠르고 힘이 강조된 현대 스포츠의 흐름에 발맞춘 장비와 기술이라고 할 수 있다.

앞으로 얼마나 더 원 핸드 백핸드를 볼 수 있을지 모른다. 다만 원 핸드 백핸드엔 절대적 가치가 하나 있다. 투 핸드 백핸드보다 훨씬 관중들의 눈길을 사로잡는 기술이라는 점이다. 캐나다의 왼손잡이 데니스 샤퍼발러프가 나비처럼 훌쩍 날아 벌처럼 쏘는 원 핸드 백핸드는 최고의 볼거리다. 바브링카가 백핸드 머신인 조코비치를 메이저 대회 결승전에서 두 차례(2015년 프랑스 오픈, 2016년 US 오픈)나 물리쳤을 때 관중들은 뜨겁게 열광했다. 원 핸드 백핸드는 범실의 위험이 높은 만큼 보는 이에게 아슬아슬하고 짜릿한 스릴을 선사한다. 그래서 팬들의 사랑을 받는다. 그렇다면 이렇게 얘기할 수도 있겠다. 적자생존의 원칙이 적용된다면 팬들의 선택을 받는 적자는 살아남으리라고. 마지막까지 원 핸드 백핸드의 낭만을 지키는 로맨티스트들을 응원한다.

# 21
# 포핸드 전쟁

조금 과장해 말하자면 테니스는 결국 포핸드를 누가 더 잘 치냐의 싸움이다. 라켓을 손에 쥐자마자 가장 먼저 배우는 기술이면서 라켓을 내려놓을 때까지 죽도록 연습해야 하는 것이 포핸드다. 가장 기본적이면서 중요한 기술. 바꿔 말하면 이 기술에 통달하지 못하면 결코 세계 정상에 오를 수 없다는 뜻이다. 스트로크의 메커니즘이 점점 과학적 분석에 기초해 정교해지고, 동시에 라켓 제조 기술이 발달하면서 테크닉이 다양해지고 있다.

2017년 US 오픈에서는 포핸드의 최고 기술자들이 정면충돌한 남자 단식 16강전이 두고두고 회자된다. 파워 포핸드의 대명사로 이름을 날린 아르헨티나의 후안 마르틴 델 포트로Juan Martin Del Potro와 무시무시한 포핸드 감아치기의 달인 오스트리아의 도미니크 팀의 충돌은

현대 테니스에서 포핸드의 역할과 비중이 얼마나 중요한지를 일깨워
준 승부다.


## 포핸드의 지배자가 시대의 지배자

포핸드의 배움에는 정말 끝이 없다. 필자 주변에 있는 수십 년 경
력의 동호인 고수들은 아직도 포핸드를 날마다 고민하고 연마하고
있다. 포핸드가 평생 골칫거리가 되는 이유는 아마도 이 기술이 승패
를 가르고 상대와의 격차를 벌리는 데 가장 핵심적인 요소이기 때문
일 것이다. 포핸드는 창이요 백핸드는 방패로 불린다. 테니스는 수비
만 해서는 결코 이길 수 없다. 시간제한이 없으므로 마지막까지 자신
의 힘이나 상대의 범실로 포인트를 획득해야 끝낼 수 있는 스포츠다.
그래서 공격 샷 대부분을 책임지는 포핸드를 제 것으로 만들지 않으
면 높은 단계로 도약하는 일은 처음부터 불가능하다.

따지고 보면 위대한 챔피언은 거의 예외 없이 포핸드에서 일가를
이룬 선수들이다. 1950년대 압도적인 체격 조건을 바탕으로 코트를
호령한 멕시코계 미국인 판초 곤살레스의 포핸드부터 최근 메이저
대회 22회 우승 기록을 세운 라파엘 나달까지 모두가 포핸드의 달인
들이다. 파워가 강조되는 요즘 포핸드의 역할은 더욱 중요해졌다. 특
히 서브권을 가졌을 때 서브에 이어지는 3구 공격을 포핸드로 연결하
는 서브 앤 포핸드의 공격 방정식은 메이저 대회 챔피언의 자격증과
같은 역할을 하고 있다.

포핸드의 거장들 가운데 첫 손가락에 꼽히는 선수가 바로 후안 마르틴 델 포트로다. 2000년대 중반 등장한 델 포트로는 포핸드를 이전과 다른 수준으로 끌어올렸다는 평가를 받는다. 무엇보다 힘과 속도에서 탁월했다. 그가 때린 포핸드는 말 그대로 총알 같은 속도로 날아가 반대편 코트 구석에 꽂혔으니 그가 마음먹고 치면 막는 건 거의 불가능했다.

2009년 US 오픈에서 델 포트로가 처음이자 마지막으로 메이저 대회 챔피언에 올랐을 때 승리의 주역은 역시 그의 막강한 포핸드였다. 그해 US 오픈 결승에서 맞붙은 상대는 당시 대회 '6회 연속 우승'에 도전하는 로저 페더러였다. 당시 전성기를 달리던 페더러도 포핸드에서 역대 1위, 2위를 다투는 실력자였다. 그런데 델 포트로라는 스무 살의 거침없는 신예를 만나 도무지 답을 찾을 수가 없었다. 상대에 대한 실체를 제대로 파악하지 못했는지 페더러는 용감하게도 델 포트로가 기다리고 있는 포핸드 쪽으로 공격을 시도했고 그때마다 여지없이 따귀를 얻어맞듯 상대의 파워풀한 포핸드 스윙에 속수무책 당해야 했다. 델 포트로의 3-2 승.

델 포트로의 포핸드가 이토록 무서운 이유는 일단 체격 조건에서 답을 찾아야 할 것 같다. 198센티미터의 장신이라 어깨 아래 높이의 타점에서 공을 강하게 때릴 수 있다. 2000년대 이후 톱스핀을 먹이는 기술이 비약적으로 발달하면서 상대로 하여금 톱스핀 회전으로 생긴 높은 공을 받게 해 뒤로 후퇴시키는 전략이 각광을 받았는데, 키가 큰 델 포트로에게는 오히려 때리기 좋은 찬스 볼이 됐다. 또 델 포트로는

**III 전술과 테크닉**

델 포트로는 198센티미터의 큰 키를 바탕으로, 높이 솟구쳐 오르는 공도
쉽게 강타를 날릴 수 있는 포핸드가 강점이다. **사진** Picasa

이스턴 그립으로 라켓을 잡아 야구의 너클볼 같은 무회전 구질의 강
타를 날리는 데 능했다.

하지만 델 포트로에겐 부상이 많다는 약점이 있었다. 손목이 좋지
않아 잦은 부상에 시달렸고 투 핸드 백핸드를 칠 때 왼쪽 손목에 무리
가 가 수시로 병원을 들락날락했다. 2009년 페더러를 꺾고 US 오픈
정상에 올랐을 당시 패자인 페더러로부터 "델 포트로야말로 나의 뒤
를 이어 세계 1위가 될 것"이라는 찬사를 받았지만 이후 델 포트로는
부상에 발목이 잡혀 그 이상 약진하지 못했다. 수술대에 오를 정도의
심각한 부상 후유증을 두세 차례 겪은 뒤 델 포트로가 마지막 투혼을
불태우려고 의욕을 보인 대회가 바로 2017년 US 오픈이었다.

대회 16강에서 마주치게 된 도미니크 팀은 당시 24세의 차세대 스타였는데 어찌 보면 델 포트로의 후계자로 불릴 만했다. 팀의 포핸드 역시 만만치 않았다. 다만 그의 포핸드는 델 포트로의 것과 성격이 달랐다. 델 포트로가 강속구 스타일이라면 팀은 변화구의 달인이라고 해야 할까. 엄청난 회전이 담긴 톱스핀 포핸드를 주 무기로 구사했는데 워낙 회전량이 많아 속도도 빨랐다. 팀의 포핸드는 1분당 회전수인 RPM이 무려 4000회를 상회했다. 보통 프로 선수들의 톱스핀 포핸드가 2000~3000회인 걸 감안하면 차원이 다른 포핸드였고 또 다른 톱스핀 포핸드의 거장 나달도 한 수 접고 들어가야 할 수준이었다.

바야흐로 포핸드 전쟁이 기다리고 있었다. 승자는 8강에서 강력한 우승 후보인 페더러와 격돌하기로 돼 있어 더욱 관심을 끌었다. 역대 최고 파워 포핸드의 소유자 델 포트로와 떠오르는 차세대 포핸드의 지존 팀의 대결. 그런데 기술적 관전 포인트 외에도 승부 그 자체에서 역사적 재조명을 받기에 손색이 없는 반전 드라마까지 펼쳐졌다.


### The Game

델 포트로와 팀의 16강전은 메인 경기장인 아서 애시 스타디움이나 루이 암스트롱 스타디움에서 열리지 않았다. 대회 스타디움 중 세 번째로 큰 그랜드스탠드에서 열렸는데 이 코트는 대회 입장료만 지불하면 공짜로 들어갈 수 있는 경기장이었다. 결과론적인 얘기지만 이 경기를 본 팬들은 입장료가 아깝지 않은 그해 최고 명승부를 즐길 수 있었다.

남미의 풍운아 델 포트로는 US 오픈과 특별한 인연이 있었다. 메이저 대회 우승의 꿈을 이룬 곳이기도 하지만 뉴욕 관중들의 자유분방하고 열광적인 응원 열기와 궁합이 척척 맞았다. 2009년 페더러와 5세트 접전을 벌인 끝에 우승했을 때도 관중들은 경기 막판으로 갈수록 인기 스타였던 페더러보다 그가 승리하기를 원했다. US 오픈이 사랑하는 최고 스타가 된 것이다. 이후 잦은 부상으로 US 오픈에 좀처럼 출전하지 못하다가 2017년 모처럼 예전의 위용을 회복해 16강까지 올라왔으니 팬들의 기대가 한껏 부풀었다.

하지만 팬들의 바람과 달리 노장과 신예의 대결은 젊은 피의 완연한 우세로 전개돼갔다. 초반부터 팀이 강력한 포핸드를 앞세워 델 포트로의 서브를 연달아 브레이크했다. 팀의 포핸드는 무시무시했다. 톱스핀 회전을 실어 과감히 델 포트로의 강점인 포핸드 쪽으로 정면승부를 걸었다. 델 포트로는 갈피를 잡지 못했다. 전매특허인 플랫성 포핸드 강타를 날리면 오히려 더 강하고 회전이 실린 포핸드로 변해 번번이 되돌아왔다. 단번에 게임 스코어는 0-5로 벌어졌고 결국 단 30분 만에 1세트를 1-6으로 팀에게 내주고 말았다.

팀은 사실 커리어를 시작할 무렵 클레이 코트 전문 선수였다. 나달처럼 회전이 많은 톱스핀 포핸드를 앞세워, 바운드가 높이 튀는 클레이 코트에서 주로 우승 트로피를 챙겼다. 빠른 속도의 하드 코트에서는 위력이 반감되는 스타일이었다. 하지만 나달이 그랬던 것처럼 팀도 점점 다른 코트 표면에 눈을 뜨고 있었다. 하드 코트에서도 자신의

오스트리아가 낳은 테니스 천재 도미니크 팀이 2017년 10월 투어 경기에서
포핸드를 시도하고 있다. 사진 MacKrys

강점인 포핸드를 앞세워 상대에게 줄기차게 공격을 퍼붓는 방식으로
승률을 높여갔다.

  델 포트로를 상대할 때 특히 효과적인 건 서브에 이은 포핸드 공
격, '서브+1포핸드' 방정식이었다. 팀은 서브조차도 톱스핀 회전을
넣었다. 강한 회전을 건 서브는 코트 표면을 때린 뒤 엄청난 높이로
치솟았다. 팀의 이런 킥 서브는 델 포트로의 상대적 약점인 백핸드 쪽
으로 줄기차게 향했고 손목 수술 후유증에서 완전히 회복하지 못한
노장은 서브 리턴부터 고전할 수밖에 없었다. 팀은 이를 이용해, 서브
를 델 포트로의 백핸드로 넣고 이어지는 공을 포핸드로 강타해 쉽게
점수를 쌓아나갔다.

  흐름은 2세트에서도 좀처럼 바뀌지 않았다. 1세트와 마찬가지로

델 포트로는 서브를 지키기조차 힘겨웠다. 두 번 연속으로 서브 브레이크를 허용하며 끌려갔다. 다만 델 포트로는 서서히 팀의 파괴적인 포핸드에 적응해나가는 모습이었다. 간간이 터지는 델 포트로의 포핸드 공격이 팀의 빈 공간을 찔렀다. 델 포트로가 2세트를 2-6으로 내주기는 했지만 조금씩 본연의 모습을 찾아가는 모습이 엿보였다.

반격의 실마리를 찾은 다음부터 델 포트로의 발은 빨라졌다. 무엇보다 달라진 건 백핸드를 자제하고 포핸드로 치려고 하는 적극적 의지였다. 팀이 자신의 백핸드 쪽으로 공을 몰아 칠 때마다 델 포트로는 2미터 가까운 거구를 지탱하는 발을 재빨리 움직여 포핸드로 돌아 쳤다. 델 포트로의 미세한 변화와 노력은 곧 결실을 봤다. 강력한 포핸드 직선타 공격을 날려 팀의 서브를 처음으로 브레이크하는 데 성공했다.

잠잠하던 관중들은 그제야 델 포트로를 향해 뜨거운 함성을 지르기 시작했다. 델 포트로가 2009년 당시 팬들의 사랑을 한 몸에 받을 수 있었던 까닭 역시 포기하지 않는 모습에 있었다. 세계 1위 페더러를 맞아 1세트를 내주고 2세트도 패색이 짙었지만 물러서지 않는 배짱과 패기를 보이며 승부를 뒤집은 뒷심에 아낌없는 성원을 보낸 것이다. 이번에도 마찬가지였다. 델 포트로는 1세트와 2세트를 너무도 무기력하게 내줬지만 눈빛과 몸짓은 여전히 살아 있었다. 관중들은 알고 있었다. 델 포트로가 한번 살아나면 걷잡을 수 없다는 것을.

또 한 번 상대의 서브를 브레이크해 3세트를 6-1로 승리한 델 포트로는 본모습을 되찾은 듯했다. 4세트에서도 팽팽한 접전이 벌어졌다.

4세트에서 포핸드 도사 둘이 벌이는 전쟁은 정말 흥미로운 볼거리였다. 서로 자신은 포핸드로 치면서 상대에게는 포핸드 기회를 주지 않기 위해 치열한 공방전이 벌어졌다. 전쟁의 승자는 일단 백핸드가 좀 더 탄탄한 팀이었다. 델 포트로의 파상 공세에 맞서 백핸드 다운 더 라인으로 역공하면서 브레이크에 성공해 5-3까지 앞서갔다. 이제 마지막 서브권만 지키면 승리할 수 있는 9부 능선에 올랐다.

하지만 US 오픈의 사나이 델 포트로는 마지막까지 포기하지 않았다. 게임 스코어 5-3, 30-0으로 팀이 이제 두 포인트만 더하면 8강 진출을 확정 지을 수 있는 상황이었다. 델 포트로는 좌우로 돌리는 팀의 속사포 포핸드 공격을 이리저리 뛰어다니며 막아내 30-30를 만들었다. 아직 큰 대회 경험이 부족한 팀은 여기서부터 당황하기 시작했다. 결정적인 더블폴트를 범하며 브레이크 포인트 위기에 몰렸다. 머릿속이 더욱 복잡해졌는지 어처구니없는 포핸드 범실까지 저지르며 경기를 끝낼 기회를 놓치고 말았다.

전세는 바뀌었다. 이제 포핸드 전쟁에서도 델 포트로가 앞서나갔다. 이전까지 팀의 톱스핀에 밀리던 델 포트로의 무회전 포핸드가 훨씬 묵직해졌다. 승부는 타이브레이크에 가서야 갈렸다. 다 이긴 경기를 놓친 팀은 타이브레이크에서 범실을 연발했다. 6-1로 앞선 상황에서 델 포트로는 이날 경기에서 가장 강하고 빠른 쾌속 포핸드를 작렬하며 승부를 마지막 5세트로 끌고 갔다. 경기를 중계하는 ESPN의 아나운서는 "언빌리버블"을 연발했고 이미 관중들은 델 포트로의 포로가 돼 있었다.

Ⅲ 전술과 테크닉

2017년 US 오픈 남자 단식 16강전은 포핸드 신구 강타자 간에 희비가 엇갈린 한판이었다.
**사진 US 오픈 유튜브 영상**

5세트 4-5로 밀리는 상황에서 팀이 자신의 서브권을 지키기 위한 노력은 처절했다. 하지만 이미 경기장의 분위기가 뒤바뀐 가운데 포핸드의 영점을 완벽히 찾아낸 델 포트로의 포핸드를 감당하기란 버거웠다. 결국 더블폴트로 매치포인트를 헌납하는 최악의 패배를 받아들여야 했다. 델 포트로가 리버스 스윕을 기록하며 3-2로 역전승을 거뒀다. 포핸드 신구 강타자 간에 희비가 엇갈린 한판이었다.

### 현대 테니스 포핸드의 정석

델 포트로가 먼저 두 세트를 내주다 승부를 뒤집은 이 경기는 그의 화려한 선수 경력에서도 비슷한 사례를 찾아볼 수 없는 짜릿한 대첩이었다. 이번 승리는 그의 커리어 후반기에서 전환점이 되기도 했다. 이렇게 2017년 US 오픈 8강에 오른 델 포트로는 놀랍게도 또다시 페더러에게 패배를 안기는 이변을 펼쳐 4강까지 진출했다. 비록 그해 우승자가 되는 나달의 벽에 부딪쳐 4강에 그치지만 손목 수술 이후 델 포트로가 거둔 가장 빛나는 성취였다. 상승세는 이듬해에도 이어져 2018년 US 오픈 결승까지 올랐다. 이때는 노박 조코비치에게 패해 준우승을 차지했다.

델 포트로는 테니스 기술 역사에서 반드시 기록돼야 할 선수다. 수많은 포핸드 강타자들 가운데 가장 장신이며 플랫성 타구를 갖고 있는 그는 파워와 스피드의 상징으로 꼽힐 만하다. 엄밀히 말해 그의 포핸드를 역사상 최고로 뽑기는 무리다. 힘과 스피드는 포핸드의 여러 덕목 가운데 일부일 뿐이다. 여전히 페더러와 나달이 광범위한 전문가들로부터 역대 최고의 포핸드를 가진 선수로 꼽힌다. 조코비치 역시 포핸드의 다양한 테크닉을 구사하는 선수로 평가받는다. 델 포트로가 야구에서 홈런을 전문적으로 노리는 슬러거에 가깝다면 페더러와 나달, 조코비치는 홈런뿐 아니라 타율까지 챙기는 만능 타자라고 할 수 있다.

다만 델 포트로가 전성기 시절 보여준 포핸드는 아마도 선수들이 가장 두려움에 떨 만한 샷이었을 것이다. 테니스에서 일반적으로 가장 무서운 베이스라인 샷이 두 가지 있다. 인사이드 아웃 포핸드와 인사이드 인 포핸드다. 이 두 샷은 랠리의 주도권을 잡을 뿐 아니라 상대의 범실을 유도하고 강한 타격으로 위너를 뽑아낼 수 있는 가장 훌

룡한 무기다.

이 포핸드 기술을 사용하려면 발이 빨라야 한다. 일단 코트의 백핸드 쪽으로 빠르게 이동해야 한다. 이때 오른손잡이 상대방의 백핸드 쪽으로 대각선으로 보내는 샷이 인사이드 아웃 포핸드이고 상대의 포핸드 쪽으로 직선타를 날리는 것이 바로 인사이드 인 포핸드다.

인사이드 아웃 포핸드는 상대의 백핸드 쪽으로 총알 같은 강타를 칠 수 있다는 점에서 위력적이다. 또 공의 궤적상 네트의 가장 낮은 부분을 통과하게 되면서 가장 긴 거리의 궤적을 그려 안정성도 뛰어나다. 인사이드 인의 경우 자신의 오른쪽 공간이 오픈되는 단점이 있지만 강하고 빠르게 칠 수만 있다면 상대방에게 극도의 압박감을 느끼게 할 수 있다. 델 포트로는 바로 이 두 기술의 완성도가 최고에 달했다.

2018년 US 오픈 결승에 진출한 뒤 델 포트로는 또다시 길고 긴 부상과의 싸움에 돌입해야 했다. 거듭된 손목 수술을 견디다 못해 결국 2022년 현역 은퇴를 선언했다. 스무 살에 US 오픈 정상에 오른 테니스 천재이자 역대급 포핸드의 소유자인 그는 아쉽게도 자신의 잠재력을 다 펼쳐 보이지 못한 채 테니스 코트와 작별했다.

델 포트로의 시원한 포핸드를 더는 볼 수 없게 됐지만 팬들은 그의 후계자의 약진을 흐뭇하게 지켜봤다. 도미니크 팀에게 2017년 US 오픈 16강전은 뼈아픈 실패였다. 그러나 팀은 실패를 보약 삼아 일보 전진을 거듭했다. 이듬해 처음으로 프랑스 오픈 결승전에 올라 나달과 치열한 포핸드 강타를 주고받은 끝에 준우승을 차지했고 2020년 마침내 그렇게도 기다리던 메이저 대회 챔피언 자리에 올랐다. 델 포트로가 2009년 영광의 트로피를 안았던 바로 그곳, 뉴욕 플러싱 메도에 있는 US 오픈 메인 코트인 아서 애시 스타디움에서 알렉산더 즈베레프를 3-2로 꺾어 리버스 스윕 역전승 드라마를 만들었다. 3년 전 아픔을 깨끗이 씻을 수 있는 기념비적 승리였다.

생각해보면 델 포트로와 팀은 많이 닮았다. 포핸드 강타자로 나란히 US 오픈 챔피언 리스트에 이름을 올렸다. 그리고 또 한 가지. 엄청난 잠재력과 실력을 가졌는데도 시대를 잘못 만나 충분한 성공을 이루지 못한 점도 추가된다. 델 포트로가 수많은 메이저 대회 우승 문턱에서 번번이 빅 3에 부딪쳐 좌절했던 것처럼 팀도 그들에게 막혀 지긋지긋할 정도로 실패와 아픔을 거듭해야 했으니 말이다.

# 22
# 지금은 리턴의 시대

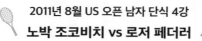

2011년 8월 US 오픈 남자 단식 4강
**노박 조코비치 vs 로저 페더러**

야구엔 투수와 타자가 있다. 투수는 수비하는 사람이고 타자는 공격하는 사람이라고 생각할 것이다. 그런데 정말 그럴까. 공을 먼저 강하게 뿌리는 행위를 공격으로, 맞받아치는 것을 수비로 볼 여지가 있다. 야구 태동기 시절 투수 역할은 지금처럼 공격적이지 않았다. 이제 시속 160킬로미터가 넘는 강속구를 쉽게 볼 수 있는 현대 야구에서 투수는 때로 공격자로 여겨지기도 한다.

테니스에서 서브와 리턴의 관계를 고찰해보자. 서브는 공격이고 리턴은 수비이다. 그런데 리턴을 공격적으로 하면? 수비는 수비가 아니고 공격은 공격이 아닌 상황에서 공수 교대가 이뤄지는 게 아닐까. 2011년 US 오픈 남자 단식 준결승전에서 나온 노박 조코비치의 위대한 리턴은 테니스에서 일종의 공수 교대가 이뤄진 상징적 순간이었다.

## 리턴은 공격입니다

야구와 마찬가지로 테니스 역시 태동기 시절 서브는 약했다. 야구에서 투수의 역할은 공을 잘 '던져주는' 역할이었고 타자는 좋은 공을 골라 때리면 그만이었다. 배구도 스파이크 서브가 도입되기 전인 1980년대만 해도 높이 띄워줘 안정적인 리시브를 하게 만드는 규정이 국제 규범이었다. 그때는 서브 자체를 블로킹할 수 있는 규정이 있어서 지금처럼 네트 위를 아슬아슬하게 넘기는 강서브를 시도하는 것 자체가 불가능했다.

시간이 흐를수록 서브는 강해졌고 점점 받기 어려운 수준으로 올라가게 됐다. 프로페셔널 선수들은 온갖 근력 운동을 통해 서브의 파워를 향상시키고 테니스공의 회전 구조를 철저히 분석해 다양한 구질의 서브를 만들어냈다. 서브는 이제 상대를 위해 '서빙하는' 역할을 그만두고 적극적인 공격 수단으로 탈바꿈했다. 이런 기술의 비약적 향상을 겪으며 테니스는 누가 한 번이라도 더 상대의 강한 서브권을 빼앗아 오냐에 따라 승패가 판가름 나는 종목으로 자리매김했다.

그러나 작용에는 반작용이 따르는 법. 리턴의 기술 역시 함께 발전해나갔다. 서브가 세어질수록 리턴하는 선수는 어떻게 하면 강한 서브를 잘 받아낼 수 있을지를 연구했다. 여기에 라켓 제조 기술이 발달하면서 리턴의 발전 속도도 비약적으로 빨라졌다. 특히 라켓 줄의 탄성이 좋아지면서 강서브에 대처하기가 한결 수월해졌다. 공을 똑바로 보고 라켓의 정중앙에 잘 맞히기만 하면 탄성에 의해 반대편 네트 쪽으로 넘기기가 한결 쉬워진 것이다. 또 2000년대 초반부터 점진적으로 테니스 코트 표면의 속도를 줄이는 작업이 병행되면서 서브의 영향력은 줄어든 반면 리턴의 중요성은 점점 커져갔다.

그래도 2000년대 중반까지는 명백히 서브의 시대였다. 리턴을 잘하는 선수들은 비교적 코트 표면이 느리고 랠리가 긴 클레이 코트에서 우월함을 보였을 뿐이었다. 잔디와 하드 코트에선 여전히 강서버들이 좋은 리턴을 가진 이른바 수비형 선수들에 비해 우위를 점했다. 돌이켜보면 5년 단위로 시대를 주름잡은 일인자들은 거의 예외 없이 당대 서브의 일인자였다.

1980년대를 평정한 존 매켄로와 보리스 베커, 이반 렌들이 그랬다. 이 시기 클레이 코트 챔피언인 마츠 빌란데르가 서브보다는 리턴에 방점이 찍힌 인물이라는 점을 감안하면 더욱 그렇다. 1990년대 역시 마찬가지였다. 피트 샘프러스라는 완벽에 가까운 서브의 대가가 호주와 윔블던, US 오픈 등 대부분 메이저 대회에서 우위를 보이면서 서브에 강점은 없지만 리턴이 뛰어난 앤드리 애거시보다 늘 반 보쯤 앞서 있었다. 토마스 무스터와 구스타부 키르텐 같은 클레이 코트에서 명성을 떨친 리턴의 고수들은 윔블던이나 US 오픈에서 두각을 나타내기 힘들었다.

이런 흐름은 적어도 샘프러스의 뒤를 이어 패권을 이어받은 로저 페더러의 전성기 때까지 이어졌다. 샘프러스 못지않게 뛰어난 서비스를 구사한 페더러는 비록 1990년대보다 훨씬 많은 리턴 전문가들의 도전을 뿌리쳐야 했지만 적어도 빠른 표면의 하드와 잔디 코트에서만큼은 서브 우위론을 지켜낼 수 있었다. 그러나 '서브 수호자' 페더러의 패권은 자신보다 한 세대 어린 후진 세력들의 공세를 이겨낼 수 없었다. 그 대표적인 도전자들이 바로 라파엘 나달과 노박 조코비치, 앤디 머리였다.

그 가운데 리턴으로 한정하면 가장 큰 위협은 조코비치였다. 조코비치의 리턴은 차원이 달랐다. 그 어떤 빠른 서브도 다 받아낼 수 있는 벽처럼 느껴졌다.

페더러는 한창 전성기 때인 2007년 당시 갓 스무 살을 넘긴 조코비치에게 캐나다 마스터스 대회 결승전에서 뼈아픈 패배를 당했다. 조코비치의 끈질긴 리턴에 페더러의 서브는 전에 없이 크게 흔들렸다. 바로 한 달 뒤에 이어진 US 오픈 결승전에서도 페더러는 조코비치의 리턴 압박에 1세트와 2세트 먼저 서브 브레이크를 당하며 위기에 놓였다. 그러던 중 아직 경험이 부족한 조코비치의 미숙함을 이용해 가까스로 타이틀 방어에 성공했다.

적어도 2010년까지는 페더러의 서브가 조코비치의 리턴에 비교 우위를 갖고 있었다. 하지만 이 격차는 점점 좁혀졌고 조코비치가 제대로 각성한 2011년 마침내 골든 크로스가 나타났다. 그해 1월 호주 오픈에서 페더러와 4강에서 만나 3-0 완승을 거뒀고 이후 두바이 오픈 결승과 인디언웰스 마스터스 준결승에서도 페더러를 상대로 연승을 이어갔다. 이 시기 조코비치는 시즌 초반 41연승이라는 경이적인 행진을 이어가며 진정한 전성기를 맞고 있었다.

하지만 페더러는 테니스 황제였다. 연속으로 패배하면서도 조코비치의 연승 행진을 막은 장본인이 바로 그였다. 2011년 5월 프랑스 오픈 4강전에서 3-1로 승리해 근 5개월에 걸친 조코비치의 연승을 멈춰 세웠다.

그로부터 석 달 뒤 열린 US 오픈은 조코비치와 페더러가 그해 메이저 대회에서 한 번씩 승패를 주고받은 뒤 벌이는 3번째이자 마지막 대결이었다. 페더러의 서브와 조코비치의 리턴이 벌이는 창과 방패의 최종 승부이기도 했다. 이 둘의 맞대결 결과에 따라 2010년대 테니스의 정의가 바뀔 수 있었다. 서브의 시대냐, 리턴의 시대냐. 실제로 이 대결에서는 서브와 리턴의 화두를 송두리째 바꿀 상징적이고 충격적인 장면이 기다리고 있었다.

### The Game

페더러와 조코비치의 초기 라이벌 구도는 US 오픈에서 가장 활발했다. 2007년 결승전에서 처음 맞붙은 뒤 5년 연속으로 맞대결이 펼쳐졌다. 둘의 나이 차는 여섯 살. 전성기가 다르므로 초기에는 페더러의 우세로 진행될 수밖에 없었다. 2007년부터 내리 3년간 페더러의 승리로 끝났다. 하지만 시간은 조코비치 편이었다. 점점 완숙기에 접어든 조코비치는 2010년 US 오픈 4강전에서 5세트 접전 끝에 마침내 페더러를 극복해낼 수 있었다. 마지막 5세트에서 먼저 매치포인트에 몰렸지만 그의 표현에 의하면 "눈을 질끈 감고 때린" 과감한 샷으로 승리를 거둘 수 있었다.

2011년 또다시 둘은 4강 길목에서 만났다. 결승에선 둘의 공통의

적이라고 할 수 있는 나달이 기다리고 있었다. 하지만 결승전을 생각할 여유가 없었다. 먼저 4강의 두꺼운 벽을 넘어야 했다.

1세트는 예상대로 팽팽했다. 페더러는 조코비치의 위협적인 리턴을 효율적인 서브 게임 운용으로 봉쇄해냈다. 긴 랠리로 접어들지 않고 가급적 빠른 타이밍으로 선제공격을 펼쳐 조코비치의 끈끈한 수비 능력 자체를 예방했다. 조코비치 역시 1세트에서는 서브를 지키는 데 집중하는 모양새였다. 결국 세계 랭킹 1위와 3위의 대결은 타이브레이크로 접어들었다.

타이브레이크에서도 팽팽한 긴장감이 돌았다. 먼저 페더러가 미니브레이크에 성공해 6-5로 앞선 상황에서 세트 포인트를 잡았다. 페더러의 서브권이었다. 하지만 여기서 전체 경기의 판세를 예상하게 만드는 랠리가 전개된다. 페더러가 좋은 서브를 넣었지만 조코비치의 백핸드 리턴이 상대의 약점인 발밑 쪽으로 깊숙이 파고들었다. 서브권을 갖고 있던 페더러가 이렇게 공격의 주도권을 내주면서 조코비치의 반격에 6-6 동점이 돼버렸다.

둘의 맞대결에는 각자 승리를 위한 키 포인트가 있다. 페더러가 조코비치를 제압하려면 첫 서브가 잘 들어가야 하고 이어지는 3구 공격을 날카롭게 이끌어내야 한다. 여기서 전제 조건이 서브 뒤 이어지는 3구를 포핸드로 연결시킬 수 있느냐다. 그래야 페더러가 장기인 포핸드를 발휘해 랠리를 유리하게 이끌어갈 수 있다. 반대로 서브에 이어지는 3구가 포핸드가 아니라 백핸드로 온다면 페더러의 공세는 주춤해질 수밖에 없다.

2011년 US 오픈 4강전은 페더러의 서브와 조코비치의 리턴이 벌이는 최종 승부였다.
사진 US 오픈 유튜브 영상

입장을 바꾸면 바로 조코비치의 필승 전략과 맥이 닿는다. 페더러로 하여금 3구 공격을 포핸드로 치지 못하게 만드는 것이다. 따라서 조코비치에겐 리턴 단계에서 철저히 페더러의 백핸드 쪽으로 리턴을 성공적으로 받아내는 것이 지상 과제가 된다.

타이브레이크 7-6으로 다시 앞선 상황에서 페더러가 신중히 호흡하고 서브를 넣었다. 조코비치의 리턴 집중력은 흔들림이 없었다. 귀신같이 페더러의 백핸드 쪽으로 깊숙이 리턴을 찔러 넣었다. 하지만 이번에는 페더러가 단단히 준비하고 있었다. 기다렸다는 듯 공을 그대로 강타해 백핸드 다운 더 라인으로 위너를 작렬하며 그대로 1세트를 선취했다.

페더러의 기세는 더욱 살아났다. 2세트 초반 조코비치의 서브를 손쉽게 먼저 빼앗아 왔다. 이 과정에서도 페더러는 과감히 백핸드 다운 더 라인 공격을 취해 조코비치의 예상 시나리오를 깨버렸다. 그해 들어 단 한 개의 메이저 대회 트로피도 손에 넣지 못한 페더러는 조코비치와의 US 오픈 4강전에 철저히 대비한 모습이었다.

1세트와 2세트를 먼저 손에 넣으면서 페더러의 승리가 유력해 보였다. 하지만 조코비치에게도 이 경기를 꼭 이겨야 할 이유가 있었다. 석 달 전 프랑스 오픈 4강전에서 페더러에게 패배를 당해 연승 기록 행진이 멈춰버린 것이 뼈아팠고 같은 패배를 반복하기 싫다는 의지가 강했다. 3세트에서 조코비치는 다시 끈끈함을 되찾았다.

페더러의 서브를 먼저 브레이크하면서 앞서갔다. 이 과정에서 주목해야 할 리턴 에이스가 나왔다. 듀스 상황에서 페더러는 날카로운 각도로 조코비치의 포핸드 쪽을 향해 휘어지는 슬라이스 서브를 구사했다. 하지만 조코비치는 마치 기다렸다는 듯 포핸드로 날카로운 역공을 가해 리턴 위너를 만들어냈다. 이로써 브레이크 포인트를 잡았다. 이번 샷에 페더러는 상당히 당황스러워했다. 왜냐하면 페더러의 세컨드서브가 아니라 첫 서브를 곧바로 리턴 위너로 공격을 감행하는 건 매우 어려운 일이기 때문이다. 그걸 아무렇지도 않게 해낸 조코비치의 리턴 능력에 페더러도 서서히 압박을 받을 수밖에 없었다.

3세트를 취한 조코비치는 리드를 놓치지 않았고 4세트 경기로 몰고 갔다. 4세트에서도 비슷한 패턴이 반복됐다. 조코비치는 페더러의 강서브를 시간이 흐를수록 더 잘 읽어냈다. 경기 초반엔 페더러의 서브에 라켓을 갖다 대지도 못하는 일이 빈번하더니 점점 그물망 수비를 펼쳐 페더러의 서브를 포획하기 시작했다.

첫 서브 게임부터 조코비치의 리턴에 막혔다. 페더러는 갑자기 길을 잃고 말았다. 두 번째 서브 게임도 무기력하게 내주고 연속으로 브레이크를 허용하면서 순식간에 4세트 1-5까지 끌려갔다. 게다가 여기서 15-40로 세 번째 브레이크를 당할 판국에 몰렸다.

만약 페더러가 서브권을 또 잃게 된다면 5세트 승부에도 영향을 줄 수 있었다. 1-5에서 자신의 서브권을 내주며 세트를 잃을 경우 5세트 첫 서브 게임은 조코비치가 시작하게 된다. 마지막 세트에서는 특히 서브를 먼저 하는 것이 유리하다. 시소게임으로 진행되는 4-4, 5-5의 상황에서 마지막 서브권을 지키지 못하면 바로 경기가 끝나게 되는 벼랑 끝 상황에 놓이기 때문이다.

따라서 페더러는 사력을 다해 자신의 서브 게임을 지켜야 했다. 다행히 서브권을 지키고 그다음 조코비치의 서브 게임에서 지는 식으로 4세트를 내줬다. 세트 스코어는 2-2가 됐지만 페더러는 서브 선공으로 5세트를 시작할 수 있었다.

페더러는 집중력을 회복했다. 5세트 첫 게임을 침착히 지켜냈다. 그리고 차분히 조코비치의 서브가 흔들리기를 기다렸다. 기회는 찾아왔다. 4-3으로 앞선 상황에서 브레이크 포인트를 잡았다. 0-40. 조코비치는 포핸드 범실을 저지르며 무너졌다. 5-3으로 앞선 페더러가 마침내 서빙 포 더 매치로 경기를 끝낼 기회를 잡았다.

출발은 순조로웠다. 착실히 첫 서브를 성공시키며 40-15까지 왔다. 한 포인트만 따내면 경기가 끝나는 순간. 나달이 기다리고 있는 결승전으로 갈 수 있다. 바야흐로 페더러와 나달의 첫 번째 US 오픈 맞대

2011년 US 오픈 4강전 마지막 5세트, 40-15로 앞선 페더러가 서브를 준비하고
조코비치는 '바로 그' 리턴 위너를 노리고 있는 순간. **사진** US 오픈 유튜브 영상

결이 성사되기 직전이었다.

하지만 여기서 아무도 예상하지 못한 반전이 일어났다. 페더러의
첫 서브가 들어간 순간 조코비치가 마치 파리채로 파리를 때려잡듯
테니스공을 냅다 후려갈겼고 공은 그대로 페더러의 반대편 쪽 빈 코
트를 강타했다. 리턴 위너였다. 40-30. 매치포인트에 몰린 선수가 이
렇게 과감한 공격을 할 수 있다니. 모두 두 눈이 휘둥그레졌다.

그 뒤부터 거짓말 같은 상황이 이어졌다. 40-30에서 재차 서브를
넣은 페더러는 조금 전 조코비치의 리턴에 대한 충격 탓인지 어이없
는 포핸드 범실을 저지르며 점수를 또 내주고 말았다. 듀스 상황. 흐
름을 탄 조코비치가 사정없이 페더러를 몰아붙였고 결국 서브 브레

**Ⅲ 전술과 테크닉**

이크를 해내며 다시 경기를 원점으로 되돌렸다.

사실 원점이 아니었다. 흐름이 완전히 뒤바뀌었다. 다 잡은 승리를 놓친 페더러는 다음 게임부터 무너져 내렸고 기사회생한 조코비치는 시원스런 강타를 연이어 날리며 승부를 뒤집었다. 세트 스코어 3-2(6-7, 4-6, 6-3, 6-2, 7-5), 리버스 스윕 역전승이었다.

패배 직전에 몰린 조코비치를 살린 건 역시 리턴이었다. 매치포인트에 몰려 있는 상황에서 나온 그와 같은 공격적이고 과감한 리턴은 상식 밖의 선택이어서 당연히 경기 뒤 화제의 중심이 됐다. 페더러는 기자회견에서 조코비치의 리턴을 "행운의 샷"이라고 평가 절하했지만 조코비치는 동의하지 않았다. 결과론적인 얘기이지만 조코비치의 그 리턴은 이후 10년 시간이 흐르면서 운이 아니라 실력으로 판명됐다. 상식을 거부하는 끈끈하고 공격적인 리턴을 앞세워 조코비치는 향후 10년간 세계 테니스를 지배하며 리턴의 시대를 활짝 열어젖혔다.


### 서브의 시대? 리턴의 시대!

리턴이 승패를 가르는 시대. 통계가 이를 반영하고 있다. 1990년에는 남자 테니스에서 가장 리턴을 잘하는 선수들 중 세계 랭킹 10위권에 든 이는 없었다. 2014년 그 수는 드라마틱하게 변한다. 다섯 손가락 안에 꼽히는 리터너 가운데 4명이 세계 10위권에 이름을 올렸다.

2023년 현재 지표는 더욱 리턴의 시대임을 보여주고 있다. 남자프로테니스(ATP)는 52주, 즉 1년 단위로 서브를 잘 치는 선수들과 리턴을 잘하는 선수들을 지수로 묶어 순위를 게시한다. 2023년 12월 서브 지수가 가장 높은 선수들의 순위는 다음과 같다.

**1위 후베르트 후르카츠**Hubert Hurkacz

**2위 스테파노스 치치파스**

**3위 노박 조코비치**

**4위 니콜라스 자리**Nicolás Jarry

**5위 크리스토퍼 유뱅크스**Christopher Eubanks

이 가운데 ATP 랭킹 10위권에 드는 선수는 조코비치와 치치파스, 후르카츠 셋이다. 그렇다면 리턴은 어떨까. 리턴 지수 1위부터 5위까지를 살펴보자.

**1위 다닐 메드베데프**

**2위 카를로스 알카라스**

**3위 얀니크 신네르**Jannik Sinner

**4위 노박 조코비치**

**5위 앨릭스 디미노어**Alex de Minaur

조코비치와 알카라스, 메드베데프, 신네르는 2021년 이후 메이저 대회 결승전의 단골손님일 뿐 아니라 세계 랭킹에서도 순서 그대로

**Ⅲ 전술과 테크닉**

1위~4위를 굳건히 지키고 있는 선수들이다. 이 통계 지수가 뜻하는 바는 명료하다. 지금은 서브보다 리턴을 잘하는 선수들이 득세하고 있다.

그 가운데 조코비치의 리턴은 특별한 평가를 받고 있다. 조코비치를 상대하는 선수들은 마지막 순간까지 안심할 수 없다. 조코비치의 리턴이 워낙 좋아서 설사 마지막 세트를 5-1로 이기고 있다고 하더라도 이긴다고 장담할 수 없다. 조코비치가 마음먹고 리턴을 하면 언제라도 상대의 서브권을 빼앗을 수 있다는 걸 알기 때문이다. 조코비치는 이런 불안감을 극한으로 밀고 가 숱한 역전승을 만들어냈다. 대표적인 경우가 바로 페더러와 맞붙은 2011년 US 오픈 4강전이었다.

뉴욕 타임스는 2018년 조코비치의 리턴에 대한 특집 분석 기사를 낸 적이 있다. 기사는 조코비치 리턴의 핵심은 예측 능력에 있다고 분석했다. 상대의 서브 코스와 구질을 미리 예측해 준비한 상태에서 리턴을 구사한다는 것이다. 이에 따르면 조코비치는 상대가 서브를 때리기 전 이미 코스를 알고 있다는 말인데 어떻게 알 수 있을까. 상대 선수의 서브 동작에서 엿보이는 미세한 버릇을 감지한다는 것이다. 토스를 앞쪽에다 던지는지 뒤에다 던지는지, 서브 타격 직전 몸통 회전이 얼마나 이뤄지는지 등을 파악해 리턴을 준비한다.

과거 앤드리 애거시는 보리스 베커의 서브 타격 자세를 보고 리턴을 준비했는데 은퇴한 뒤 비결을 공개한 적이 있다. 베커는 서브를 넣기 직전 혀를 내미는데 이 혀를 내민 방향을 뚫어지게 관찰하면 일정 패턴이 나온다는 것이다. 믿거나 말거나이지만 리턴의 고수들은 어떤 식으로든 상대의 서브를 잘 파악하는 관찰력을 갖춰야 한다는 것이 핵심 메시지다.

조코비치가 해내는 서브 리턴의 정수는 사실 한 방으로 득점을 내는 '리턴 에이스'에 있지 않다. 서브권을 가진 상대로부터 공격 주도권을 빼앗아 오는 것이 진짜 목표다. 첫 단계는 상대의 3구 포핸드 공격을 예방하는 것이다. 조코비치는 철저히 리턴을 상대의 백핸드 쪽으로 몰아준다. 특히 세컨드서브를 리턴할 때는 40퍼센트에 육박하는 공을 서브를 넣는 선수의 백핸드 쪽으로 떨어뜨린다고 뉴욕 타임스는 분석했다.

서브의 구질이 다양해진 만큼 리턴 방법도 천차만별로 진화하고 있다. 조코비치는 베이스라인에 바짝 붙어 빠른 서브를 차단하는 방식을 취하고 나달은 베이스라인 한참 뒤쪽에 위치한다. 5미터 넘게 뒤로 물러나 리턴하게 되면 서브를 받을 시간적 여유가 늘기도 하고 서브의 종속이 크게 줄어든 상태에서 공을 컨택할 수 있다. 보통 공의 바운드가 높고 느린 클레이 코트에서 즐겨 사용하는 리턴 방식이다.

그런데 최근 선수들은 하드 코트에서도 이를 적용해 뒤로 빠져 치는 리턴 전략을 확대하고 있다. 2022년 새롭게 세계 1위에 오른 다닐 메드베데프는 코트 표면을 가리지 않고 거의 모든 경기에서 6미터 넘게 뒤로 빠져 리턴을 시도한다. 이 작전의 단점도 물론 있다. 너무 뒤로 후퇴해 있으면 양옆으로 각도 깊게 빠지는 슬라이스 서브에 대처하기 어렵고 또 상대가 마음먹고 달려들어 서브 앤 발리를 시도하면 이를 패싱샷으로 넘기기 어려워진다.

이런 흐름과 반대로 나오미 오사카는 베이스라인에서 아예 1~2미터 안쪽으로 들어가 상대 서브를 한 템포 빠르게 끊어내는 리턴을 구사한다. 이런 방식의 서브 리턴은 각도가 날카로운 서브를 제압하기에는 적당하지만 시속 200킬로미터가 넘는 강서브에 대처하기에는 시간적 여유가 부족하다. 이 전법을 극단적으로 사용한 주인공이 페더러이기도 한데 2015년 신시내티 마스터스 대회에서 아예 서비스 라인까지 치고 올라가 공이 바운드되자마자 하프 발리로 넘겨버리는 변칙 리턴을 시도했다.

서브가 쇠퇴하고 리턴이 득세하는 시대. 테니스는 과연 더 흥미로워졌을까. 의견은 분분하다. 과거 서브 한 방으로 모든 승부가 나던 단조로운 경기가 리턴의 역할이 부각되면서 다이내믹한 랠리가 시선을 사로잡는 흐름으로 바뀌었다는 긍정적 효과는 분명 있는 것 같다. 무엇보다 서브와 리턴의 경쟁은 끝난 게 아니라 현재 진행되고 있다.

지금은 일시적으로 리턴의 중요성이 각광받고 있지만 견고한 리턴을 깨기 위한 서브 전략이 끊임없이 계발되고 있다. 예컨대 베이스라인에서 6미터 뒤로 물러나 치는 리턴이 유행하면서 몇몇 선수들은 상대를 골탕 먹일 생각으로 언더암 서브를 구사하기도 한다. 짧게 톡 하고 던져주는 서브를 받기 위해 허겁지겁 달려오는 리터너의 표정은 그에게 또 다른 골치 아픈 숙제가 제시된 느낌을 주기도 한다. 강한 창은 견고한 방패를 뚫을 수 있을까. 예나 지금이나 정답이 없는 논쟁거리다.

# 23

# 쌍수호박

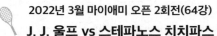

**2022년 3월 마이애미 오픈 2회전(64강)**
**J. J. 울프 vs 스테파노스 치치파스**

　우선 이 경기는 테니스 역사에 빛나는 명승부가 아님을 밝혀둔다. 게다가 여기서 다루려는 주인공은 우승은커녕 세계 랭킹 100위에도 오르지 못한 무명 선수일 뿐이다. 그러나 지나치지 말고 기억해야 할 중요한 경기일 수도 있다. 이 경기에서 J. J. 울프J. J. Wolf라는 무명 선수가 보여준 초현실적인 포핸드 샷은 우리의 상상력을 자극하고 미래의 동량들에게 영감을 불어넣을 뿐 아니라 어쩌면 10년 뒤, 20년 뒤 테니스의 모습을 예견하는 의미심장한 순간일 수 있다. 미래의 테니스는 과연 어떤 모습일까. 울프와 스테파노스 치치파스의 마이애미 오픈 2회전, 단 2초간 펼쳐진 그 장면에서 우리는 미래에 대한 작은 힌트를 얻을 수 있다.

## 두 손을 각각 따로 사용할 수 있다면?

중국의 무협 소설 〈사조영웅전〉을 보면 기상천외한 무공이 하나 등장한다. 쌍수호박雙手互搏이라는, 양손으로 각각 따로 무공을 부릴 수 있는 기술이다. 예컨대 오른손으로 장풍을 쏘고 왼손으로 검법을 사용하는 식이다. 이렇게 되면 상대방은 사실 한 명이 아니라 두 명과 싸우는 것이 되므로 큰 곤란을 겪는다. 훈련 방법도 독특하다. 먼저 맨땅 위에 오른손으로는 동그라미를, 왼손으로는 삼각형을 그려야 하는데 여기서부터 대부분 수련자들은 막힌다. 마음이 순수해야만 가능하다는 이 기술, 주백통이라는 전설의 고수가 도화도라는 외딴 섬에 15년간 갇혀 지내면서 창안한 상승 무공이다.

무협 소설에 나오는 모든 무공에 대한 묘사는 허풍에 가깝지만 그 가운데서도 쌍수호박은 거짓말 중 거짓말일 것이다. 그런데 그 발상만은 인정할 만하지 않은가. 한 사람이 두 가지 무공을 동시에 장착하면 이론상으로 두 배 더 강해질 수 있다는 생각에 공감이 간다. 그리고 오른손과 왼손을 분리해 쓴다는 게 과연 불가능할까.

독자 여러분 가운데 혹시 드럼 악기를 치는 분이 있는지 모르겠다. 드럼을 처음 배울 때 가장 어려운 건 오른손과 왼손을 따로 놀려야 하는 점, 더 나아가 팔과 다리의 리듬을 분리해야 한다는 점이다. 팔로 '다다다다' 두들길 때 다리로는 두 번씩 '다다'에 맞춰 간결하게 발판을 눌러야 한다. 이 단계에서 막혀 포기하는 초심자들이 수없이 많지만 결국 부단히 연습에 연습을 거듭하면 할 수 있게 되는 것이 또한 인간의 능력이기도 하다.

그런 관점에서 테니스의 쌍수호박 기술을 살펴보고자 한다. 큰 줄기를 이루는 양대 기술은 포핸드와 백핸드일 것이다. 일단 이것부터 할 줄 알아야 라켓을 휘둘러 공을 맞힐 수 있다. 아무리 초보 동호인이라고 해도 두 기술을 배우지 않고는 코트 위에서 게임을 할 수 없다.

초보들이 느끼는 가장 큰 진입 장벽 가운데 하나는 아무래도 백핸드일 것이다. 포핸드까지는 그런대로 잘 배우는데 백핸드부터 막힌다. 누구라도 바른손으로 라켓을 들고 휘두르는 건 익숙하지만 반대편 손으로 공을 치려면 어려움을 느낀다. 그래서 백핸드라는 기술을 배운다. 똑같이 바른손으로 라켓을 잡되 어깨와 몸통을 반대 방향으로 꺾은 뒤 포핸드와는 정반대 방향인 몸 바깥쪽으로 보내는 메커니즘이다. 최근에는 워낙 한 손으로 백핸드를 치는 게 불편하고 범실이 많아 다른 한 손까지 라켓에 덧대고 양 팔로 휘두르는 투 핸드 백핸드가 동호인들 사이에서도 대세가 되고 있다.

다만 동호인은 물론 프로 수준에서도 포핸드와 백핸드의 차이는 여전히 작지 않다. 포핸드가 훨씬 편하고 안정적이면서 공격적인 샷을 만들어낼 수 있는 반면 백핸드는 불편하고 불안하고 수비적이다. 노박 조코비치처럼 두 기술의 간격을 최소화하는 데 집중해 실제 일정한 성과를 거두고 있는 선수도 있지만 말이다.

그런데 만약 자신의 반대편 손을 이용해 또 하나의 포핸드를 칠 수 있다면 어떻게 될까. 피나는 연습을 거쳐 포핸드를 오른쪽에서도 왼쪽에서도 손만 바꿔가며 자유자재로 칠 수 있다면. 또 오른손과 왼손을 번갈아 사용해 서브를 넣을 수 있다면 어떨까. 첫 서브를 시작하는 듀스 코트에서는 오른손으로 넣고 다음 서브 차례인 어드밴티지 코트에서는 왼손으로 날카롭게 휘는 서브를 만들어낸다면 상대는 그야말로 난경에 빠질 것이다.

어쩌면 만화 같은 얘기로 들리지 몰라도 현실 세계에서 이 기술을 종종 볼 수 있다. J. J. 울프라는 미국의 무명 선수가 마이애미 오픈 2회전에서 쌍수호박의 절기를 호기롭게 보여줘 테니스 월드를 경악하게 만들었다. 알고 보니 어쩌다 단발성으로 일어난 우연이 아니었다. 울프는 이 기술을 실전에 사용하기 위해 남모르게 수련에 수련을 거듭했다.

### The Game

울프의 국적은 미국이다. 남자 테니스는 골프와 마찬가지로 크게 보면 그동안 미국과 유럽이 양분해왔다. 유럽권에서 스웨덴의 비에른 보리가 전성기를 구가할 때 미국에선 존 매켄로가 나와 그 대척점에 섰고, 여제의 자리도 독일의 슈테피 그라프의 뒤를 이어 미국의 세리나 윌리엄스가 올랐다. 대서양을 사이에 두고 유럽과 미국의 테니스는 특징도 뚜렷이 다르다. 유럽은 탄탄한 그라운드 스트로크와 끈질긴 수비를 강조하고 미국은 서브와 포핸드의 강력한 한 방에 의존해 공격성을 표방한다.

울프의 테니스 역시 그의 이름처럼 늑대와 같은 공격성이 두드러졌다. 회전을 섞기보다 강한 플랫 서브를 즐겨 넣어 에이스를 노렸고, 서브 뒤 이어지는 3구를 포핸드 공격으로 연결하는 패턴 플레이에 능했다. 미국 테니스 선수들은 10대 시절 엄청난 천재성을 보이지 않는 이상 대학에 진학해 커리어를 이어가는데 울프 역시 예외가 아니었다. 오하이오 주립대에서 대학 테니스 리그 일인자로 활동하다 2019년부터 본격적인 프로 투어 무대에 뛰어들었다.

울프 역시 앞서 언급한 아메리칸 테니스의 도그마 또는 한계를 극복하기는 쉽지 않았다. 대부분 미국 선수가 그렇지만 강한 서브와 포핸드만으로 다양한 코트 표면에서 1년 내내 꾸준히 좋은 성적을 거두기는 어려웠다. 특히 코트 표면 속도가 느린 클레이 코트가 쥐약이었다. 하드 코트에서 성장기 내내 연습한 미국 선수들이 가지는 공통된 아킬레스건이다. 심지어 피트 샘프러스나 매켄로 같은 전설들도 프랑스 오픈에서 한 번도 우승을 못 했으니 더 이상 설명이 필요 없다.

울프 역시 랠리가 길어질 때 이를 버텨내는 끈끈함이 떨어졌다. 기술적으로 분석하자면 역시 약점은 백핸드였다. 탄탄한 투 핸드 백핸드가 상대 유럽 선수들에 비해 다소 떨어지다 보니 무리한 공격을 시도하게 되고 그러다 범실이 쌓여 스스로 무너지는 경우가 많았다.

세계 랭킹 157위의 울프는 당연히 64강전에서 시드 배정을 받은 강적을 만나게 돼 있었다. 상대는 하필이면 세계 4위에 빛나는 그리스의 신성 스테파노스 치치파스였다. 치치파스는 울프와 정반대 유형의 선수였다.

스무 살이 채 되기도 전 천재적인 테니스로 세계 무대에 등장해 센

그리스가 낳은 최고의 테니스 스타 치치파스는 페더러, 나달, 조코비치의 뒤를 이을 넥스트 제너레이션의
선두 주자 가운데 한 명으로 꼽힌다. 2018년 8월 US 오픈에 출전한 치치파스. **사진 Jacky Cheong**

세이션을 일으켰다. 2018년 4월 유럽 클레이 코트 시즌의 서막을 알
리는 바르셀로나 오픈에서 단숨에 결승에 올라 클레이 황제로 불리
는 라파엘 나달과 대등한 승부를 벌인 끝에 준우승을 차지했다. 이듬
해 호주 오픈에서는 16강전에서 로저 페더러를 3-1로 침몰시키며 세
대교체의 상징적인 순간을 열어 젖혔고 그해 톱 10에 진출해 톱 랭커
8명이 겨루는 왕중왕전에서 우승까지 차지했다. 2021년 프랑스 오픈
에서는 마침내 결승까지 진출해 메이저 대회 왕좌를 눈앞에 뒀지만
조코비치의 노련함에 밀려 아쉽게 준우승에 그쳤다.

치치파스는 경험과 기술, 체력 등 모든 면에서 울프보다 한 수 위
에 있는 선수였다. 특히 기술에서 치치파스의 백핸드는 울프에 비해

압도적 우위에 서 있었다. 젊은 선수들 가운데 보기 드물게 원 핸드 백핸드를 사용하지만 앞선 선배들보다 훨씬 공격적이고 안정적인 자세를 유지했다. 치치파스는 뜨거운 햇볕이 내리쬐는 지중해 지역에서 나서 그런지 스페인 선수들과 마찬가지로 클레이 코트를 좋아했다. 특히 코트 표면 속도가 현저히 떨어지는 곳에서 백핸드가 위력을 발휘했다. 치치파스의 백핸드는 스윙의 와인드업 준비 자세가 상당히 커서, 공의 바운드 속도가 느리면 그만큼 준비 자세를 취할 시간적 여유가 생기면서 위력이 배가되는 속성이 있었다.

그런데 마이애미 오픈은 하드 코트임에도 불구하고 코트 표면 속도가 거의 클레이 코트에 육박할 정도로 느린 특성이 있다. 매년 3월 마지막 주에 열리는 마이애미 오픈은 그에 2주 앞서 열리는 인디언웰스 오픈과 더불어 '선샤인 더블Sunshine Double'로 불리는 북미 하드 코트 시즌의 최대 규모 대회다. 원래 하드 코트는 도입 초창기에는 속도가 매우 빠르고 바운드가 거의 잔디 수준으로 낮게 형성돼 서브와 포핸드가 강한 선수들에게 유리했지만 점점 이른바 '소프트 하드 쿠션'이라는 개념이 도입되면서 적당한 미디엄 템포의 바운드가 형성됐다. 그래서 클레이 코트에서 강점을 보이는 유형의 선수들도 점점 '선샤인 더블'의 우승권에 근접하게 됐고 당연히 치치파스 역시 마이애미 오픈의 우승 후보로 꼽히기에 손색이 없었다.

1세트 뚜껑을 열어보니 무명인 울프의 기세가 만만치 않았다. 미국 선수로서 자국에서 열리는 대회를 맞아 준비를 단단히 하고 나왔다. 세계적 명성을 떨치고 있는 치치파스와 맞서 거의 대등한 실력을

J. J. 울프는 원래 오른손잡이다. 그런데 위기의 순간
왼손으로 라켓을 바꿔 쥐고 포핸드 패싱샷을 성공시켰다. **사진 TennisTV 영상 캡처**

보였다. 시속 200킬로미터에 가까운 강서브는 전혀 뒤지지 않았고 포
핸드에서 포핸드로 이어지는 랠리 싸움에서 오히려 앞서가는 모습도
보였다.

그래도 메이저 대회 결승에 오른 화려한 경력의 치치파스였다. 1세
트를 접전 끝에 6-4로 따낼 수 있었다. 흐름은 2세트에서도 비슷하게
이어졌다. 아무래도 1세트를 선취한 치치파스가 시간이 흐를수록 울
프를 압박해나가는 정도는 뚜렷해졌다. 그런데 5-5까지 버틴 울프는
경기의 양상을 일거에 뒤집어버리는 엄청난 순간을 준비하고 있었다.

치치파스의 서브권이었다. 치치파스의 백핸드는 시간이 흐를수록
위력을 더했다. 회전을 듬뿍 담은 백핸드 대각 공격은 울프의 약점인
백핸드 코너를 지독히 찔러댔다. 울프는 점점 백핸드 방어에 심리적,
체력적 어려움을 숨기지 못하고 있었다. 치치파스는 이때를 놓치지

않았다. 0-15 상황에서 회심의 백핸드 크로스를 울프의 코너 구석으로 보내고 자신만만하게 네트 앞으로 전진했다. 치치파스는 생각했다. 울프의 백핸드 수준이라면 네트 앞에서 제압하기 어렵지 않을 것이라고.

하지만 이 순간 울프가 세상을 깜짝 놀라게 만든 엄청난 샷을 만들어냈다. 백핸드 코너 쪽으로 빠지는 공을 가까스로 다가가 받아냈는데 오른손으로 잡고 있던 라켓을 순간 왼손으로 바꿔 잡은 뒤 그대로 강타를 날려버린 것이다!

누구도 예상하지 못한 샷이었다. 치치파스도 속수무책으로 바라볼 수밖에 없었다. 관중들은 경악했다. 듣도 보도 못한 샷을 무명 선수가 사용하다니. 관중들의 박수갈채와 환호성이 터져 나왔고 경기를 중계한 해설자는 "믿을 수 없습니다. 오른손잡이가 왼손 포핸드로 놀라운 위너를 만들어냈습니다"라고 외쳤다.

울프의 과감하고 창의적인 샷에 경기 흐름은 일거에 뒤바뀌었다. 그동안 수세에 몰리던 울프는 타이브레이크까지 승부를 몰고 가 귀중한 2세트를 따냈다. 자국 선수가 예상 밖으로 선전하는 모습에 미국 관중들은 아낌없는 박수를 보냈다. 3세트에서 심기일전한 치치파스가 집중력을 되찾아 6-1로 가볍게 승리를 거두기는 했지만 이날 경기의 승자는 울프에 가까웠다.

경기 뒤 보통 패자를 인터뷰하지 않던 중계방송사는 울프를 찾지 않을 수 없었다. 인터뷰에서 그 샷이 어떻게 가능했는지 물었는데 울프의 대답이 또 한 번 시선을 끌었다.

Ⅲ 전술과 테크닉

"나는 사실 몸을 풀 때 왼손으로 포핸드를 치곤 합니다. 손목을 풀기 위해서죠. 나는 축구를 하다 손목이 부러진 적이 있습니다. 그해 여름 내내 왼손으로 테니스를 쳤어요. 부모님 두 분 모두 왼손잡이이기도 하거든요."

자신의 왼손 포핸드 위너가 우연한 결과물이 아니라 훈련의 산물이라는 대답이었다. 이런 해외 토픽 같은 장면과 인터뷰는 유튜브 영상으로 제작돼 수십만 조회 수를 기록하며 세계적인 화제를 모았고 남자프로테니스(ATP) 주관 단체는 "아마도 올해 가장 멋진 샷이 될 것"이라며 찬사를 보냈다. 경기에 지면서 2회전 탈락에 그쳤지만 이제 울프는 더는 과거의 무명 선수가 아니었다.

### 미래의 테니스: 편견은 무지의 소산이다

얼마 전 우연한 자리에서 만난 테니스 동호인은 필자에게 이런 말을 했다. 당시 어깨 부상을 입어 테니스를 치지 못하고 있었던 필자에게 그는 이런 조언을 건넸다.

"이번 기회에 왼손으로 연습해보시라. 마치 처음 라켓을 잡은 초보자처럼. 왼손으로 치면 한쪽만 쓰는 몸의 균형도 잡을 수 있다. 나도 해봤는데 전혀 불가능한 일도 아니더라."

오른손잡이가 왼손으로 포핸드를 연마할 수 있을까. 실제로 좌우 포핸드를 자유자재로 구사해 실전 경기에서 이기는 데 도움이 될 수 있을까. 울프와 같은 선수가 또 나올까.

오른손과 왼손으로 번갈아 라켓을 휘두르는 이런 만화 같은 장면은 그러나 실재하는 현실이다. 굳이 해외에서 사례를 찾을 필요도 없다. 한국 실업 테니스 선수 가운데 한 명이 바로 이 기술을 실전에 적용해 커다란 화제를 모았다. 안성시청 소속으로 뛰는 김청의(32세)는 20대 초반이던 지난 2009년 세상을 깜짝 놀라게 만들었다. 오른손으로 포핸드를 치다 경기 도중 백핸드 쪽으로 공이 오면 라켓을 왼손으로 바꿔 잡은 뒤 왼손 포핸드를 때린 것이다.

이 희귀한 장면에 당시 김천 국제챌린저대회에 참가한 외국 선수들도 앞다퉈 스마트폰을 꺼내 들었다. 당시 언론과의 인터뷰에서 김청의는 다음과 같이 말했다.

"백핸드는 아무래도 포핸드에 비해 공격성이 약하고 수비적이 되기 쉽잖아요. 또 백핸드 쪽은 범실도 상대적으로 많습니다. 그래서 양쪽 사이드로 오는 모든 공을 포핸드로 칠 수만 있다면 훨씬 공격적이 되고 포인트를 획득할 가능성이 높아진다고 생각했죠."

"코치를 겸하고 있는 아버지의 권유로 시작했습니다. 이 기술을 익히는 데 시간이 많이 걸렸지만 아직 나이가 어린 만큼 투자할 만한 가치가 있다고 판단했어요. 내 목표는 국내가 아니라 세계 정상에 서는 것입니다. 롤 모델은 페더러나 나달이 아니라 4대 메이저 대회를 한 해에 모두 석권한 로드 레이버입니다. 그처럼 세계에서 가장 뛰어난 선수가 되려면 뭔가 자신만의 특별한 무기가 있어야 한다고 생각했고 그래서 좌우 포핸드 기술에 집중했습니다."

김청의의 대담한 실험은 결국 절반의 성공, 절반의 실패로 마무리

오른손과 왼손을 번갈아 사용해 포핸드를 치는 김청의는
지난 2009년 KBS 9시 스포츠뉴스에 화제의 인물로 소개된 바 있다. **사진 KBS 뉴스 화면**

됐다. 사실 김청의는 주니어 시절 누구보다 탄탄한 투 핸드 백핸드
의 소유자였다. 하지만 양손을 번갈아 사용해 포핸드로 모든 스트로
크를 소화하려는 실험을 강행하다 보니 본인이 갖고 있던 투 핸드 백
핸드의 강점이 상쇄돼버렸다. 김청의는 20대 중반 이후 다시 투 핸드
백핸드를 주로 사용하는 평범한(?) 선수로 돌아왔지만 가끔씩 특별한
상황에서 라켓을 반대편 손으로 잡는 묘기를 선보여 보는 눈을 즐겁
게 했다.

그렇다면 김청의의 실험은 과학적 근거가 전혀 없는 무모한 시도
였을까. 놀랍게도 그렇지 않다. 이미 테니스 선진국의 몇몇 기술 전문
가들은 정식 이름까지 붙여 본격적인 연구에 돌입했다. 미국의 테니
스 기술 전문가 마티 스미스Marty Smith는 2017년 그의 저서 〈절대 테

니스(Absolute Tennis)〉에서 오른손과 왼손을 번갈아 사용하는 기술을 미래의 테니스로 소개했다. '오버래핑 듀얼 포핸드Overlapping Dual Forehand'라고 명명한 이 기술에 대해 꽤나 구체적인 훈련 방법까지 소개돼 있다.

스미스는 저서에서 다음과 같은 화두를 던진다.

"모든 진실은 3가지 단계를 거쳐 확립된다. 첫 단계에서는 우스꽝스럽다. 둘째 단계로 접어들면 거센 반대와 저항에 직면한다. 마지막 3단계에서는 확고부동한 진리로 받아들여진다."

"테니스 스트로크에서 포핸드는 백핸드보다 더 강력한 힘을 낼 수 있다. 또 백핸드보다 더 신속히 준비하고 라켓을 휘두를 수 있으며 코트를 커버할 수 있는 영역도 더 넓다. 만약 우리가 백핸드 대신 양쪽 손으로 번갈아 포핸드를 칠 수 있다면 더욱 공격적이 되고 코트 위에서 포지션을 유리하게 가져갈 수 있는 이점이 뚜렷해진다. 이것이 오버래핑 듀얼 포핸드가 미래의 스트로크로 각광받는 이유다."

오버래핑 듀얼 포핸드는 아마도 현재 1단계에 머물러 있는 것처럼 보인다. 우스꽝스럽고 말도 안 되는 난센스로 취급받는다. 하지만 한국의 김청의가 실제로 시도해 어느 정도 성과를 낸 이상 서서히 2단계로 진입하지 않을까. 울프가 절체절명의 위기 상황에서 사용한 포핸드 바꿔치기가 세계적인 유명세를 탄 지금 이제 오버래핑 듀얼 포핸드는 더 많은 사람의 뇌리에 자리 잡게 됐다.

오버래핑 듀얼 포핸드의 기술적 핵심 포인트는 신속한 그립 변화다. 먼저 준비 자세에서 양손을 겹쳐 잡는다. (오른손잡이라면) 오른손으로 보통의 그립을 쥐고 그리고 왼손가락을 오른손의 중지와 약지, 소지에 차례로 포개어 놓는다. 이렇게 그립 준비 자세를 취하고서 상대가 공을 보내면 방향에 따라 한쪽 손을 자연스럽고 신속히 빼 라켓을 휘두르면 된다. 그립 변화 방식까지 창안되면서 오버래핑 듀얼 포핸드는 더 이상 만화가 아니라 실현 가능한 기술로 다가와 있다.

사실 울프의 경이적인 샷 역시 이 기술적 분석에 기반하고 있다. 그가 왼손으로 바꿔 포핸드를 날렸을 때 그립의 위치를 살펴보자. 왼손으로 그립의 밑이 아니라 중간 지점을 잡은 채 강력한 샷을 날렸다. 그립을 라켓 맨 아래쪽까지 내리는 시간적 지연을 과감히 없애고 라켓 중간 부분을 잡은 채 때린 것이다. 오버래핑 듀얼 포핸드의 기술적 핵심 포인트를 그대로 살린 방법이었다.

물론 이 기술을 몸에 익히려면 엄청난 노력이 필요할 것이다. 사실 말이 쉽지 왼손을 오른손처럼 쓰는 일이 가당키나 한가. 손을 바꾸면 당장 밥을 먹기도 힘들고 개발새발 글씨를 쓰게 되는데 하물며 상당한 힘과 고도의 감각이 필요한 테니스 스트로크에서 양손을 번갈아 쓰는 것은 불가능에 가깝다. 차라리 백핸드를 더 열심히 연습하는 것이 현명한 선택이 될 수 있다.

하지만 끊임없이 한계를 넘어서야 하는 프로 스포츠의 세계에서 오버래핑 듀얼 포핸드는 미래의 스트로크로 서서히 진지한 검토가 이뤄지고 있다. 좌우 양편에서 타석에 들어서는 스위치히터는 프로 야구에서 비록 소수이기는 하지만 꾸준히 배출되고 있고 메이저리그 150년 역사에서 '스위치 피처'로 이름을 남긴 투수들도 있다.

150년 넘는 테니스의 역사를 보면 오버래핑 듀얼 포핸드의 경우처럼 새롭게 창안된 기술이 적지 않았다. 투 핸드 백핸드 역시 초창기에는 존재하지 않았던 기술이다. 1950년대 미국의 테니스 선수이자 프로모터인 잭 크레이머Jack Kramer는 투 핸드 백핸드가 처음 도입될 당시 "두 손으로 백핸드를 치게 되면 파워가 약해질 뿐 아니라 자신감도 빼앗길 수 있어 상대의 기세를 더욱 살려주게 된다"며 부정적인 견해를 밝힌 바 있는데 지금의 관점에서 보면 격세지감이 느껴진다.

이외에도 미래의 스트로크로 새롭게 각광받을 기술은 무궁무진하다. 오른손잡이가 왼손잡이 스핀을 만들어내는 '리버스 서브'는 극소수 선수들 사이에서 비밀 레시피처럼 전수되고 있다. 어깨까지 오는 높은 타점의 공을 훌쩍 뛰어올라 때리는 '점프 백핸드'는 현대 테니스에서 새로운 기술로 정착한 지 오래다. 상대의 강서브를 베이스라인 6미터 뒤에서 받아 넘기는 '딥 리턴 전략' 역시 새로운 기술적·전술적 트렌드가 되었다.

핵심은 고정관념을 뛰어넘는 것이다. 2020년 도쿄 올림픽에서 대한민국을 열광하게 만든 우상혁의 멋진 퍼포먼스를 떠올려보자. 높이 2미터가 넘는 장대 위를 훌쩍 뛰어올라 등 뒤로 아슬아슬하게 통과한다. 그런데 70여 년 전만 해도 높이뛰기에서 이 등 뒤로 넘는 기술은 존재하지 않았다. 사람들은 당연히(?) 정면을 바라보고 앞으로 넘었다. 1968년 멕시코시티 올림픽에서 딕 포스버리Dick Fosbury라는 미국의 높이뛰기 선수가 처음 시도했을 때 많은 이가 비웃었지만 당당히 금메달을 획득하자 얼마 안 가 '포스버리 점프'는 새로운 표준으로 자리 잡았다.

양손을 번갈아 사용해 포핸드를 치는 모습이 지금은 비웃음을 살지 모른다. 하지만 30년 뒤 이 기술을 사용하지 못한다면 어쩌면 세계 정상권에 명함조차 내밀 수 없을지 모를 일이다. 지금도 테니스는 계속 진화하고 있다.

# 테니스 5세트 클래식
**무승부 없는 코트에서 내밀한 승부 읽기**

2023년 12월 13일 1판 2쇄 발행
2022년 8월 28일 1판 1쇄 발행

**지은이** 김기범
**펴낸이** 임후성 **펴낸곳** 북콤마
**디자인** *sangsoo* **편집** 김삼수
**등록** 제406-2012-000090호
**주소** (413-756) 경기도 파주시 문발동 파주출판단지 534-2 201호
**전화** 031-955-1650 **팩스** 0505-300-2750
**이메일** bookcomma@naver.com
**블로그** bookcomma.tistory.com
**ISBN** 979-11-87572-38-1 03690

책값은 뒤표지에 있습니다.

**, BOOKcomma**